COMMENT JE SUIS DEVENUE CHAMANE

Claire Marie

Comment
je suis devenue chamane

Initiation d'une psychologue

Fayard

Je tiens à remercier tous mes patients pour leur ouverture d'esprit et de cœur, c'est elle qui a contribué à l'évolution de mon processus, aussi bien professionnel que spirituel.

Je remercie ceux d'entre eux qui m'ont donné leur accord pour utiliser certains détails de leur processus thérapeutique dans ce livre. Le matériel clinique décrit repose ainsi sur des faits réels. Afin de préserver leur anonymat, tous les détails permettant d'identifier les individus (noms, lieux, descriptions personnelles) ont été changés.

Couverture : Nicolas Wiel ; photographie © Teerayut Chaisarn/ Getty et Zarah Hinton

ISBN : 978-2-213-68673-8

© Librairie Arthème Fayard, 2016.

*Je dédie ce livre à Nick,
Marie-Liesse, Christophe ;
Zarah et Émile, mes enfants ;
à tous mes patients
et enfin à Pau Nyima Dhondup*

To Robin,
A little gift from a writer to another writer.
May your voice be heard
May your words be read (and published 😊)
May your Spirit returns so your Being realigns with its soul and reaches wholeness...
like our brothers the trees...
With warmth and blessings

Chlin Marie

PROLOGUE

Décembre 2009

De loin on pouvait voir les montagnes de l'Himalaya. En réalité, nous étions en plein milieu de la vallée, assez haut. Le paysage était enneigé et je voyais passer un long cortège, lent et respectueux. On ne distinguait aucun des visages, mais le rythme du cortège, sa longueur ainsi que les richesses des décorations semblaient indiquer qu'un personnage important venait de mourir. Je savais que c'était le corps d'un chaman qui était porté et vénéré de la sorte, mais alors qu'il était mort pour tout le monde, il s'était adressé à moi. J'étais en amont de la scène, absente du lieu, mais présente dans ma capacité d'observer, comme souvent dans les rêves. Ainsi, il m'est impossible de dire si je distinguais son visage, ou si c'est son esprit qui me parlait. Il me tendit une pierre et me dit : « Claire, prends cette pierre, je te la donne. Tu dois la porter dans ton cœur. Elle vient de Sirius. Elle était sous ma responsabilité jusqu'ici, maintenant que je quitte cette incarnation, c'est ta destinée de réaligner l'énergie de la terre avec celle de Sirius : les hommes ont depuis longtemps perdu la capacité d'écouter Sirius. Si tu mets cette pierre à l'intérieur de ton cœur, le travail se fera tout seul. »

Tout de suite après, je me suis réveillée, le chaman avait disparu mais pour quelques instants encore, le paysage enneigé de cette haute vallée de l'Himalaya était resté gravé comme s'il habitait mon corps, un peu comme ces lampes dont on peut diminuer la luminosité en tournant un bouton.

La journée s'était déroulée normalement. Ce n'était pas un de ces rêves que l'on tente d'écrire à tout prix, avec le sentiment qu'ils risquent de nous échapper, non, c'était un rêve évident. Un rêve dont je savais qu'il resterait gravé à tout jamais. Je me souviens de m'être dit : « Ah! enfin, une instruction, ça faisait longtemps que je l'attendais. » Elle possédait l'évidence simple d'une nouvelle dont on sait qu'elle doit venir. Bien que le chaman tibétain (qu'il fût tibétain, cela aussi était une évidence) m'ait dit que j'avais été choisie, je n'ai pas le souvenir d'avoir trouvé cela extraordinaire. Porter un message qui ne m'appartient pas, ni n'est de mon ressort, avait toujours fait partie de ma vie. Mon problème n'était pas tant d'avoir été choisie que d'ignorer la nature du message que je devais porter. Enfin un rêve qui semblait m'informer! J'avais vaguement entendu parler de l'étoile Sirius, mais je ne lui prêtais pas plus d'attention. Si Sirius attendait depuis quarante-trois ans que je puisse écouter ce chaman, quelques jours de plus n'allaient pas changer la face du monde. Ainsi je laissai les jours passer, comme si le chaman tibétain que j'avais par ailleurs le sentiment d'avoir connu depuis toujours assumait encore la responsabilité de la pierre.

Quelques jours plus tard, un autre rêve vint me visiter.

Il se passait dans l'ancienne maison de mon enfance, en banlieue parisienne. Je montais les escaliers et dans la chambre habituellement occupée par mon père, se trouvait une matriarche, malade, ou plus exactement mourante. Sa mort imminente et sa colère enfouie envahissaient la maison, une sorte d'attroupement s'était fait autour de son lit, et naturellement je me dirigeai vers elle. Je me souviens d'avoir ressenti un grand mépris pour elle tant elle était habitée par une colère sèche. Je me suis approchée de son lit et l'ai regardée. Elle n'était pas ma véritable grand-mère et aucun des membres attroupés autour d'elle ne m'était apparenté. Non, elle était juste une matriarche dont le pouvoir avait détruit une famille.

Lorsque je suis en présence de gens qui souffrent, surtout de douleurs physiques, mon premier réflexe est de m'adresser aux énergies environnantes et de mettre mon corps à disposition afin que tout travail de passage et d'échange puisse se faire si besoin, avec ou sans ma conscience. Dans ce rêve, l'antipathie que m'inspirait cette vieille femme fit que, contrairement à mon habitude, je ne m'ouvris pas. C'est alors qu'une chose étrange se produisit : la pierre que le chaman tibétain avait mise dans mon cœur se réveilla d'elle-même et j'eus la sensation que la matriarche allait y puiser directement l'énergie bienveillante et lumineuse qui en sortait. Je n'avais fait aucun mouvement pour l'encourager. Tout semblait s'être passé comme si son besoin s'était directement branché vers la première source accessible : mon cœur. Ma conscience n'avait aucun pouvoir de l'en empêcher. Le rêve précédent me revint à l'esprit et l'évidence m'apparut : l'énergie que canalisait mon cœur appartenait à Sirius et la pierre en était la garante. Au moment où je réalisai ce phénomène, les détails de ma maison d'enfance se sont faits extrêmement précis et distincts. J'eus aussi le temps de ressentir une sorte de joie, comparable à celle d'un ingénieur qui s'apercevrait soudain que son moteur peut fonctionner sans essence.

Le rêve s'arrêta.

Quatre ans plus tard, 24 décembre 2013

J'avais appris à écouter les Esprits. Ils m'avaient demandé d'écrire un livre et je leur avais obéi. Il me semblait presque y être arrivée. Et pourtant ce jour-là je butais à chaque mot, je ne trouvais pas de plan, tout me semblait manquer de clarté, pourquoi écrire ? Mon ami Timotheus m'avait prévenue.

— Claire, réfléchis bien, c'est à travers la parole écrite que se créent les dogmes. Tu prends le risque de tuer le chamanisme si tu l'imprimes et le fais circuler. Regarde au fil des siècles, il s'est toujours transmis oralement et c'est ainsi qu'il a gardé sa pureté, son pouvoir et sa sacralité.

Ses mots m'avaient fait mal, je savais qu'il avait en partie raison. Les Esprits étaient sacrés. À quelle fin les posais-je sur le papier ? Et de quel droit ?

Demain, c'est Noël, je perds le fil et n'arrive pas à mettre de l'ordre dans mes chapitres. C'est peut-être un signe que je n'ai pas le droit d'écrire. Je vais quand même essayer de finir ce que j'ai commencé. On verra plus tard pour la publication. Je lis et relis, fais des petits bouts de papier pour chaque chapitre que j'essaie d'arranger dans tous les sens. Ça ne marche pas, c'est le désordre. Je suis fatiguée, et finalement la pluie, le froid, la fatigue accumulée depuis des mois ont raison de moi. « Pourquoi ne vas-tu pas demander aux Esprits, Claire ? Tu sais bien que le son du tambour te fait basculer dans un état de conscience altérée et que les images qui t'apparaissent permettent aux Esprits de se manifester. Ils sont toujours là quand tu les appelles, tu peux leur faire confiance, ils ne se gêneront pas pour te le dire, si tu n'as pas le droit d'écrire ! »

Je m'arrête un instant et jette un coup d'œil sur le sapin de Noël. « Je n'aime pas les guirlandes colorées, j'aime bien quand les lumières sont seulement blanches, comme les étoiles... oui, c'est vrai, pourquoi pas ? Les Esprits viennent toujours quand je les appelle. Si je branche mon ipod et écoute le tambour maintenant, peut-être qu'ils vont me parler. »

Je mets tous mes petits bouts de papier par terre, les recouvre de la couverture marron fabriquée en Chine que j'ai achetée à mon fils pour Noël. « C'est pas comme ça que le Tibet sera un jour libre, Claire. » Mais elle était si douce, marron comme la terre. Je mets mes écouteurs et me recouvre d'une autre couverture, violette celle-ci. « Oui, elle était pour moi celle-là. » Je souris. Allez, le Dalaï-Lama me pardonnera, il n'y a que les gens tristes qui sont toujours cohérents... Je ferme les yeux. Je pose les écouteurs sur mes oreilles, le son du tambour s'élève.

> Mon ami péruvien apparaît, il fait froid, il est habillé d'un épais manteau. D'ordinaire, c'est lui qui m'aide à enfiler mes habits de chamane, mais là, en l'occurrence, je suis déjà habillée, en blanc, avec mon turban rouge autour du front, la ceinture de laine serrée autour de ma taille, et mon chapelet tibétain. L'arbre qui me sert d'ancrage durant mes voyages chamaniques se dresse devant moi. À droite de mon ami péruvien surgit un chaman Inuit. C'est un vieil homme. Je ne l'ai jamais vu auparavant mais je sais instinctivement qu'il était mon grand-père dans une autre vie. Il affiche un air sérieux et me dit : « Pardonne-moi, je n'ai pu te donner cela avant

de mourir, prends-le maintenant, tu devras l'utiliser pour te protéger. » C'est une petite dent de baleine, attachée à un gros fil noir. Il me la met autour du cou – c'est un peu lourd – et immédiatement après disparaît au fond de la mer. Je tiens la dent dans ma main un moment. Je le remercie silencieusement d'être revenu. J'entre dans le tronc et descends dans les racines de l'arbre. C'est un drôle de sentiment, comme si le tronc et l'écorce se prolongeaient sous terre. C'est assez pratique parce que ça me permet de m'asseoir et comme je suis fatiguée, c'est bien. J'attends. Les chapitres se succèdent mais aucune direction n'est claire, le tambour bat toujours. J'essaie de laisser mon corps absorber l'énergie des petits bouts de papier, sans succès, j'ai envie de m'endormir. Puis soudain, j'ai un frisson, c'est un homme, il est vieux lui aussi, il est noir... C'est Ogotemmeli, le grand prêtre Dogon. Je sens une émotion très douce et un frisson presque imperceptible me parcourir le corps. J'ai appris à le reconnaître avec les années, ce frisson qui longe la colonne vertébrale et annonce l'arrivée d'un Esprit ou l'incroyable honneur de l'apparition d'un grand personnage. Ogotemmeli, le grand prêtre Dogon. Son corps ridé épouse parfaitement l'écorce de l'arbre. Je garde les yeux fermés, bien sûr, c'est la première fois que je le rencontre. Il prend sa place dans l'arbre, comme le vieux sage qu'il est. Moi, je deviens une petite fille, et maintenant je suis assise sur ses genoux. Je me mets à pleurer. « Je n'arrive pas à commencer mon livre, je ne sais plus pourquoi je l'écris », lui dis-je. Ogotemmeli ne dit rien, il tend sa main et malgré l'obscurité, je peux voir mes larmes tomber sur sa paume. Après en avoir compté sept, le vieil aveugle parle : « Les larmes cachent les mots, elles sont comme des chapitres, il y en aura sept et l'ordre n'a pas d'importance, ce qui compte, c'est de laisser parler le fil. » Il pose sa main droite sur le haut de ma colonne vertébrale. Le fil est là, bien sûr, ai-je le temps de penser, le long de la colonne, le fil de l'âme. Je distingue dans la paume de sa main qui touche mon corps le soleil, la sécheresse, l'aridité de son pays et la puissance douce de ses connaissances ancestrales. Puis il disparaît. Je reste seule dans l'arbre, m'appuyant à l'écorce en espérant retrouver la forme de son corps, mais il ne revient pas. Ogotemmeli est bien parti. Je ferme les yeux plus fort. Où est le fil ? Mon corps s'échappe de l'arbre et de la terre en tirant un fil invisible et je monte haut, haut, dans l'espace. La terre est attachée au bout d'un fil, comme si elle était le pendule d'une gigantesque horloge marquant le temps. Mais où est mon livre ? Le tambour ralentit. Je dois rentrer. Je fais le chemin inverse pour retourner dans l'écorce en remerciant l'esprit d'Ogotemmeli, puis je remonte le tronc de l'arbre et salue profondément l'esprit du chaman Inuit et celui de mon ami péruvien qui m'ont accueillie. Enfin je sors à l'air libre.

Je reste dans le silence un moment, tentant de connecter mon corps aux petits bouts de papier que j'ai glissés sous la couverture chinoise, comme si par miracle un plan allait apparaître devant mes yeux. Je vois alors un joli fil rouge pendu dans mon studio, auquel seraient accrochés tous les chapitres. Puis, j'essaie de ramener l'essence du grand sage Dogon et la voix d'Ogotemmeli qui répète : « Claire, suis le fil. »

Je soulève la couverture et me lève d'un bond. Oui, il a raison, au boulot !

Chapitre I.

L'appel de l'arbre

D'origine française, je vis en Angleterre et je pratique comme psychologue clinicienne depuis une dizaine d'années. Il y a environ cinq ans, j'ai éprouvé le besoin d'élargir ma formation et d'explorer un mode d'intervention thérapeutique plus alternatif. Par le biais du hasard (ou peut-être pas), j'ai été initiée et me suis formée à la médecine traditionnelle mexicaine (aztèque). Au fil des mois et des années, les concepts et pratiques de ce système médical ont fondamentalement transformé ma vision du monde, puis, petit à petit, ils se sont aussi imposés dans ma pratique clinique de psychologue occidentale. Ce livre raconte l'histoire de ces transformations.

Février 2012 : dans un grand hôpital du sud-ouest de l'Angleterre

Assis au fond de la salle d'attente, mon nouveau patient attend. Son corps maigre me fait mal. J'ai bien lu dans son dossier qu'il a été envoyé pour une évaluation dans le service des « troubles de toxicomanie ». Je ne suis donc pas surprise à la vue de son visage émacié, mais immédiatement je sens comme un trou dans mon estomac. Je l'appelle et nous marchons le long du couloir qui sépare la salle d'attente de mon cabinet. Alors qu'il me suit silencieusement, je prie je ne sais quel Dieu de m'envoyer de la lumière. La tâche s'annonce ardue.

J'ouvre la porte de mon cabinet et mon regard se pose sur la bougie que j'allume toujours sur la petite table basse. Je l'invite à s'asseoir en face de moi. Nous restons silencieux un moment. Tout, dans la posture de ce monsieur, indique un profond désespoir. En fait, j'utilise le terme désespoir, mais je devrais plutôt dire « vide ». C'est cela, vide. Le teint de son visage pâle, ses cheveux courts grisonnants, ses mains agrippées aux bras du fauteuil, presque entièrement blanches, tout son langage corporel évite l'interaction. Avant même que j'aie prononcé une phrase, un mur défensif s'érige devant moi. Je sens l'énergie quitter mon corps et mon esprit créer un dialogue intérieur : « Si tu arrives à lui arracher un sourire, Claire, je te tire mon chapeau. » J'ai du mal à ressentir la sympathie habituelle qu'éveillent en moi mes patients presque naturellement. Bien sûr, l'expérience m'a appris que l'antipathie ou le désespoir que les patients nous inspirent est en général un reflet de leur monde intérieur et je mobilise en moi toute la compassion possible.

— Bonjour, je m'appelle Claire Marie. Ma collègue a travaillé avec vous pendant quelques séances, et aujourd'hui nous nous voyons pour faire le point.

Signe de tête du patient.

— Quelle est votre attente concernant notre rendez-vous ?

— Je n'attends rien.

« Ça démarre sur les chapeaux de roue », me dis-je... Je regarde la bougie du coin de l'œil. « Feu, aide-moi, tu vois bien que je sèche... » Le Feu ne répond pas, je sens mon cœur se serrer littéralement comme dans un étau… Essayons une question formulée différemment.

— Dans une heure, lorsque vous sortirez d'ici, pour que vous ayez le sentiment que ça a valu la peine de venir, que doit-il se passer entre nous ?

Réponse :

— Je ne sais pas, je n'attends rien, je n'ai plus rien à espérer…

Je reste silencieuse un moment. Mon Dieu, pourquoi, mais pourquoi ai-je choisi ce métier ? ai-je le temps de me dire. Je gratte les fonds de tiroir pour essayer de trouver un peu d'amour, de compassion, quelque chose qui me donne de l'énergie pour explorer cet être humain, c'est évident qu'il souffre. Rien… moi aussi je suis vide… A-t-il pu me vider rien qu'en marchant le long du couloir ?

En désespoir de cause, je me mets à lui poser les questions habituelles. Depuis combien de temps souffrez-vous ? Comment la douleur est-elle apparue ? Avez-vous un diagnostic ? Je suis bien consciente d'assommer cet homme de questions alors qu'il est clair qu'il ne désire pas être là. Pourtant, je n'ai pas d'autre moyen d'aller fouiller sa psyché pour y trouver ne serait-ce qu'une petite accroche. Il répond à mes questions machinalement, il semble n'éprouver aucune satisfaction au fait que je cherche à m'intéresser à lui. Non, il est vide. J'apprends qu'il y a trois ans il a été opéré du dos après avoir attendu son opération un an et demi. Il est technicien de haut niveau dans l'hôpital où nous nous trouvons et a honte de la façon dont on l'a traité. Il souffre le martyre depuis. Son corps ne s'est pas rétabli. Il me décrit une vie auparavant sans histoire : un frère aîné, trois sœurs, des parents militaires, jamais marié, quelques amis, des centres d'intérêt. Un peu plus tard au cours de l'entretien, il dira :

— Ma vie n'était pas extrêmement excitante ni intéressante selon les critères des autres, mais à moi elle me convenait.

C'est la seule phrase où il a parlé de lui de façon analytique, tout le reste de la consultation s'étant passé sur un mode descriptif. Lorsqu'il me raconte la façon dont l'hôpital l'a traité, je sais enfin que mon premier diagnostic était le bon, il suffisait presque de regarder son corps et la pâleur de sa peau : cet homme souffre d'une perte d'âme complètement débilitante. Mais poser le diagnostic ne sert à rien si je ne peux l'expliquer avec des mots qui font sens pour le patient.

— Pourquoi sommes-nous sur terre ? lui demandé-je.

Il me répond sur un ton légèrement méprisant (mais il est peut-être seulement las de mes questions) :

— Je n'ai jamais passé beaucoup de temps à me poser ce genre de questions.

Et bang ! D'habitude, c'est ma phrase d'approche, celle qui me permet de définir comment la personne se conçoit dans le monde. C'est alors à travers sa description que j'adapte mon explication et vais pouvoir traduire le concept de perte d'âme. Comment expliquer à quelqu'un d'aussi rationnel et fermé ce jour-là que son âme doit se balader hors de son corps ? Je mise gros et il devient plus clair à chaque minute que le ciel, aujourd'hui, ne va pas me faire de cadeau. Certes, j'ai son diagnostic, mais impossible d'accéder à son monde mental pour le lui expliquer.

— Vous sentez-vous vide ? lui demandé-je.

Oui, parfois, je ne tourne pas autour du pot, je vais droit au but : savoir si le patient ressent le vide de son âme échappée.

— Oui, on peut le dire comme ça, me répond-il...

Une pause, je ne sais pas ce qu'il pense, mais peut-être quelque chose comme : « Tiens, c'est la première question sensée que me pose cette psy. Si elle est aussi bête que la précédente, je ne suis pas rendu… »

En vérité, d'emblée ou presque je l'avais diagnostiqué : la perte d'âme est monnaie courante dans la douleur chronique. Le diagnostic est donc banal et quasi sans intérêt. Non, ce qui est intéressant cliniquement, c'est de savoir si expliquer le vide que cet homme ressent par le concept de perte d'âme résonne pour lui. Il gagne alors un potentiel thérapeutique en soi car il pourrait se l'approprier. J'en doute dans son cas, mais comme sa douleur intérieure ne me laisse pas l'approcher différemment, je suis devant un dilemme.

Voici l'histoire de ce patient : un mal de dos l'oblige à quitter son travail, il perd alors son identité professionnelle : première perte d'âme. Lorsqu'il est enfin opéré, l'hôpital le traite comme de la viande. « De la pure boucherie, me dit-il, j'ai honte de travailler ici. » Traumatisme physiologique et psychologique : deuxième perte d'âme. Cet aspect est compliqué du fait que l'hôpital est aussi son employeur… S'ensuit une perte de confiance envers l'institution qui détient son identité professionnelle : troisième perte d'âme. Il rentre chez lui. Un ami s'occupe de lui, puis il retourne à sa vie solitaire qui auparavant lui convenait. Il ne se rétablira jamais et les douleurs, au fil des mois, deviennent chroniques. Aucune explication au fait qu'elles se prolongent… Ses occupations, le jardinage, la randonnée, les collections, tout ce qui définissait cet homme solitaire, probablement extrêmement intelligent et sobre, tout cela lui échappe. Il n'a plus accès à lui-même : quatrième perte d'âme. Celle-ci est sournoise, continue, faisant partie des plus difficiles à soigner, car l'âme s'éparpille avec les années. Trois ans après, il est assis dans mon cabinet, ses mains sont d'une blancheur maladive. Son âme s'est presque totalement échappée de son corps. Il lui reste tout juste assez d'énergie vitale pour que ses organes fonctionnent, mais il ne mange presque plus. À quoi bon nourrir un corps sans âme ? Son regard est vide, dénué d'expression et ma bougie brûle, indifférente. Le Dieu du Feu est silencieux, et mes jolies images accrochées au mur restent muettes. Personne ne parle. J'observe les dégâts, ces pertes d'âme en cascade, un corps souffrant qui s'adresse à des professionnels désemparés... Depuis des années, il erre dans le système médical, qui, chaque fois, est dans l'impossibilité d'expliquer sa douleur chronique.

Le rythme de nos échanges est si lent que j'ai le temps de penser aux théories ethnopsychiatriques[1] : la société influence l'expression de la pathologie. Ainsi, cet homme est diagnostiqué déprimé, anorexique, anxieux par les systèmes thérapeutiques dans lesquels nous évoluons. Les interventions créées par ce système sont médicamenteuses ou bien encore des thérapies cognitives comportementales. Si j'étais cogniticienne, bien sûr, je pourrais formuler le mal de ce patient en ces termes... mais moi, je vois une autre histoire, qu'on peut expliquer par le vide. Cet homme est vide, vide, vide, son âme est partie, hors du corps, ici, en Angleterre, au XXIe siècle. Le paradoxe est double car c'est la médecine occidentale qui lui a fait mal, ce sont les institutions qui l'ont cassé. C'est le système de santé dégradé qui, en payant mal le personnel soignant, l'a rendu maltraitant... Et pourtant le vide, la perte d'âme dont souffre cet homme ne peuvent être pensés dans

---

1. L'ethnopsychiatrie s'intéresse à la fois à l'influence du contexte culturel dans l'apparition des désordres psychologiques mais aussi aux mécanismes et formes de système de soins découlant de la compréhension de ces désordres et à leur influence mutuelle. Georges Devereux (1908-1985), ethnopsychanalyste, est considéré comme le père fondateur de cette discipline en France, mais c'est Tobie Nathan qui y a créé les premières consultations, renouvelant le champ de la pensée en l'éloignant de la psychanalyse.

cette société. Cet homme dont le silence muet crie si fort que mes oreilles ont mal, cette perte d'âme, personne dans notre système culturel ne sait ni la voir, ni la soigner. Pire, éduqué dans et par le système occidental, son système de pensée à lui l'empêche aussi de jamais pouvoir penser sa pathologie sous cette forme. Et moi aussi, clinicienne, je crée de la friction : si je pense sa pathologie en termes de perte d'âme alors qu'il n'a pas accès à ces concepts, je coupe la communication. Une pathologie ne saurait être soignée si patient et thérapeute ne peuvent s'accorder sur son sens.

Je suis toujours assise, silencieuse, et je me sens extrêmement lasse, lasse d'être psychologue, lasse d'être chamane. Où est passée ma passion ? Où est passée ma tendresse, ma joie devant le défi de faire voyager les êtres d'un monde à l'autre ? Je vois bien qu'il se meurt, cet homme, et pourtant je sens le vide en moi, l'impossibilité de lui tendre la main pour l'amener vers un monde où il pourrait se concevoir de façon énergétique et accepter que son âme lui soit rendue. Le système l'a vidé, et à ce moment-là, je me vois en miroir, moi aussi vidée par le système.

Je voudrais que me poussent des plumes dans les cheveux, que ma robe se transforme en mon costume blanc. Je voudrais mettre mon turban rouge, sortir mon tambour, mon parfum chamanique, laisser parler mes guides spirituels, utiliser ma voix pour redémarrer la machine de son corps. Le regarder dans les yeux, cet homme presque mort – je sais qu'il reste juste assez de vie pour invoquer les Dieux –, toucher ses mains blanches, leur insuffler vie, le secouer avec les mots. J'appellerais la Terre Mère, le Dieu du Feu, la Déesse de l'Eau et lui soufflerais son âme dans son corps en provoquant l'effroi inverse, celui qui a fait partir son âme. Je sais qu'il me suffirait de devenir chamane ici, maintenant, pour le réveiller, brusquant les systèmes, ignorant le risque, juste pour faire revenir la vie dans ses yeux…

Intérieurement, je crie, car je me vois, moi aussi, usée par le système qui ne me laisse aucune porte de sortie. Je n'ai pas l'espace thérapeutique, comme par exemple une vingtaine de séances, pour créer une autre forme de thérapie et un cadre rassurant pour cet homme, et doucement, avec des mots, du temps, lui permettre d'utiliser ses outils à lui, ceux qui font sens dans son monde, pour se réparer. Mais je n'ai pas non plus la liberté de me transformer en chamane ni le temps de lui offrir l'énergie indispensable pour réanimer son corps. Nous sommes morts tous les deux. À la différence que moi, je mange encore.

Le temps s'est ralenti entre nous. Dans le passé, j'ai tellement aimé ce challenge, j'ai aimé pratiquer en dissidente. Parce qu'il était nouveau et unique, mon travail de chaman possédait une énergie qui me nourrissait. Aujourd'hui, je n'ai plus l'énergie de faire le pont entre les mondes occidental et indigènes. Intérieurement, je lui en veux de me mettre devant le mur et je deviens silencieusement agressive, j'ai presque envie de lui crier : « La seule chose que je peux faire pour vous, c'est vous rendre votre âme. Ou bien vous faites ce que je vous dis, ou vous sortez de mon cabinet. »

Je le regarde doucement, ayant honte de mes mots même si je ne les ai pas prononcés à haute voix. Il est toujours sans vie. Moi je n'ai plus le courage de faire semblant. Je n'ai plus de compassion, je n'ai plus l'énergie d'être chamane dans un hôpital, sans objet, sans tambour, sans Dieux à invoquer. Je n'ai plus envie de prendre des risques dans un système qui, avec le temps, a fini par épuiser mon Feu intérieur. J'ai des enfants à nourrir.

Voilà, c'est fini. S'est échappé de moi le plaisir de faire le pont, d'aller chercher mes patients dans leur monde occidental et, avec amour, patience, comme une traductrice solitaire, de les amener à parler le langage énergétique des Esprits, les amener à entendre que leur mal peut se soigner par le souffle. J'en ai assez d'être passeuse.

Passeuse, tel a été mon métier depuis presque sept ans…

Au début de ma carrière, j'avais commencé à exercer comme psychologue. Souvent, après avoir passé une heure avec un nouveau patient ou une nouvelle patiente, je ressentais des choses bizarres. Je voyais sans voir. J'avais le sentiment de pénétrer à l'intérieur de mes patients mais sans pouvoir véritablement verbaliser ni conceptualiser ce qu'il se passait, ou encore je voyais des images flotter autour d'eux. Après leur départ, il me semblait qu'une partie d'eux restait autour de moi sans que je puisse m'en défaire.

Je n'étais pas totalement étrangère à l'idée que la diversité et la richesse des cultures ont un impact central dans la manifestation des maladies et qu'il existait peut-être d'autres outils pour penser mes patients que ceux que mon apprentissage de psychologue m'avait offerts. Ma formation en ethnopsychiatrie m'avait appris que les êtres humains sont fabriqués par des mondes culturels différents. L'expression de leur vie intérieure prend des formes qui varient suivant les cosmologies et la compréhension que la culture a du monde. Je savais aussi que dans certaines cultures, les invisibles (les Esprits ou les Êtres) sont véritablement pris en compte. Par exemple les Djinns existent en Afrique, ou les Esprits en Sibérie. Si ces êtres ne sont pas respectés ou écoutés, ils peuvent faire des dégâts et embêter sérieusement les humains en leur envoyant des problèmes ou des maladies.

Je m'étais familiarisée de façon intellectuelle avec le fait que les Esprits pouvaient se manifester dans le comportement pathologique des vivants. Mais en fait, je ne comprenais pas à un niveau profond comment cela était possible. Quel rapport pouvait-il exister entre un Esprit mort et des hallucinations auditives ? Ou encore comment pouvait-on soigner la dépression en roulant un être humain dans la boue et en sacrifiant un mouton, comme je l'avais vu dans ma formation d'ethno-psychiatrie ?

Les phénomènes qui apparaissaient dans mon cabinet n'avaient ni couleur, ni forme, bien qu'ils fussent palpables, je ne savais ni les nommer, ni leur donner sens. Et je ne voyais pas de lien entre le travail d'un guérisseur africain bougeant des coquillages dans le sable pour lire l'avenir et la petite psychologue occidentale que j'étais qui essayait de soigner les êtres à des milliers de kilomètres de là dans un cabinet sombre au sud de la Grande-Bretagne.

Mon métier de psychologue était de penser les gens, et peut-être que je ne m'en tirais pas si mal. Je donnais sens à leur histoire en me basant sur les modèles avec lesquels j'avais été formée, psychodynamique, systémique, narratif, voire cognitif. Et pourtant, il me semblait que ce n'était pas suffisant. Il me fallait chercher de nouveaux modèles, ailleurs que dans les livres… J'étais patiente, car au fond de moi, je savais que la réponse viendrait toute seule.

Elle était venue ainsi. Une amie m'avait dit :

— Claire, va voir cette chamane, elle m'a soignée de mes insomnies.

Je ne savais même pas ce qu'était une chamane. J'ai appelé, par curiosité.

— Bonjour, donnez-vous des séances ?

— Euh, oui, quand voulez-vous venir ?

— Hum… je ne sais pas.

— Au fait, mes maîtres mexicains sont là ce week-end, voulez-vous venir suivre leur séminaire ?

— Vous êtes gentille, non, je voudrais juste une séance.

Je raccrochai. Après dix ans d'études, l'histoire, la psy, non vraiment, je n'avais aucune envie d'étudier encore une fois.

Quelques heures plus tard, j'en parlais à mon compagnon, Nick.

— Tu sais, j'ai appelé la chamane, elle m'a dit que ses maîtres mexicains étaient dans la région et m'a invitée à venir me former.

— Que lui as-tu dit ?

J'ai regardé Nick en souriant.

— Qu'est-ce que tu veux que je lui dise ? Rien, j'ai raccroché.

— Et alors, tu vas y aller ?

— Ça ne va pas, non ? J'en ai marre d'étudier, et puis ce week-end est notre seul week-end sans les enfants.

Il m'a à peine regardée, s'est levé de sa chaise et a dit sans même insister, comme s'il me mettait devant le fait accompli :

— Claire, tu n'as pas le choix, c'est un signe, vas-y.

Je me souviens d'avoir regardé dans le vide en laissant ses mots faire écho dans mon esprit. « C'est un signe, vas-y. » J'y suis allée… sans savoir alors que j'ouvrais la porte à un monde où ce genre de signes allaient se faire plus fréquents.

La chamane m'avait donné des instructions au téléphone.

— Habillez-vous tout en blanc, culotte et soutien-gorge aussi. Allez chercher des herbes aromatiques qui vous attirent dans le jardin, thym, laurier, basilic, coriandre, choisissez-en au minimum quatre. Vous devrez aussi apporter trois bougies, trois tortillas, trois œufs durs et douze œufs frais. Et un grand bouquet de fleurs blanches. Un foulard rouge et un sac rouge.

Deux jours plus tard, j'étais assise en tailleur avec un groupe de jeunes gens. Un tissu rouge à carreaux sur les genoux, nous coupions en menus morceaux les herbes choisies avec amour. Doucement nous chantions une chanson : « Grand-Mère plante, mets ton esprit dans ces plantes, viens m'aider à guérir les âmes, Grand-Mère plante, je t'aime et te respecte, viens mettre ton esprit dans ma bouteille. » Tout me paraissait nouveau, et en même temps, rien ne m'étonnait. Puis, une fois les herbes découpées avec nos doigts le plus finement possible, il fallait les mettre dans la bouteille en continuant nos incantations… Les vibrations de nos voix semblaient s'agripper aux fragments de thym, coriandre, menthe, dont l'arôme embaumait nos mains. Enfin, au bout d'une bonne demi-heure, la chamane s'adressa à nous.

— Maintenant, vous versez un litre d'alcool à 90° dans la bouteille, puis vous secouez en continuant de chanter.

Une fois notre potion fabriquée, la chamane nous a appelés un à un. Elle tenait dans sa main un popochkomitl[1]. Elle a soufflé de la fumée en direction de mon cœur et de mon foie. Ensuite elle l'a posé et a serré mes bras très fort. Son visage était rond et lumineux. Elle devait peser près de cent kilos. Moi qui m'étais toujours crue lourde, ce jour-là j'ai compris que j'étais aussi légère qu'une plume. Son regard est allé chercher quelque chose au fond de moi. Avec sa main droite, elle a frotté le sommet de mon crâne comme si elle cherchait à creuser un trou - elle ne faisait qu'ouvrir le chakra de la

---

1. Sorte de petit vase en terre cuite noir dans lequel les guérisseurs font brûler l'encens qui leur sert à appeler les Esprits.

couronne, mais je l'ignorais à l'époque – et a prononcé des mots espagnols que je n'ai pas compris.

Voilà, elle venait de m'initier à la médecine de ses ancêtres. Voilà, les dieux aztèques venaient d'entrer dans ma vie. Puis elle m'a frappé fort les deux épaules en prononçant : Ometeotl[1].

J'étais maintenant assise, jambes pendantes, sur le mur qui longeait la plage pendant que je mangeais les fish-and-chips que je m'étais achetés en sortant du séminaire. Je portais encore mes habits blancs et repensais au regard de cette guérisseuse. Je n'avais aucune idée de la portée de ce qui m'était arrivé et je ne pouvais pas prévoir qu'en laissant entrer l'énergie des Dieux aztèques à l'intérieur de moi cette médecine[2] allait m'accompagner pendant les années à venir. J'avais commencé à tirer le fil d'une bobine qu'il allait m'être impossible d'arrêter de dévider.

Le deuxième jour, la curandera[3] nous a parlé d'énergie. Elle nous a expliqué la cosmologie du peuple aztèque. Les concepts de base étaient simples et clairs : le monde est divisé en quatre formes de manifestation : le corps/la matière, la pensée produite par le cerveau, l'imaginaire ou le mythologique et enfin l'énergétique[4]. L'homme est une manifestation

---

1. « Tout est en équilibre » en nahuatl, la langue des Aztèques.
2. En anglais le mot « medicine » peut décrire soit un médicament, une potion, ou bien un système médical. Lorsque je parle de « la médecine » sous-entendue aztèque, je peux me référer soit à la médecine aztèque comme système médical, soit à la potion utilisée pour pratiquer les rituels et traitements qui découlent du système médical, soit à l'énergie du système médical. En l'occurrence, je parle ici de l'énergie du système médical.
3. « Guérisseuse » en espagnol.
4. Ce niveau de manifestation est le plus complexe à définir. L'imaginaire et le mythologique en Occident sont compris comme une production du cerveau résultant de la culture humaine. Le mythologique dans les cultures indigènes est jugé tout aussi réel que le visible. C'est le monde des Esprits.

de ces quatre niveaux en interaction constante. L'expression de sa vie est une danse constante entre et à travers ces quatre niveaux : le corps, la pensée, l'imaginaire et l'énergétique.

Autre concept central de la médecine aztèque : toute maladie, qu'elle soit physique, mentale ou émotionnelle, est due à un déséquilibre entre l'homme et son environnement. L'être humain vit en interaction constante avec le monde, et son corps, son esprit ne sont pas séparés du reste de l'univers. Décrites comme animistes, ces cosmologies comprennent les éléments : l'Eau, le Feu, la Terre, le Vent, les animaux, les arbres comme habités par un Esprit au même titre que les humains, qui ne sont pas séparés du reste de l'univers. La maladie apparaît quand l'humain est en déséquilibre avec son milieu. Le déséquilibre est facilement diagnostiqué : il est dû soit à un manque d'énergie, soit à un trop-plein d'énergie, c'est-à-dire à une accumulation d'énergie étrangère dans le corps. On peut parler d'esprit ou d'énergie. Toute personne possède un esprit (un quota d'énergie) à sa naissance, et à travers les aléas et chocs de la vie, l'esprit peut être éjecté hors du corps. C'est ce que les cultures chamaniques appellent

---

C'est le métier des chamans que de faire le pont entre ce monde et celui des hommes. En Amérique du Sud, le chaman accède au monde des Esprits le plus souvent en utilisant des plantes sacrées hallucinogènes, tandis qu'en Sibérie, par exemple, il entre dans un état de conscience altérée grâce au son du tambour. Selon ces cosmologies, le monde se divise en plusieurs niveaux : « The middle world », le monde du milieu, qui est le monde de la matière dans lequel nous semblons vivre, « the underworld », le monde du dessous, qui est le monde des Esprits de la Nature et « the upper world », le monde des Esprits encore plus élevés. Dans les traditions chamaniques originelles (sibériennes), différents chamans accèdent à différents niveaux dans le monde des Esprits, il semble même exister une hiérarchie. Quand la vague New Age s'est répandue en Occident, j'ai appris la division du monde en trois niveaux. Mais à ce stade de mon initiation, je n'avais aucune idée de tout cela. J'apprenais simplement que la tradition aztèque fonctionnait avec quatre niveaux de manifestation, plutôt que trois.

« perte d'âme ». S'échapper de son corps peut être une façon de survivre à un événement traumatique grave (ce qu'en psychologie occidentale on appellerait dissociation). La perte d'âme ou d'esprit peut être alors comprise comme une réponse naturelle à un choc émotionnel, ou physique. Mais, puisque la nature humaine tend vers l'équilibre, l'humain enclenche un mécanisme de recouvrement d'âme naturel. Si l'énergie échappée ne revient pas, il se crée alors une béance, un vide qui sera rempli par des énergies étrangères venant parfois du monde extérieur : les énergies négatives des êtres qui nous entourent, ou encore celles fabriquées par la réaction négative de notre propre cerveau. Un individu peut alors se trouver en véritable déséquilibre, vidé de son âme et empli d'énergies étrangères.

De ces concepts de base découlent des interventions chamaniques assez simples, pour rétablir un espace sain et propre à l'intérieur du corps, il faut nettoyer les énergies négatives ou étrangères accumulées dans la béance : le limpia[1] ou nettoyage. Ensuite le susto[2] ou recouvrement d'âme, afin que l'âme puisse rentrer et retrouver sa place. En gros, passer l'aspirateur puis accueillir l'âme retrouvée dans une maison bien propre et spacieuse.

Les concepts d'âme et d'esprit diffèrent selon les cultures, les traditions, les cosmogonies. Ils sont parfois interchangeables. À ce stade de mon apprentissage, nous n'apprenions pas la différence.

---

1. « Limpiar » en espagnol voulant dire nettoyer. Un limpia est une intervention énergétique qui cherche à débarrasser, nettoyer le patient des énergies redondantes. J'ai été initiée à pratiquer des limpias avec des fleurs et des œufs. On peut aussi nettoyer avec le Feu, l'encens, le son, et même, paraît-il, des animaux vivants !

2. « Susto » voulant dire « frayeur », on répare la frayeur du traumatisme par une autre petite frayeur.

Le dernier concept qui me fut enseigné ce jour-là fut celui de la « Roue de la Médecine ». Le chaman n'agit jamais seul, il ne peut opérer sans créer un espace sacré, un espace où les quatre niveaux de manifestation, matière, pensée, imaginaire et énergie, puissent être en mouvance parfaite, où les éléments sont en interaction équilibrée. On pourrait définir la Roue de la Médecine comme une sorte de machine à créer du sacré. Elle est formée d'un cercle figurant les quatre Directions. Chaque Direction, représentant les saisons, est associée et connectée avec un élément particulier selon la culture. Dans la tradition aztèque : l'Est avec le Vent, le Sud avec le Feu, l'Ouest avec l'Eau et le Nord avec la Terre. Dans la Roue de la Médecine, ces Directions sont tenues par des Dieux (et bien sûr des mythologies compliquées et sophistiquées). En ouvrant les Directions, c'est-à-dire en appelant et honorant les Dieux de chacune, on crée un espace sacré dans lequel le temps n'existe plus. Ainsi, tout chaman ouvrira les Directions avant de travailler car la guérison d'un être n'est possible que dans un espace sacré.

Je sortis du séminaire retournée. Émue et étonnée par cette courte formation, deux jours au cours desquels nous avions appris tant de choses…

Avant de reprendre ma voiture, je me souviens d'être retournée près de la mer et d'être restée assise pendant un long moment. Tant de nouveaux concepts se bousculaient dans mon esprit. J'avais compris ce jour-là que c'était aussi par la matière que l'on peut créer et manipuler[1] le sacré. Avec le recul des années, et en essayant d'écrire ce moment de ma vie, je sais que ce n'étaient pas les concepts, si passionnants paraissaient-ils à l'époque, qui m'avaient touchée. Non, l'esprit et l'âme de

---

1. « Manipuler » au sens de « manier ».

la médecine mexicaine se trouvaient dans les objets : dans les habits blancs que j'avais dû porter pour pratiquer, dans l'écharpe rouge dont je devais ceindre ma taille, dans les herbes aromatiques que j'avais coupées, dans l'autel que j'avais créé avec des cristaux, des images, des pierres, des feuilles, dans la fumée de l'encens qui s'était échappée du popochkomitl de la guérisseuse et qui avait frôlé mon foie, mon cœur, mon cou, mes bras. Ce qui m'avait véritablement touchée, c'était les pétales de fleurs que l'on fait tomber sur le corps du patient pour le nettoyer, lorsque, les bras tendus vers l'univers, il ouvre son cœur pour laisser s'échapper hors de lui les énergies redondantes, ou encore les œufs, symbole de la graine de vie, énergie féminine que l'on entoure d'une tortilla, symbole du soleil, énergie masculine. Les draps blancs qui servent à cacher le corps du patient lorsque, allongé, il se confie au chaman pour rappeler son âme. La fumée de l'encens qui parfume les cheveux, le son de la flûte qui chante doucement avant que l'âme ne soit soufflée. Oui, ce sont dans tous ces objets que se cachent l'esprit et la beauté de la médecine aztèque. Je ne le savais pas encore, mais c'étaient eux, les objets, qui allaient guider la transformation de ma pratique, créant un pont entre la matière et l'invisible.

Octobre 2006

Après ce premier séminaire je n'avais pas cherché à penser le contenu de l'apprentissage, j'essayais plutôt d'intégrer physiquement ce que j'avais appris. Je faisais mes premières armes sur mon compagnon, et ce n'est que petit à petit que les concepts sont venus se glisser dans l'observation de mes patients. À l'époque, je travaillais en free-lance pour un service d'alcoologie et je recevais mes patients dans un autre bâtiment à soixante kilomètres de là. Pour rentrer dans le service de psychiatrie adulte où se trouvait mon cabinet, il fallait montrer patte blanche, traverser un long couloir, passer devant une grande salle d'attente à la vue de tous. Enfin, la petite pièce qui était la mienne était relativement sombre et isolée.

Je voyais Olivia en thérapie. Lorsqu'elle était petite, son père avait abusé d'elle. Cela avait duré de nombreuses années. Adolescente, elle a commencé à boire et l'alcool a bien sûr servi à étouffer la douleur, le dégoût. Ce dégoût d'elle-même était ce dont elle parlait le plus souvent, et quelque chose dans la façon dont l'alcool avait abîmé son corps restait collé à elle. Sa peau en était encore rouge et son visage gonflé. Cela faisait plusieurs mois que je travaillais avec elle, et une grande partie du travail avait consisté à lui donner assez de confiance pour venir, être écoutée, raconter, simplement oser mettre des mots sur son histoire. Cela, c'était du travail de psychologue, je savais le faire.

Les semaines passaient, et sans que j'essaie consciemment d'intégrer mes nouvelles connaissances à mon travail, quelque chose de plus subtil prenait forme. Il me semblait que je pouvais sentir, percevoir dans l'aura d'Olivia, autour de son corps, de l'énergie. C'était assez épais et lourd, comme de l'énergie un peu noire. Auparavant cette énergie m'aurait laissé un sentiment étrange, celui d'avoir perçu quelque chose qui, ou bien n'existait que dans ma tête, ou bien ne pouvait être nommé. Dorénavant, j'avais été initiée à de nouveaux concepts qui me permettaient de nommer ce que je percevais. Le changement de perspective enclenchait alors une chaîne de modifications sur ma pratique et sur le lien thérapeutique que j'entretenais avec mes patients.

Premièrement, je n'étais plus envahie par des forces étranges que mon cerveau de psychologue occidentale ne pouvait formuler. Ces forces prenaient un sens, elles existaient et portaient un nom. Deuxièmement, pouvoir en l'occurrence identifier ces forces comme des énergies négatives ayant contaminé Olivia de l'extérieur (celles du père) et de l'intérieur (ses propres pensées négatives) créait un pont immédiat entre la médecine aztèque et ma formation psychologique occidentale. Ma pensée se frayait un chemin dans la cosmologie de la médecine aztèque qui, en retour, transformait mon exploration clinique.

La pathologie addictive dont souffrait Olivia se comprenait bien avec la formulation de « perte d'âme » qui, en s'échappant, laisse un gouffre, une place vacante : l'alcool ayant la fonction de remplir le vide intérieur. Une autre pathologie qui s'inscrit facilement dans une cosmologie chamanique est la psychose par exemple, quand l'individu se dissocie et perd le sens de la réalité, la dissociation pouvant être comprise comme une forme de perte d'âme très intense. N'oublions pas que l'âme ne s'échappe pas uniquement sous l'effet d'un choc ou de la frayeur, mais aussi pour se protéger de l'effroi et de l'insoutenable réalité d'émotions trop fortes. Ainsi, rester en dehors de son corps possède un sens, c'est une stratégie de survie. À quoi bon revenir dans son corps si l'environnement est encore dangereux : l'abuseur est encore présent ou le corps est en douleur constante (dans les cas de douleurs chroniques, par exemple). Les années peuvent alors s'écouler sans que l'âme retrouve son chemin, et l'individu non seulement s'habitue à ce déséquilibre mais développe un monde intérieur qui justifie le vide, l'explique ou le nourrit. La haine de soi, les pensées négatives, la honte, la culpabilité, la peur possèdent une énergie à part entière qui, en remplissant la vacuité laissée par l'âme échappée, contribuent aussi à l'empêcher de revenir.

En travaillant avec Olivia, je commençais seulement, au fil des semaines, à articuler ce parallèle, à créer un espace où l'histoire de cette patiente pouvait être pensée en termes chamaniques. Je pouvais aussi lui expliquer ce que je voyais, et lui parler de la forme de traitement chamanique que nous pourrions peut-être pratiquer.

En parallèle, un autre phénomène se manifestait par des détails presque imperceptibles. Assise dans la pièce où je recevais Olivia, alors que je l'écoutais et me concentrais sur son histoire, je devenais tout à coup très consciente des branches de l'arbre dans la cour, que je ne pouvais visuellement distinguer, mais dont l'énergie[1] semblait pénétrer la pièce et mon corps. Ou encore, l'encens que je brûlais, la fumée qui en émanait, touchaient mes sens d'une façon étrange, comme si l'encens était habité. Ou bien, la couleur rouge du turban que j'attachais autour de mon front semblait posséder une force qui avait sa propre intention et m'aidait à affûter mes pensées.

À l'époque, j'éprouvais ces phénomènes sans pouvoir encore leur donner sens. Aujourd'hui, l'intensité de ma relation avec la Nature m'a appris que le véritable pouvoir de la médecine indigène ne réside pas seulement dans les concepts qui lui sont attachés mais dans l'ouverture qu'elle apporte aux phénomènes énergétiques de l'univers, qui existent même lorsqu'ils ne sont pas pensés.

Un matin avant d'aller au travail, alors que je prenais mon café devant les hortensias, je les regardais, ils me regardaient.

---

1. À l'époque, j'appelais cette sensation « énergie », avec les années, ces énergies sont devenues des Esprits à part entière. Non pas des Esprits que j'aurais créés moi-même, mais des énergies que j'étais devenue capable d'appréhender dans leur unicité et qui semblaient être pourvues d'une conscience propre, du moins d'une forme qui ne relevait pas que de ma capacité à les percevoir.

Je me vis poser ma tasse et partir chercher un sécateur. Fort et subtil à la fois, quelque chose me poussait. Je coupai un gigantesque bouquet d'hortensias. Je les mettrais dans un sac, personne ne me verrait, oui, j'allais nettoyer ma première patiente. Je ressentais une sorte d'excitation.

Quelques heures plus tard, je traversai la salle d'attente, avec un sac plein d'hortensias, mon parfum, mes turbans, mon encens. Mon cœur battait. Je priais pour ne rencontrer aucun collègue en chemin. Bien que personne ne puisse voir ce qu'il y avait dans mon sac, j'avais l'impression d'être nue et transparente. Enfin, je fermai la porte de mon petit cabinet derrière moi. Si j'avais dévalisé une banque, je n'aurais pas transpiré davantage.

J'avais déjà parlé à Olivia du concept de « nettoyage énergétique », et lorsqu'elle arriva ce jour-là, je lui expliquai sans trop de détails que j'avais été poussée à apporter des fleurs. Je lui demandai si elle était prête à tenter l'expérience. Je crus deviner une sorte de sourire, elle était timide. Un instant je fus tentée de laisser tomber. Après tout, si les psychologues se mettent à faire confiance à un bouquet d'hortensias, où va le monde ? Je souriais intérieurement, je ressentais son hésitation et la mienne aussi. Puis, mon regard se posa sur les pétales blancs du bouquet qu'il m'avait été ordonné de cueillir le matin même, et ils me parlèrent : « Claire, vas-y, fais-nous confiance, justement si les psychologues nous faisaient plus confiance à nous, les fleurs, le monde serait différent... » J'obéis. Un moment plus tard, je parlai à Olivia.

— Oui, c'est cela, regardez-moi, Olivia.

Je lui prends les épaules et gentiment la dirige vers la lumière. C'est la première fois que je la touche véritablement, oh, j'avais bien discrètement touché son dos en lui disant au revoir quelquefois, mais là, aujourd'hui, c'est différent, mes mains sont vivantes, inspirées, pleines d'intentionnalité. Je mets du parfum dans mes mains et lui demande de tendre les siennes.

— Respirez bien l'énergie de la Terre Mère, Olivia, sentez toutes vos cellules s'ouvrir grâce à l'odeur du parfum, imaginez que le parfum est une clef qui va ouvrir votre cœur, votre corps, votre aura, toutes vos cellules, et aujourd'hui, tous les souvenirs négatifs que vous portez vont pouvoir sortir. (Non, Claire, là, tu y vas un peu fort, tu n'imagines quand même pas que quelques hortensias vont libérer cette femme de l'immense dégoût d'elle-même, accumulé par ces viols répétés durant toute son enfance ? Non, je n'imaginais pas cela.)

— Aujourd'hui, Olivia vous vous êtes ouverte à un nouveau chemin, vous allez commencer à laisser sortir hors de vous la mémoire des choses difficiles. Imaginez que c'est une bobine de fil que nous dévidons aujourd'hui. Le parfum ouvre la bobine. Nous allons vous nettoyer et commencer à vous libérer, à dérouler le fil.

Elle ferme les yeux et je vois quelques larmes couler.

— Oui, c'est cela, Olivia, laissez vos larmes couler.

J'égrène une branche d'hortensia sur sa tête, les pétales blancs tombent sur ses bras, ses épaules, comme des flocons de neige.

— Ressentez l'amour de la Terre Mère, laissez-vous porter par ce que vous recevez et soyez en confiance.

L'énergie qui émane des fleurs, de mes mains, du parfum, se superpose au décor sombre et déprimant du lieu. C'est mon premier limpia dans un établissement public et une partie de moi est un peu inquiète, mais tout comme la peur d'Olivia, la mienne est aussi modifiée par l'énergie qui émane des fleurs et de mes gestes. Une fois les pétales tombés sur son corps, je prends le reste du bouquet, l'asperge de parfum et en frappe doucement tout le corps d'Olivia.

— Oui, c'est cela, Olivia, laissez les fleurs vous nettoyer : le dégoût, l'odeur, l'attirail pervers de votre père, laissez-les partir dans les fleurs.

En secouant les fleurs sur le visage, le cou, le dos, les bras, les jambes d'Olivia, je ressens de la colère pour son père, son abuseur. Et ma colère nourrit les mouvements de mes bras.

— Foie, nettoie-toi, laisse tomber la cirrhose !

Des bouts de fleurs partent dans tous les sens, et les pétales semblent aussi tomber sur moi en tant que praticienne. Olivia et moi formons des champs énergétiques indistincts. Je souris en voyant le tapis marron de la petite salle se recouvrir de fleurs blanches.

— Olivia, prenez les fleurs. Frottez-en vos mains et remerciez-les, prenez tout ce que vous pouvez, dites-leur merci, merci, fleurs, et recevez l'amour de la Terre Mère à travers elles, oui, comme cela tout simplement.

Elle s'est frotté les mains et ses lèvres ont bougé discrètement lorsqu'elle a murmuré les mots que je lui ai demandé de prononcer.

— Oui, parfait, c'est cela, recevez et nettoyez-vous, videz-vous, donnez aux fleurs tout ce dont vous voulez vous débarrasser, les fleurs donnent leur vie pour votre renaissance. La Terre Mère, c'est ainsi qu'elle montre son amour pour vous, en s'offrant pour vous, faites confiance à la Terre Mère, c'est votre mère, elle vous aime.

Olivia n'avait jamais reçu d'amour, ainsi la simple idée que la terre puisse l'aimer comme une mère était inconcevable. Si, comme une psychologue, assise en face d'elle, je l'avais regardée dans les yeux et lui avais dit : « Olivia, savez-vous que la Terre Mère vous aime ? », elle m'aurait regardée avec des yeux étonnés, sans comprendre. On aurait peut-être même ri. Cela nous aurait paru ridicule à toutes les deux. Déplacé.

Mais à ce moment-là, une énergie qui ne venait ni de moi ni d'Olivia avait habité mes paroles. Une énergie qui émanait directement du parfum, des pétales, des fleurs, et aimait Olivia. Tout se passait comme si l'intentionnalité de mes gestes mêlée à l'énergie des fleurs avait véritablement créé un geste d'amour universel qui touchait Olivia. Oui, à ce moment-là, peut-être pour la première fois, Olivia était aimée d'un amour pur. Je laissai passer un moment, comme pour prolonger le miracle dont j'étais témoin, et ne rien casser de l'instant. Ses larmes coulaient.

— Fermez les yeux maintenant, Olivia, avancez, voilà, ne regardez pas derrière vous, derrière vous, c'est le passé.

Une fois le corps d'Olivia en dehors de la scène, je me suis penchée et ai ramassé les fleurs par terre. Mon corps était courbé. J'étais au service d'Olivia. Je ramassais les fleurs mortes qui s'étaient offertes en sacrifice pour sauver et guérir la jeune femme. Un processus de mort et de naissance à la fois.

— Gardez bien les yeux fermés et sentez l'espace en vous, sentez le sentiment d'être libérée du dégoût, du regard, des dégâts de l'alcool, vous êtes libre, vous avez créé de l'espace à l'intérieur de vous.

Je jetai un œil aux fleurs qui s'étaient sacrifiées pour nettoyer la douleur d'Olivia. Chaque pétale transformé aurait pu être une de ses larmes. Enfin, de nouveau je suis debout devant Olivia.

— Donnez-moi vos mains. (Je mets du parfum dans ses mains.) Olivia, frottez-vous tout le corps maintenant, doucement mais avec fermeté, vous êtes en train de fermer le processus, vous avez créé de l'espace dans vos cellules, et votre esprit va commencer à revenir. (Puis, légèrement, je lui tape les deux épaules.) Ometeotl.

Nous nous asseyons un moment. Je reste silencieuse et lui souris.

— C'est bien que nous ne cassions pas l'instant par la parole, mais si vous voulez dire quelque chose avant de partir…

— Je me sens toute légère, comme si j'étais débarrassée de quelque chose.

Je lui souris à nouveau.

— Prenez soin de vous cette semaine, buvez beaucoup d'eau, quelque chose d'important et de subtil vient de se passer dans votre corps, Olivia, vous allez peut-être vous sentir joyeuse, triste, fatiguée, tout cela est normal. Des images oubliées vont peut-être réapparaître dans vos rêves, c'est normal. Si vous vous faites du souci, n'hésitez pas à m'appeler.

Je fais une pause. Un sourire doux éclaire son visage et dans ses yeux une sorte d'étincelle est apparue.

— On se voit la semaine prochaine ?

Olivia est sortie et je l'ai accompagnée jusqu'à la salle d'attente, rien n'avait changé. De nouvelles figures attendaient, occupées à rêvasser ou lire un magazine. Du miracle qui avait eu lieu dans la petite salle personne ne saurait rien. Elle m'a souri et est partie.

Je retournai m'asseoir dans la pièce. De mon siège, je distinguais les branches d'un grand pin. Cette maison victorienne… Qui pouvait bien avoir habité dans cette pièce ? Peut-être des serviteurs ? J'étais consciente d'avoir entamé quelque chose de nouveau : flageller une patiente avec des fleurs dans un hôpital de jour. J'ai été tentée un instant de nourrir ce moment dont je pouvais tirer une sorte de fierté, mais en fait la beauté de ce dont je venais d'être témoin dépassait tout sentiment de victoire ou de gain. Certes, c'était bien qu'une psychologue fasse confiance à un bouquet de fleurs et ce faisant brave l'institution, mais ce n'était pas mon geste en soi qui avait de l'importance. Je repassai dans ma tête l'énergie des fleurs qui semblait avoir guidé mes gestes et m'avait presque forcée à agir de la sorte. Olivia n'avait pas vraiment eu le choix. Une force m'avait poussée à lui donner un traitement, une force qui, bien qu'elle ait été canalisée dans le contexte de notre relation thérapeutique, était en fait une force qui ne relevait pas du rationnel.

Les mots que j'avais prononcés avaient un poids autre que simplement celui des mots, comme scellés par les fleurs, le parfum et l'investissement de mon corps. Je me souvenais maintenant : lorsque je tapais les fleurs sur son corps pour chasser l'esprit et la mémoire du père abuseur, j'étais investie. Pas seulement par la pensée bienveillante d'un thérapeute. Tout mon corps était impliqué dans la bataille. La colère que je ressentais, je n'avais pas besoin de la contenir comme j'aurais dû le faire si je n'avais été « que » thérapeute. Les fleurs, mes habits, la mise en scène me permettaient de vivre avec tout mon corps mon propre dégoût et de me positionner en guerrière contre la perversion du père. Ce faisant, je permettais à Olivia de s'approprier mes gestes, la Nature, les branches, les fleurs nettoyaient et créaient l'espace à l'intérieur de ses cellules ou la colère habituellement refoulée contre elle-même dans son attitude destructrice de boire pouvait maintenant se transformer. Le miracle de la cérémonie résidait aussi bien là-dedans : les objets, les fleurs, le parfum, les gestes, les rituels contribuaient à créer un espace où nous étions toutes les deux vivantes à tous les niveaux, totalement impliquées énergétiquement, par le corps et les images que je véhiculais. Ensuite, c'est le verbe prononcé qui portait tous les niveaux de manifestation : mentale, physique (par le son), imaginaire et énergétique qui scellaient la transformation.

Ce jour-là, j'ai compris que jamais plus je ne pourrais n'être « que » thérapeute. Le chamanisme n'était pas juste une technique qui allait m'aider à transformer mes patients, il était une force qui transformait absolument ma vie.

Olivia revint la semaine d'après avec, dans les yeux, l'étincelle qui s'y était ranimée : quelque chose de presque imperceptible, l'énergie autour de son corps s'était allégée, elle souriait plus... Elle avait aimé les fleurs sur son corps, et souvent dans les semaines et les mois qui suivirent, nous avons répété cette cérémonie en continuant à l'intégrer à notre travail psychologique axé sur la parole. Chaque fois, le sourire d'Olivia se faisait plus confiant et la beauté de la cérémonie se répétait, comme s'il n'y avait pas de fin au pouvoir de la Nature. Et pourtant, pour moi, quelque chose de spécial était contenu dans notre « première fois ». Peut-être parce que les pétales de fleurs que j'avais égrenés sur le corps d'Olivia ce jour-là étaient aussi tombés sur ma personne.

Quelques semaines plus tard

Elle venait une fois par semaine dans mon cabinet, d'ailleurs ce n'était pas mon cabinet, mais une pièce, vide. Dans un coin, une plante qui se battait pour survivre, et cette jeune femme timide que j'avais la charge de « guérir ». Elle avait grandi avec une mère qui, selon sa description, me paraissait souffrir d'une personnalité borderline et semblait avoir utilisé son enfant comme un prolongement narcissique, un père fragile et alcoolique, peut-être un peu semblable à la mère par sa vulnérabilité, selon les dires de la jeune femme, mais apparemment moins manipulateur. À l'âge de 11 ans, elle avait été prise dans un mouvement de foule. Séparée de sa mère, elle avait bien dû passer une demi-heure, même peut-être plus, avec le sentiment que celle-ci était morte. Quelques années plus tard, ses parents avaient divorcé et l'enfant avait développé des symptômes de cauchemars, sueurs froides, etc. qui avec les années n'avaient fait qu'empirer. Durant son adolescence, elle avait tenté de vivre avec son père, puis de travailler dans un pub, mais elle avait fini par consommer de l'héroïne et c'est ainsi que l'addiction à la drogue s'était enclenchée. Quelques années plus tard, son père avait disparu dans des circonstances étranges : il avait été retrouvé dans une forêt. La jeune femme avait dû aller le reconnaître à la morgue. Sept ans plus tard, elle tentait de retrouver son indépendance malgré une mère intrusive qui l'appelait dix fois par jour. Elle avait récupéré le maigre héritage du père et essayait tant bien que mal de se construire loin de l'influence de cette mère dont l'attitude semblait dévorante.

Quand elle entrait dans la pièce, tout se passait comme si elle n'était pas véritablement là, comme si elle flottait hors de son corps. Son regard était fuyant et elle parlait avec la tête légèrement baissée. Durant notre premier entretien, les multiples questions que je lui posai me paraissaient être des instruments de torture. Je sentais bien que la parole, le mental, n'étaient pas les bonnes portes d'entrée pour approcher l'âme de cette jeune femme. Mais elle et moi étions prisonnières des cultures qui nous avaient fabriquées : moi, formée comme psychologue occidentale, payée par un système pour faire ce métier, avec la parole comme outil de travail, et elle, envoyée par le même système qui lui avait appris à se décrire comme droguée, déprimée et anxieuse. J'étais observatrice passive de mon incapacité à véritablement atteindre cette jeune femme. Je lui parlais, lui posais des questions et elle répondait, tentant d'articuler son histoire, mais je voyais combien l'énergie autour de son corps était emmêlée, lourde, elle ne laissait pas véritablement place à la relation. À ma frustration se superposait la manifestation énergétique du trouble de la jeune femme. J'avais du mal à verbaliser ce que je percevais et même à le transcrire ou à le traduire dans son monde mental. Son mal me semblait confus, pas aussi facilement perceptible par les simples concepts de perte d'âme et de recouvrement, comme l'était celui d'Olivia. Peut-être en réponse au narcissisme intrusif de sa mère, elle semblait avoir créé une sorte de no man's land autour de son corps qui m'empêchait de l'approcher. Avec Olivia, il m'était plus facile de faire le pont et d'approcher son mal.

Au fil des séances, un nouveau phénomène apparut. Pendant que la psychologue parlait, l'autre Claire, la chamane, celle que j'allais apprendre à connaître, agissait devant mes yeux sans que ma logique entre en ligne de compte. Tout semblait se passer comme si différentes strates énergétiques et temporelles se superposaient. J'agissais dans le présent en tant que psychologue et dans une temporalité parallèle en tant que chamane. Je me voyais tourner autour du corps de la jeune femme, habillée de blanc, avec dans ma main un hochet que je ne possédais pas encore (je l'achèterai deux ans plus tard à Mexico). Je chantais et remuais mon instrument à la fois avec énergie mais aussi avec une extrême précaution, je savais en tant que chamane que son aura était blessée. La psychologue interprétait la blessure énergétique comme l'intrusion narcissique des parents ; la chamane, elle, ne voyait que le résultat, une aura contaminée par des énergies étrangères et en même temps vidée des énergies originales. Mon travail de chamane n'était pas très différent de celui du jardinier qui coupe certaines plantes en veillant à ne pas détruire les jeunes pousses qui tentent de reprendre vie. La danse devait être tout ensemble subtile pour respecter son monde et ferme pour lui donner confiance.

Toutefois, il y avait dans ma danse chamanique un autre niveau. Et tout en observant la chamane Claire danser autour de la jeune femme, j'étais dans mon corps de psychologue et je pouvais commenter intérieurement les questions que la psychologue lui posait. Certaines d'entre elles, pleines de finesse, étaient à même de démêler l'histoire. Dans ces cas-là, j'étais l'alliée de la chamane. D'autres questions, en revanche, une fois posées, avaient l'effet inverse et semblaient la troubler et la fragiliser. Dans ces moments-là, la psychologue allait à l'encontre de la chamane, et j'ai le souvenir très distinct d'avoir souffert... de la même souffrance que celle que je tentais de décrire au début de ce chapitre : pouvoir observer la lourdeur du réel et être témoin de l'impossibilité d'intervenir au niveau énergétique et spirituel. Aujourd'hui encore, c'est un dilemme de chaque jour : prise entre les mondes, dois-je utiliser le mental pour explorer et alléger la souffrance, ou bien m'est-il permis de plonger dans l'imaginaire et le mythique pour travailler énergétiquement ? À l'époque, il y avait une certaine fraîcheur dans ce dilemme. Je n'étais pas consciente du fait qu'il allait faire partie de ma vie de tous les jours.

Durant ce travail, tout laisse à penser qu'une fraction de moi avait adopté le rôle de chamane avant que mon conscient ne le conceptualise. La partie de moi qui s'était connectée à ce rôle travaillait énergétiquement dans un monde parallèle que je pouvais observer sinon véritablement influencer. C'était douloureux, certes, je sentais bien que mon travail de psychologue ne répondait pas à la demande spirituelle – énergétique –, mais la chamane, elle, ne souffrait pas, elle opérait sans dilemme, mue par une énergie pure et non contaminée.

Ainsi les semaines passaient, et à chaque séance la chamane continuait de frapper son tambour et de chanter doucement autour du corps de la jeune femme dans le monde parallèle. Quelques signes discrets se manifestaient dans le monde matériel et tangible, cette dernière acceptait de couper son portable le soir avant de s'endormir, s'accordant un espace personnel loin de sa mère. Elle se rendait compte que certains de ses amis n'étaient pas de bonnes fréquentations et qu'elle risquait de retomber dans la drogue… des signes minimes, mais significatifs, me donnaient le sentiment que, malgré mon insatisfaction, elle retirait quelque chose de notre travail et que la chamane était en train de nettoyer ou de ramener un peu de son intégrité énergétique.

Puis un jour, au retour d'un séminaire chamanique à Londres, j'ai reçu un coup de fil de la jeune femme, paniquée. Elle se réveillait la nuit baignée de sueurs froides, elle se sentait abandonnée, perdue, elle n'arrivait pas à se sortir de la situation, elle me priait de faire quelque chose. Comme j'étais dans le train, notre conversation fut rapidement coupée. J'eus le temps de me ressaisir avant qu'elle ne rappelle. Sa détresse était profonde. Je devais la voir le surlendemain. Il était clair que ce n'était pas parler dont elle avait envie. Il me fallait prendre une position thérapeutique, et vite. Elle attendait de la fermeté de ma part. Voulait-elle que je lui montre que j'étais chamane ?

Ce jour-là, au cours du séminaire chamanique dont je revenais, le facilitateur nous avait raconté l'histoire d'un de ses patients qui s'était mis à boire à la mort de son père. Son père avait été un grand alcoolique et le patient n'avait, lui, jamais bu particulièrement. Le chaman nous avait expliqué qu'au moment de la mort l'âme du père avait happé celle du fils, ou que le fils avait happé celle du père. Peu importait, en fait. Le résultat était que l'esprit du mort était encore à l'intérieur du fils et voulait boire à travers lui. Pour résoudre le problème, le chaman dut aider le mort à passer vers la lumière : le fils fut libéré et cessa de boire en quelques jours. Le père s'en était allé.

Alors que je parlais avec ma patiente au téléphone, cet exemple à la fois amusant et intrigant me revint immédiatement à l'esprit. Je lui dis sans hésiter :

— Apportez un gros bouquet de fleurs jaunes, un bouquet de fleurs blanches, trois bougies, trois canettes de Coca-Cola, trois pommes, et habillez-vous en blanc.

Son père était mort seul, dans des circonstances étranges après avoir perdu tout contact avec sa famille. Le moment où sa fille avait dû aller le reconnaître à la morgue avait été très traumatisant. L'esprit de son père avait pu la happer à ce moment-là. Pour moi, il ne faisait maintenant aucun doute que le père était encore dans le corps de sa fille, la forçant à vivre les symptômes qui avaient dû le torturer peu avant sa mort : angoisse, solitude, peur. Pour aider la fille, il fallait guider le père vers la lumière…

Je raccrochai et regardai dans le vide. Flûte alors, comment allais-je faire ?

J'avais dû prendre une décision thérapeutique rapide. Maintenant j'étais seule, la chamane qui avait pratiqué en cachette sans mon influence s'était frayé un chemin dans mon corps. Je n'avais plus le choix, il fallait bien se rendre à l'évidence : elle me demandait de l'incarner. J'allais devoir inventer la cérémonie entièrement. Qu'allais-je bien pouvoir faire avec ces fleurs jaunes ? Jamais de ma vie je n'avais aidé aucun mort à passer vers la lumière…

La jeune femme m'avait appelée juste au moment où le train quittait Exeter et la voie de chemin de fer longeait maintenant la côte de la Manche, un des plus beaux endroits du sud de l'Angleterre où les rochers semblent parler. Je sortis la tête à travers la fenêtre ouverte, les gouttelettes des vagues qui se fracassaient sur les rochers pouvaient presque atteindre mon visage alors que j'essayais toujours d'imaginer comment procéder. Je laissai mon regard se noyer dans le bleu de la mer… il faisait soleil… et l'image de ma Grand-Mère me revint à l'esprit. Elle était bleue lorsqu'elle avait rejoint la lumière.

Elle porte une robe bleu turquoise, et son visage est celui d'une femme de 60 ans, alors qu'elle en avait presque 90 lors de son décès trois ans auparavant. Voyant apparaître ma Grand-Mère dans mon rêve, je me précipite vers elle dans un élan plein d'enthousiasme : elle est presque comme une princesse, ma Grand-Mère. Mais elle ne répond pas exactement à mon élan, non, elle appartient à un autre monde et en l'approchant, je réalise que son corps est en fait comme une bobine de fil. Elle est entièrement elle-même, mais faite de fil. Elle me regarde et me dit : « Claire, je t'ai choisie, tu dois m'aider à partir en dévidant la bobine. » D'abord je ne comprends pas bien ce qu'elle veut dire. « Partir, où ? Mais enfin, tu es là ! » Elle me regarde sans rien dire. Je comprends qu'elle est dans une autre dimension. Chaleureuse mais distante. Me revient alors la réalité de la situation malgré le fait que je suis en train de rêver. Ma tante Catherine, la sœur de ma mère, vient de mourir. Son enterrement a eu lieu la veille dans le sud de la France et je n'ai pu y assister. Ma tante, lorsqu'elle était malade, m'avait dit : « Claire, je sais que Grand-Mère est là (elle appelait sa maman "Grand-Mère" lorsqu'elle me parlait d'elle), je sens son âme, elle s'occupe de moi, sans elle, je ne pourrais être aussi courageuse. » Je regarde encore ma Grand-Mère, sans rien dire, je comprends maintenant pourquoi elle peut partir : puisque ma tante n'a plus besoin d'elle, ma Grand-Mère n'a plus besoin de son corps, elle peut aller vers la lumière. Au moment où je saisis cela, le bout de la ficelle qui sort de la bobine, qui est en fait le corps de ma Grand-Mère, se présente à moi. Mon cœur se serre, j'entends une voix qui répète : « Claire, je t'ai choisie, tu dois me dérouler. » Je sais que je n'ai pas le choix... Je prends alors le bout de la ficelle et tire comme on tire une toupie et je vois devant moi le corps de ma Grand-Mère se dévider et devenir du rien... il ne reste que son visage. Je m'arrête et la regarde : « Non, Grand-Mère, je n'y arrive pas. » Doucement, presque sans insister, elle me répète : « Claire, je t'ai choisie, s'il te plaît, je dois partir. » Je la regarde une dernière fois, elle est encore bleue et ses cheveux sont blancs comme la neige, je ne l'ai jamais vue aussi belle... et finalement, j'y arrive, d'un coup bref et sec je tire la ficelle qui fait disparaître son visage à jamais. Ma Grand-Mère n'a plus de corps.

Je me réveille d'un coup.

Un peu désorientée. Le rêve me revient à l'esprit et je m'attends à ressentir un vide. Or je ressens au contraire une sorte de paix. Ma Grand-Mère est partie vers la lumière. Tout est en équilibre.

Maintenant la mer est calme, c'est à travers le bleu que ce souvenir est revenu à ma conscience. Finalement, ce n'est peut-être pas la première fois que j'ai aidé quelqu'un à partir vers la lumière. Si je l'ai fait pour ma Grand-Mère, je peux bien m'en sortir avec le père de cette jeune femme.

Elle arrive deux jous plus tard avec tout ce que je lui ai demandé d'apporter. Je la fais asseoir sur une chaise et ouvre la fenêtre. Avec les fleurs jaunes, je crée un chemin entre son corps et la fenêtre. J'allume une bougie en chantant une prière pour l'âme du défunt. Je nettoie son corps avec les fleurs blanches et j'utilise la parole presque constamment pour rappeler à l'âme de la patiente qu'elle doit revenir, pour remplir son corps, et qu'en se nettoyant elle rend à son père les énergies restantes qui lui manquent pour partir vers la lumière. Je dis à voix haute la prière qui va permettre à la fille et au père de se séparer. Je m'inspire de la cérémonie de recouvrement d'âme pour ramener celle de la jeune femme et y ajoute une prière pour aider le père à partir vers la lumière. Je rassure constamment l'âme du père en lui disant que sa fille choisit la vie et l'aime encore (elle m'avait raconté que, souvent, son père cherchait à être rassuré, il voulait être sûr que sa fille l'aimait. Ainsi, il n'est pas exclu que ces peurs persistent au-delà de la mort, il est donc bon de rassurer le père en lui montrant que sa fille ne l'abandonne pas en choisissant la vie). Je m'adresse au soleil qui s'apprête à accueillir le père, et j'appelle l'âme de la jeune femme une fois que le père est parti de son corps. J'utilise mon hochet imaginaire tout comme la chamane l'a fait durant les séances précédentes. Forcée maintenant de l'intégrer dans mon corps, je peux enfin couper les ronces et élaguer pour laisser croître les jeunes pousses. Le travail se fait de façon complètement naturelle, comme si je l'avais déjà fait de nombreuses fois. J'accomplis des gestes qui me semblent dictés. Il me serait impossible de dire quelle est ma véritable position durant ce traitement, psychologue ou chamane, sinon que je suis entièrement habitée par le rôle que j'ai accepté : ramener le père vers le soleil.

En rentrant chez moi après cette séance, j'ai le souvenir de voir flotter en face de moi des interprétations psychologiques : « Tout est dans l'inconscient de la patiente, c'est elle qui est attachée à son père, Claire. Ta cérémonie, ma vieille, n'était qu'une jolie mise en scène symbolique pour permettre à ta patiente de se détacher et de laisser partir l'image intériorisée du père. » Je souris. Enfin, j'ai fait ce que j'avais à faire. Peu m'importe si les Esprits existent ou si je les invente pour pouvoir mieux les éliminer.

La semaine suivante, la jeune femme revient. « Déjà ça de gagné », me dis-je alors qu'elle entre et s'assoit. D'abord elle ne parle pas de la cérémonie, j'ai décidé de ne pas la questionner sur son efficacité : peut-être une façon de ne pas me tester ? Les symptômes qui l'empêchaient de dormir ont disparu, c'est l'essentiel.

Au moment de partir, elle se retourne vers moi et me dit :

— Au fait, Claire, j'ai oublié de vous dire, j'ai fait un rêve la semaine dernière après la cérémonie, cela se passait dans une grande forêt, je suivais un long cortège funéraire. La forêt était sombre et j'étais un peu à l'arrière. Il y avait beaucoup de gens. Devant, ceux qui portaient le cercueil avançaient vers la lumière. En me réveillant, j'ai réalisé que dans le cercueil il y avait le corps de mon père.

J'ai souri en remerciant intérieurement je ne sais plus quel Dieu, elle m'a souri aussi. Nous savions toutes les deux. Puis elle s'est dirigée vers la porte. Avant de l'ouvrir, elle s'est tournée vers moi.

— Merci, a-t-elle murmuré.

Et son regard, pour la première fois, ne s'est pas échappé.

Sur la route de campagne qui me ramenait chez moi, je regardais les arbres défiler. Nous étions au printemps et la nature débordait d'énergie, les arbres affichaient ce vert vivace qui caractérise l'émergence des premiers mois après l'hiver. « La Nature est-elle si puissante qu'elle puisse guérir les âmes humaines ? L'âme du père est-elle vraiment partie vers la lumière ? » Une fois de plus, je fus tentée de douter de mon travail. « C'est l'inconscient de la jeune femme qui n'a pas laissé partir son père. Tu n'as fait que manier des symboles, Claire, en lui permettant de se détacher du mort… » Mais alors que j'autorisais ces pensées à prendre place dans ma conscience, je vis la luminosité des feuilles s'amenuiser, comme si la Nature répondait à mes doutes : « Tu ne crois pas en moi, Claire ? Alors je vais m'éteindre. » Ainsi, je pouvais bien expliquer la guérison à travers la loupe occidentale, mais ce faisant je barrais le flux à l'Esprit de la Nature et à l'énergie naturelle qui avait été à l'origine du processus de transformation. Peut-être est-il vraiment impossible d'être psychologue et chamane simultanément.

Cette nuit-là, je fis un rêve.

> Les cerises ne sont pas très belles, un peu abîmées et pas complètement rouges non plus, mais c'est le seul fruit des alentours, et de temps en temps, je me permets d'en manger une ou deux, avec parcimonie, comme si l'arbre lui-même me demandait d'être frugale. Je sais parfaitement que je suis dans un rêve. Au plus profond de l'hiver, dans un village russe, je me souviens du craquement sous mes pas de la neige et le rêve commence un peu avant que la première cerise n'apparaisse. Rien n'indique le siècle car la scène ne se passe pas dans le village, aussi je n'ai accès à aucune information factuelle qui pourrait déterminer l'époque. Et pourtant il me semble savoir que je suis environ trois cents ans dans le passé. Oui, je suis dans un rêve et je voyage dans le temps. Je me souviens de prendre soin d'articuler ce pouvoir dans mon esprit comme si, ce faisant, je confirmais la nature de mon identité « voyageuse dans le temps ». Je suis une femme russe qui vit au XVIIe siècle, tout en étant une femme française qui vit au XXIe siècle.

La seule personne présente est un vieillard. Il ramasse de la neige et la tasse sur une vieille carriole. Je l'observe. Il disparaît et je poursuis son activité sans me questionner sur le caractère incongru de cette activité : ramasser de la neige dans un paysage enneigé. Alors, la neige semble fondre et j'entre dans un domaine où les arbres apparemment me parlent : « Claire, tu es chez toi, la Russie est ta terre. » Il existe un château, quelque part. Les arbres ne sont pas sauvages, ils ont été plantés. Deux sœurs, l'une un peu plus âgée que l'autre, apparaissent dans l'angle de la scène et je leur explique que cette partie du terrain me revient en héritage. J'ajoute à leur adresse : « Là, sous les arbres, c'est important que le masculin accepte que cette partie du domaine n'appartient qu'aux femmes. » Je fais preuve d'une certaine autorité, non, d'une sorte de douce assurance qui ne relève pas de mon conscient.

De temps en temps, je me tourne pour cueillir une cerise et chaque fois je note qu'elle n'est pas tout à fait rouge. C'est un cadeau de l'arbre. Un cadeau du cerisier. Il est là pour moi. Puis le rêve s'amenuise et l'Esprit des arbres, particulièrement celui du cerisier, semble entrer dans mes veines. Les sœurs me remercient de les avoir libérées de l'oppression masculine. En parallèle, les Esprits me parlent à moi, à la Claire du XXIe siècle : « La terre qui t'appartient ne relève pas de cette dimension, tu as bien fait de la rendre aux deux sœurs, ne crains rien, tu es enfin revenue. »

Je me réveille ce matin-là et entame, comme chaque jour, mes exercices de yoga. Depuis trois ans environ, j'ai commencé à pratiquer le KhumNye[1]. Cela a eu les premiers mois un effet étonnant, remuant un tas d'images à l'intérieur

---

1. Le KhumNye est une forme de yoga tibétain.

de moi, presque comme si je réentrais en psychanalyse. J'ai persisté, et ces exercices sont devenus une sorte de colonne vertébrale à mes journées, comme une forme de méditation, le moment où mes rêves ou l'atmosphère qui a émané de mon sommeil s'intègrent dans mon corps à travers la tenue stricte et droite des positions.

Ce matin-là, alors que je pratique encore tout emplie de mon rêve de Russie et de l'énergie du cerisier, l'image de mon long voyage en Union soviétique me revient, comme si du rêve avait surgi une énergie du passé. Car le premier appel, celui de l'arbre, est bien venu de Russie…

Berlin, mars 1990

Sur une photo, un arbre se trouvait au milieu du désert, entre la mer d'Aral et la mer Caspienne. À ses branches étaient attachés des rubans de toutes les couleurs. Sacha, l'ethnologue natif de Leningrad, nous expliqua que ces rubans étaient des offrandes destinées à l'esprit de l'arbre pour apporter la fertilité aux femmes. Sacha organisait tous les ans des expéditions en Union soviétique. Je me revois regarder cette photo, le corps pris d'une immense mélancolie et nostalgie. Je connaissais cet arbre. Immédiatement, je savais. Je savais que je devais partir, suivre Sacha pour aller retrouver cet arbre. Avec les années, j'ai oublié les autres détails entourant l'expérience, mais je peux dire sans hésitation que c'est le moment le plus précis de ma vie. Les décisions qui allaient suivre ne relevaient ni de la logique, ni de la sagesse, ni d'une quelconque rationalité. C'était un appel et la possibilité de ne pas y répondre n'existait pas. Une évidence absolument incontournable.

Au XIIIe siècle, toute l'Asie centrale et une grande partie de la Russie avaient été envahies par l'armée de Gengis Khan, grand empereur mongol. Le pape, inquiet des répercussions possibles pour l'Europe, avait décidé d'envoyer à quelques années d'intervalle deux émissaires, les moines franciscains Jean de Plan Carpin et Guillaume de Rubrouck. Ces deux moines avaient entrepris le voyage de Lyon à Oulan-Bator. Deux ans à dos d'âne, traversant la Pologne, la Russie, l'Asie centrale pour aller rencontrer l'empereur. Aussi bien Jean que Guillaume avaient laissé un récit de voyage retraçant leur itinéraire et décrivant avec précision et finesse les coutumes des peuples qu'ils avaient rencontrés sur leur chemin. Ces deux récits de voyage sont des mines ethnologiques. Sacha était un très étrange monsieur ; déterminé, passionné, un peu obsessionnel, amoureux de ces récits, il organisait des expéditions dans le but précis de comparer les descriptions de Jean de Plan Carpin et de Guillaume de Rubrouck avec la réalité d'aujourd'hui des peuples nomades d'Asie centrale. Il observait que la plupart des coutumes et des rites avaient réussi à survivre à travers les siècles, malgré (et peut-être même grâce à) l'oppression de l'Union soviétique. Ainsi, depuis deux ou trois ans, chaque année, il avait réussi à trouver des fonds pour engager une dizaine de personnes à le suivre sur les pas de ces deux moines franciscains. Et chaque année il ne se lassait pas de retracer le même voyage…

J'avais 22 ans, je vivais et étudiais à Berlin-Ouest depuis près d'un an et ce soir-là j'avais pédalé dans la nuit glaciale pour me rendre à une petite soirée entre amies et voir les photos d'une des expéditions de cet ethnologue inconnu. En fait, sans le savoir, j'avais pédalé pour rencontrer un arbre.

— Sacha, je suis française, je parle le français, l'anglais, l'allemand, je suis photographe, je voudrais être journaliste, est-ce que je peux venir dans votre prochaine expédition ?

Je ne parlais pas russe et Sacha ne parlait ni l'anglais ni l'allemand. Cela ne semblait pas être un problème. Quelqu'un nous servirait d'interprète.

— Oui, bien sûr, Claire, je t'enverrai une invitation dès mon retour en Russie. La prochaine expédition part en juillet.

J'ai cru Sacha. Je rentrai en vélo dans la nuit glaciale, persuadée que j'allais rejoindre l'arbre.

J'ai attendu. Des semaines, des mois passèrent, tous les dix jours j'appelais l'ambassade :

— Non, madame, rien n'est arrivé à votre nom.

Enfin, un jour de mai, j'ai décidé de me déplacer. L'ambassade de l'Union soviétique se situait au sud de Berlin. À l'entrée, l'homme reconnut ma voix et m'accueillit avec un sourire.

— Ah, je crois que quelque chose est arrivé pour vous, madame.

Mon cœur battait la chamade : « Enfin l'invitation, je vais pouvoir retourner voir l'arbre. »

Le sourire de l'employé se dissipa.

— Je suis désolé, madame, l'invitation n'est pas officielle, nous ne pouvons pas vous donner de visa.

Sacha pouvait tout faire dans son pays car il connaissait les rouages de l'Union soviétique, mais son pouvoir ne s'étendait pas à l'Europe de l'Ouest. Je repartis bredouille, longeant les maisons huppées qui bordaient la rue où se trouvait l'ambassade.

Je ne partirais pas… Que faire ? Je pris le métro tristement en remontant les longues stations qui séparent la banlieue de Berlin de son centre. Puis l'évidence se dessina, je n'avais qu'une seule chose à faire… apprendre le russe en attendant de pouvoir partir un jour.

Le mur de Berlin était tombé à peine six mois auparavant, et Berlin-Est était plein de professeurs de russe au chômage. Quelques mois plus tard, en septembre 1990, je commençais des leçons de russe. Tous les matins, à 6 heures, j'allumais le métronome et récitais les déclinaisons, pendant une heure, deux, trois… rien ne m'arrêterait pour retourner voir l'arbre.

Un an plus tard, en juillet 1991, deux camions militaires soviétiques quittaient Saint-Pétersbourg. L'expédition était composée de dix Russes, d'un Américain vaguement perdu que Sacha avait attiré pour aider à payer les pellicules Kodak, et d'une petite Française, amoureuse d'un arbre…

J'étais heureuse. Les deux premières semaines s'écoulèrent dans une ville du centre de l'Union soviétique : nos camions devaient être réparés. Je passais de longues après-midi à marcher seule dans la ville entièrement construite sous Staline pour loger les employés de l'usine de camions. Je me souviens du visage d'une femme, asiatique, assise devant la seule église qui avait survécu. L'église qui avait dû exister dans ce village avant que la ville soviétique soit édifiée d'un bloc.

Trois semaines plus tard, le putsch à Moscou faisait imploser l'Union soviétique et notre expédition était bloquée en Ukraine. Sacha manquait de diplomatie et d'intelligence émotionnelle, l'atmosphère était tendue. J'étais la seule femme au milieu de dix Russes. Je me sentais seule.

J'ai souvent pleuré seule dans le désert, tentant de rappeler l'Esprit de l'arbre. J'ai vu le putsch détruire l'Union soviétique, les pays Baltes s'ériger en États après la chute de Gorbatchev. J'ai marché dans les villages ukrainiens, rencontrant des étrangers qui ne voulaient pas croire que j'étais française. J'ai lavé mon linge dans la Volga, fleuve qui longe l'ancienne capitale de la Horde d'or[1], tentant de sentir dans les plaines les souvenirs des chevaux de Gengis Khan. J'ai vu un chaman diriger une cérémonie près d'un cimetière désert. J'ai marché seule la nuit dans les rues de Boukhara. J'ai écrit un long récit, pris des photos, raconté mon voyage…

Mais tout cela, je l'ai fait seule. L'Esprit de l'arbre n'est jamais revenu.

En écrivant ce livre, je suis retournée feuilleter mon récit de voyage de l'époque et en ai recopié quelques extraits…

« Dans le désert que nous traversons entre la mer d'Aral et l'Asie centrale, notre vitesse moyenne ne dépasse pas trente kilomètres à l'heure. L'asphalte a disparu depuis longtemps, notre seul repère, c'est la voie ferrée. À l'arrière, il faut se cacher le visage à l'aide d'un foulard pour continuer à respirer. Lire, il n'en est plus question, les deux mains accrochées au siège, sans cela la tête se cogne au plafond. Chaque pause est une délivrance, cinq minutes, le camion s'arrête. Un melon d'eau partagé entre toute l'équipe, puis deux, puis trois et c'est reparti. Puis quand le soir vient, les camions s'arrêtent, on a besoin encore de quelques minutes et le cahotement continuel qui n'a cessé de toute la journée s'éloigne alors. Le désert nous entoure, quelque chose d'indéfinissable change.

« Ce soir-là j'ai marché loin dans le désert, loin. La nuit était déjà tombée depuis longtemps, le blanc du sable recouvrait le noir de mes bottes militaires et la lune éclairait mes pas. Soudain, mes pas perdaient le simple caractère de ceux d'une promenade, chacun d'eux devenait une métaphore, il me semblait marcher sur un poème, je n'en étais pas l'auteur, mais le jouet dans l'immensité du désert. Je me suis mise à courir

---

1. L'emplacement de cette capitale totalement disparue aujourd'hui se trouve à l'embouchure du delta de la Volga non loin d'Astrakan.

pour tuer la poésie, écraser la métaphore de mes bottes noires car ce poème était triste. J'ai fini par m'arrêter au bord d'une falaise. Il n'y avait aucun arbre. Que faisais-je là ? Toute seule, dans le vide, perdue au milieu de dix Russes à chercher un arbre ? Les mots de Jean Baudrillard me revenaient à l'esprit : "Ce que l'on cherche dans le voyage n'est ni la découverte ni l'échange, mais une déterritorialisation douce, une prise en charge par le voyage lui-même, donc par l'absence…" »

En fait, le bilan de ce grand voyage fut bien maigre, j'étais jeune, enthousiaste, pleine d'espoir, j'avais répondu sans même le savoir à la voix d'un arbre qui n'est jamais réapparu. Je ressens cette période de ma vie comme une douce mélancolie, gravée dans une sorte de brume, presque absente à moi-même.

Après deux mois d'expédition, nous remontâmes par la Sibérie centrale. J'étais épuisée. Alors que nous atteignions Omsk, je voulus rentrer à Moscou et à Leningrad. Trois mois seule avec dix hommes russes me suffisaient. Je n'avais pas communiqué avec ma famille depuis presque six mois et je voulais rentrer seule en train, sans camion, sans coéquipier. Sacha n'insista pas, il m'acheta un billet pour Moscou et me déposa à la gare le lendemain. Durant les trois jours de train entre Omsk et Moscou, le vieux couple de gardiens du Transsibérien est tombé sous mon charme : Pensez donc, une petite Française seule dans le Transsibérien en 1990 et qui parlait russe, j'étais vraiment exotique !

Je garde un souvenir coloré de ce court voyage, j'étais fatiguée mais soulagée. Je ressentais l'espace limité du train comme un endroit protecteur, à l'inverse des camions militaires, des steppes sibériennes et de mes coéquipiers russes et masculins. Une fois arrivée à Moscou, le moment de se séparer de ce vieux couple charmant arrive. Je les entends encore me dire :

L'appel de l'arbre

— Allez, Claire, tu ne veux pas venir avec nous ? On t'emmène chez nous, près du lac Baïkal…

J'étais trop épuisée par l'expédition loin de mon pays. Je n'avais pas l'énergie d'aller trouver le lac Baïkal. Je savais que Jean de Plan Carpin et Guillaume de Rubrouck l'avaient longé, mais à l'époque j'ignorais que le lac le plus profond du monde était le haut lieu du chamanisme sibérien… Je ne savais même pas ce que voulait dire « chamanisme[1] » à l'époque.

---

1. « Le chamanisme dans son sens strict est un phénomène religieux de Sibérie et d'Asie centrale », nous dit Mircea Eliade dans son livre *Chamanisme et les techniques archaïques de l'extase* (Persé, 1968) ; il y décrit les divers aspects qui caractérisent et rendent spécifique la nature du chamanisme sibérien. Chez les Toungouses (appellation qui recouvre une série de peuples de Sibérie et du nord-est de la Chine), le « chaman » est celui à qui revient la gestion des relations entre les humains et le monde invisible. L'étymologie du terme semble discutée, elle signifierait « celui qui sait » et/ou « celui qui s'agite ». (Pour ce qui est de mon cas, la deuxième étymologie est la plus exacte.) Le terme « chaman » est d'abord utilisé par les voyageurs russes du XVIIe siècle, puis s'est répandu en Europe occidentale à partir du XIXe siècle. L'Asie centrale et plus particulièrement le lac Baïkal sont souvent considérés comme le berceau du chamanisme pour ces raisons, mais par extension, le terme est maintenant souvent employé pour décrire des « sorciers », « guérisseurs », « devins » dans d'autres cultures, comme celles des Amérindiens ou de l'Asie du Sud-Est, beaucoup plus rarement en Afrique. Depuis les années 1950, certains chamans en charge de lignées ancestrales ont transmis leurs connaissances à quelques Occidentaux, ouvrant la voie à une transformation des pratiques ainsi qu'à l'usage du terme. Ainsi Michael Harner, un anthropologue américain, dans son livre *La Voie du chaman*, paru en anglais dans les années 1980, a décrit, adapté et simplifié ces techniques ancestrales de modification de la conscience. À partir de ces connaissances, des écoles se sont fondées qui ont formé des générations de « praticiens chamaniques ». Ainsi l'idée que « tout le monde peut devenir chaman » en entrant dans des états de conscience altérés s'est répandue à travers des stages de développement personnel et dans la philosophie new age. Dans ce livre, j'utilise le mot chaman d'abord dans un sens galvaudé : en décrivant des techniques traditionnelles que j'ai adaptées à une clinique occidentale actuelle. Mais lorsque je me nomme chamane, le terme est alors proche de sa définition originelle : où le chaman, initié à convoquer le monde des Esprits, est contraint (parfois à son corps défendant) de mettre son don au service des membres de sa communauté.

— Allez, viens avec nous, Claire, tu pourras rester autant de temps que tu veux, me répétaient-ils sans se laisser décourager par mon refus poli.

À travers l'invitation de ce vieux couple, les Esprits sibériens m'appelaient-ils déjà ? Peut-être… mais, à cet appel-là je n'ai pas répondu… Je rentrai à Leningrad, Berlin, puis Paris…

Mes chances de vendre mon récit de voyage comme une journaliste étaient minces ; à cause du putsch et de la chute de Gorbatchev, toutes les rédactions avaient envoyé des reporters en Union soviétique et le récit d'une petite Française qui avait suivi les traces de moines médiévaux était sans grand intérêt. Je n'avais rien à vendre et me rabattis sur mes études universitaires. Mon directeur de recherche, spécialiste de l'Italie au Moyen Âge, avait sauté sur l'occasion pour utiliser mes connaissances en russe et pour tenter de démontrer un rapport entre l'empire de Gengis Khan et la Venise du XIIIe siècle. Je passai de longs mois en bibliothèque, égrenant les études archéologiques russes. L'énergie et l'intérêt anthropologique de mon voyage s'étaient fait happer par l'université et ma maîtrise d'histoire. Moi-même, trop jeune, trop solitaire, je n'ai pas su au fil des années conserver son intérêt ni appréhender la véritable nature de mon expérience. Je n'avais pas compris que les Esprits m'avaient appelée, je n'avais pas compris qu'en refusant d'aller au lac Baïkal j'avais peut-être manqué ma chance de trouver un maître… un véritable chaman.

Après quelques autres tentatives infructueuses pour me lancer dans le journalisme, je partis habiter en Grande-Bretagne. J'y élevai mes enfants et, en suivant des études à distance, je retournai à mon premier amour, la psychologie…

Les Esprits n'étaient pas arrivés à leurs fins… Je leur avais échappé. Peut-être est-ce ainsi qu'ils fonctionnent, lorsqu'ils ont choisi un être humain, s'ils le manquent d'un côté de la planète, ils tentent de l'autre ? Alors, ont-ils cherché un autre arbre pour m'attraper ?

Presque vingt ans plus tard, Mexique, 25 octobre 2008

Je m'étais levée tôt en tâchant de ne pas faire de bruit. Je fermai la lourde porte de fer de la maison d'hôte qui nous accueillait, laissant dormir mes compagnons de voyage. J'avais traversé le village déjà réveillé et m'étais instinctivement dirigée vers un petit chemin qui menait à la montagne.

J'étais arrivée au Mexique quelques jours plus tôt pour participer au quatrième séminaire de ma formation chamanique et nous avions une semaine de libre. Avec quelques-uns de mes amis et collègues, nous avions décidé d'explorer un petit village de montagne à une centaine de kilomètres de Mexico qui semblait nous avoir appelés. Fief Huichol[1], le village était encore clairement imprégné de cette culture ancestrale. Aux nombreux objets, artistes, guérisseurs, s'associait la modernité des téléphones portables, magasins, etc. Il régnait pourtant une atmosphère autre que simplement pittoresque ou charmante. Quelque chose dans les montagnes alentour parlait distinctement et donnait à cet endroit une profondeur difficilement définissable. J'ai le souvenir de marcher doucement, comme on le fait lorsqu'on entre dans un espace sacré, comme si l'énergie subtile des pierres un peu branlantes de la rue me servait de tapis roulant.

---

1. Les Huichol sont un peuple indigène du Mexique vivant dans la Sierra Madre occidentale.

Je ne suis pas certaine de savoir si je brode maintenant sur ce qu'il me reste de souvenirs, inventant ainsi une perception a posteriori, ou bien si ce jour-là c'était exactement ainsi que je ressentais cet endroit et la chaleur du soleil sur ma peau. Il se peut qu'en écrivant a posteriori j'ajoute une strate énergétique à l'événement, décuplant mes souvenirs, créant alors une sorte de spirale ascendante entre la perception des énergies et la conscience de cette perception.

Cet endroit était sacré. Sacré, cela peut s'écrire, mais comment le définir ? L'énergie d'un espace sacré est différente, quelque chose dans le flot énergétique de la Nature n'est pas interrompu. On pourrait dire que l'environnement parle, mais que dit-il ? Les travaux de sourciers et énergéticiens tendent à démontrer que certains lieux ont des fréquences énergétiques qui appellent les hommes, les animaux, la nature à s'exprimer de façon différente. Les chênes, par exemple, sont réputés pour pousser à l'endroit où les mondes mythiques se manifestent. Et un être sensible ne ressentira pas les mêmes fréquences énergétiques assis sous un chêne, un noisetier, un frêne ou un prunier. L'humain, comme un animal, aura le réflexe de choisir un lieu avec une fréquence particulière pour créer un espace sacré.

Ce matin-là, je ne pensais pas, j'allais instinctivement vers le petit chemin qui quittait le village pour se glisser dans la montagne et dominer la vallée. Je marchais simplement, consciente du fait que le lieu me paraissait spécial. J'étais guidée.

Par moments, la vue disparaissait totalement, lorsque le chemin s'enfonçait dans la forêt, puis quelques mètres plus loin, les cimes des montagnes entourant la vallée commençaient à se définir à travers le soleil. Le rythme entrecoupé de ma marche semblait définir deux mondes presque distincts, la forêt avec ses arbres tropicaux et la vallée encore toute pleine de brouillard.

Je pensais avec un certain plaisir à mes compagnons que j'avais laissés dormir. Ce moment ne pouvait se partager. M'imaginer avec mes amis donnait un contour encore plus précieux à ce moment solitaire et si rempli. À peu près une vingtaine de minutes plus tard, j'arrivai à une partie enfoncée de la forêt. Bien que la vallée ait presque complètement disparu, on pouvait percevoir sa lumière à travers l'épais rideau de végétation.

Sur la partie gauche de la montagne, m'apparut une gigantesque racine. Sa taille était phénoménale, j'en suivis le contour un moment, puis je réalisai que mes yeux n'en trouvaient pas la fin. Était-ce un tronc d'arbre ? C'était gigantesque, presque aussi haut qu'une maison. Le tronc et la racine semblaient ne former qu'un. Si j'avais rencontré cet arbre aujourd'hui, telle que je suis devenue, je sais que j'aurais été capable de développer un véritable dialogue énergétique avec l'extraordinaire manifestation de sa forme. La structure de ses racines me parlerait un langage que je pourrais écouter. Le temps fossilisé dans la nature majestueuse de cet être se manifesterait alors en moi d'une façon que mon corps pourrait percevoir, comprendre et totalement éprouver. Cela ne veut pas dire qu'à l'époque j'étais insensible au chant énergétique de cette racine, non, j'avais l'intuition d'un sens, d'un mystère, mais son langage m'était étranger, je pouvais la ressentir, mais non dialoguer avec elle.

En effet, il existe un espace anonyme où l'expression énergétique de la nature ne fait pas encore sens. La conscience ne s'est pas encore emparée de l'idée même que l'énergie puisse avoir un sens et c'est dans cet espace vierge que je rencontrai cet arbre.

Aujourd'hui, je visite la mémoire de ces instants avec une certaine mélancolie, comme si l'intensité de mes perceptions actuelles avait enrichi le processus, certes, mais aussi créé une sorte de voile sur la subtilité de mes expériences d'alors. Un parallèle possible pour décrire ce phénomène serait de comparer le plaisir indescriptible que l'on peut ressentir lorsqu'on entend le chant d'une langue sans en comprendre le sens, et une fois que le sens s'impose, le chant s'estompe. Tandis que j'écris ces mots, un frisson parcourt ma colonne vertébrale et il me semble entendre l'arbre me dire : « Oui, Claire, tu as raison, tu étais différente lorsque tu ne connaissais pas mon nom. »

Oui, j'avais rencontré cet arbre comme une langue étrangère, en entendant son chant, étonnamment profond et mystérieux, mais sans en comprendre le sens. Je m'étais laissé toucher par lui sans chercher à connaître son nom. L'anonymat de cette rencontre resta au fond de moi durant ces dernières années, et à plusieurs reprises l'énergie de cet arbre était apparue dans mes séances thérapeutiques, comme si la relation que j'avais développée avec lui n'avait pas eu besoin d'intermédiaire conceptuel.

Ce n'est que des années plus tard que mon ami Timotheus me révéla son « Claire, le kapokier est là pour toi ». C'est alors que je revis ses racines immenses, ce moment unique, ce village mexicain. C'est à ce moment que je compris que, comme l'arbre de l'Asie centrale, le kapokier m'avait appelée.

Après cette rencontre dans la forêt, je redescendis dans le village et rejoignis mes compagnons. Quelques jours plus tard, nous repartions à Mexico et entamions notre formation chamanique. Elle devait durer quinze jours.

Depuis deux ans, j'avais participé seulement à trois séminaires. Chacun était consacré à une Direction. Le premier était celui de l'Est, la Direction du renouveau, de la renaissance. Nous avions dû nous habiller en blanc. Le deuxième suivait l'énergie de l'Ouest, la Direction de la guérison et de la féminité, nous devions porter du rouge. Le troisième avait été parrainé par le Sud, la Direction de la volonté, là où régnait le Dieu du Feu, la couleur était le bleu. Enfin, Mexico était le quatrième, la Direction la plus profonde et la plus complexe : le Nord, la Direction de la mort, de la conscience et de la transformation. Le Noir. À la fin de ce séminaire, nous devions recevoir notre prénom aztèque.

Durant le séminaire, la guérisseuse n'était pas disponible. À aucun moment elle n'a cherché à comprendre la nature de ma démarche. Au fur et à mesure que les jours passaient, je sentais qu'il allait m'être impossible d'accepter mon nom mexicain et de m'affilier à sa lignée. La profonde transformation qu'avait subie ma pratique de psychologue ne pouvait trouver écho chez un professeur dont je ne partageais pas la langue et dont l'énergie, très masculine et terrienne, ne s'intéressait pas à la façon dont les Européens héritaient ou transformaient son don. À l'époque, j'avais besoin de réfléchir à la différence des systèmes. Je ne pouvais faire confiance à une guérisseuse avec laquelle il m'était impossible de penser en commun une pratique intégrative. J'avais une attente occidentale face à elle. Je ne parlais pas espagnol, et pourtant j'attendais un échange intellectuel. Mon refus de m'affilier à sa lignée pouvait se comprendre de façon culturelle, j'étais fabriquée par une pensée occidentale et encore à un stade où j'avais besoin d'intégrer mes expériences chamaniques à un support de pensée.

En fait, les Dieux aztèques n'avaient pas su me happer, m'adopter. Ils ne m'avaient pas séduite ni n'avaient véritablement touché mon âme. Leur énergie avait certes transformé ma vie, mais la narration et l'imagerie associée à ces énergies ne me parlaient pas à un niveau suffisamment profond pour m'affilier à leur lignée. Je marchais dans les rues de Mexico et ne ressentais rien. Je gravissais la pyramide de la Lune à Téotihuacán[1], et mon corps n'était ni pris ni séduit par l'histoire et les mythes associés à l'édifice. L'énergie de la lignée aztèque se manifestait pourtant dans la nature du système de soins qu'il avait engendré, et ce système de soins ne cessait de démontrer sa beauté, sa capacité à s'insérer dans un système de pensée autre (le mien). L'énergie aztèque m'avait véritablement initiée, et je serais éternellement reconnaissante à ma professeur pour cela. Encore aujourd'hui, la beauté des objets que véhicule la médecine aztèque m'émeut au plus profond de mon être et je les vois transformer mes patients tous les jours. Mais les contours des images, les couleurs, la forme des Dieux, leur histoire ne provoquaient pas chez moi de phénomène de résonance.

Le matin du jour où nous devions recevoir notre nom mexicain, la chamane avait rassemblé notre petite troupe dans la maison de sa sœur. Elle nous expliqua ce à quoi nous nous engagerions en recevant un nom aztèque. En fait, elle avait déjà canalisé mon nom aztèque ; il était là, prêt à être transmis.

— Qui veut recevoir un « medicine name[2] » ?, demanda-t-elle. Ses yeux firent le tour du cercle. Mes collègues levèrent la main. Je ne levai pas la mienne. Je n'étais pas la seule, trois de mes amis les plus proches refusèrent aussi. À ce moment, je vis ses yeux intenses me regarder. Je compris que je l'avais blessée, je ressentis une douleur au creux de l'estomac. Je vis sa grande générosité, son travail intense avec le groupe,

---

1. Ancienne capitale de l'Empire aztèque.
2. Prénom sacré octroyé par un maître dans une tradition particulière.

tout ce qu'elle portait pour sa famille. Je vis sa lignée qu'elle nous avait offerte à nous, Européens, à laquelle je résistais et l'énergie de mon prénom mexicain m'apparut presque comme s'il flottait au-dessus de sa tête. Prise d'une crise de larmes, il me fallut sortir de la pièce. Je sanglotais devant l'expression de son visage lorsqu'elle avait compris mon refus, mais je pleurais aussi peut-être sur ma propre douleur, la réalisation inévitable : je ne pouvais faire confiance à un être incarné.

Puis mes larmes finirent par sécher et devant moi, comme une sorte d'apparition, descendant sur moi, la clarté de mon prénom apparut : « Claire ». Pour la première fois peut-être, je compris que je l'avais délaissé. Existait-il de prénom plus direct, précis et merveilleux que le mien ? « Claire ». Je n'avais besoin d'aucun autre. Les briques du mur d'en face se firent un peu floues, et il me sembla distinguer les couleurs et contours des Dieux aztèques, ces Dieux qui ne parlaient pas… ils m'avaient fait un cadeau, ils venaient de donner corps à la force de mon prénom européen.

Je n'étais plus triste. La douleur sur le visage de mon professeur disparut et je ressentis ses mains fermes et enveloppantes, qui deux ans auparavant avaient appelé ses ancêtres, la fumée et sa voix qui avaient fait entrer l'énergie mystérieuse de ces Dieux dont je ne comprenais pas l'histoire. Je savais qu'elle avait prié la nuit d'avant pour appeler mon nom mexicain, et je le voyais repartir dans l'infinie magie de l'univers.

Après avoir quitté la chamane, Natasha et Pierre, les amis avec qui je voyageais – et qui eux aussi avaient refusé leur prénom aztèque –, partirent avec moi pour une dernière escapade mexicaine qui ne dura que quelques jours. Puis, juste avant d'attraper notre avion pour Londres, nous nous rendîmes au marché central de Mexico. Là, je m'achetai un popochkomitl[1]. Il était lourd, gros et imposant. Au moment de payer, je demandai au vendeur :

— C'est qui, la tête sculptée là, devant ?

Il répondit de façon nonchalante. Je revois encore son visage.

— Oh, c'est le Dieu du Feu, Xiuhtecuhtli.

Je ris.

— Ah, oui, très bien, merci, encore un nom imprononçable.

J'y prêtai à peine attention. Il fallait rejoindre l'aéroport et rentrer à Londres…

---

1. Lorsqu'on reçoit un nom dans la tradition aztèque, on reçoit aussi un popochkomitl, le même objet que ma guérisseuse avait utilisé lors de mon initiation. J'ignorais si j'enfreignais la tradition en m'en procurant un sans l'aval d'un maître.

Chapitre II.

La Roue dans l'hôpital

Qu'avais-je ramené de mon voyage au Mexique ? Un arbre dont je n'allais apprendre le nom que plus tard. Nous avions travaillé avec la Direction du Nord, Direction de la mort et de la transformation… Puis, j'avais refusé mon prénom aztèque, quitté ma professeur et compris que, même s'ils m'avaient donné le premier souffle, les Dieux aztèques m'étaient étrangers. Ce qui n'avait pas empêché le Dieu du Feu de se cacher dans ma valise, mais je ne le savais pas encore.

Les premiers mois de mon retour j'étais tout occupée à m'intégrer dans mon nouveau service. Je n'avais pas considéré ma professeur comme un maître, et cela explique sûrement le fait qu'elle ne m'ait pas manqué. Non, je vivais encore de l'énergie qui avait émané de mon choix de me libérer.

Et pourtant, les semaines passant, je réalisais que le manque de langage entre nous avait laissé comme une sorte de zone inexpliquée, inexplicable. Une partie de moi ne pouvait s'empêcher d'analyser mon rejet comme mon incapacité à accepter l'enseignement d'un maître. Je passais beaucoup de temps à remettre en question l'engouement des étrangers pour les cultures indigènes… Étions-nous des voleurs ? M'étais-je emparée de symboles, de techniques, d'énergies qui ne m'appartenaient pas ? Avais-je le droit de continuer à utiliser les signes, les objets, les symboles sans être affiliée à un être incarné et à une lignée définie ? J'avais bien acheté un popochkomitl sans permission.

Je repensais souvent à la Russie. Tout m'y avait paru si profond, si connecté avec une partie de moi-même. Au Mexique, seul Tepoztlan, ce petit village qui bordait la forêt, avait parlé à mon cœur… là où l'arbre m'était apparu. Non, le Mexique n'était pas mon pays. Mais l'Angleterre non plus, et la France pas vraiment. Où était ma filiation ?

J'enviais la capacité de certains Occidentaux à accepter l'enseignement d'un maître. Mon incapacité à me plier à une discipline imposée par une culture ou un système relève-t-elle d'un narcissisme surdimensionné, d'une névrose d'attachement ou d'un autre aspect plus subtil de mon personnage ?

L'histoire qui suit est une tentative de réponse à cette question.

Pendant deux ans, j'intervins comme psychologue du travail dans un hôpital. Ma supérieure était une femme, pas foncièrement drôle, mais qui avait un profond respect pour le chamanisme et faisait preuve d'un grand professionnalisme. La pièce que le service m'avait donnée pour pratiquer était ridicule de petitesse, presque impossible d'y bouger. Alice, une jeune et frêle infirmière, était envoyée par son employeur. Je la reçus une première fois. Elle travaillait avec des jeunes mères en prison séparées de leurs enfants, elle ne pouvait plus entendre leurs histoires sans que se réveille en elle son propre passé, elle venait donc chercher de l'aide. Très vite, il fut clair que son cas ne relevait pas d'un travail de courte durée, mais à cela j'étais habituée : que faire avec une patiente qu'on enverrait chez un psychanalyste si on en avait les moyens ?

La Roue dans l'hôpital

Durant mes années de travail, j'avais vu des patients se transformer de façon étonnante, même en six séances. J'acceptai donc de la recevoir en exigeant, au cas où, une douzaine de séances. Je lui donnai rendez-vous la semaine suivante. À la fin de la deuxième séance, la dépression d'Alice m'apparut plus grave que je ne l'avais évaluée le premier jour. Sa relation avec sa mère était plus compliquée que je l'avais imaginé. « Flûte, douze séances. Il va falloir jouer serré. »

Lorsque Alice revint la semaine d'après, elle s'assit dans l'angle de mon minuscule cabinet. Il était 5 heures, et nous étions en février, le soleil semblait dire quelque chose. La fenêtre de mon bureau, bien que donnant sur un mur gris voisin, était exposée à l'ouest, et en fin de journée, une lumière rouge entrait dans la pièce, transformant les murs blancs en rideaux de couleur. Au milieu de la séance, sans savoir pourquoi ni comment, ces mots sont sortis de ma bouche :

— Alice, nous allons travailler avec la Roue de la Médecine. Nous allons faire deux tours, à partir de la semaine prochaine, chaque séance sera dédiée à une Direction.

Alice me regarda avec des yeux ronds pleins de curiosité, un petit sourire aux lèvres.

— La Roue de la Médecine est un cercle symbolique qui représente les quatre Directions, l'Est, le Sud, l'Ouest et le Nord. C'est à la fois un objet et un symbole que de nombreuses cultures indigènes utilisent pour se connecter avec les forces de l'univers et créer un espace sacré. Suivant la culture dont elle émane, chaque Direction possède une couleur et un symbolisme particuliers. Dans la tradition aztèque avec laquelle nous allons travailler, à l'Est habite le Dieu de la sagesse et du renouveau, c'est la couleur blanche. Au Sud, se trouve le Dieu du Feu, de la pluie et du courage, avec la couleur bleue. À l'Ouest, la Déesse de la féminité et de l'intuition, c'est la couleur rouge, avec le symbolisme de la guérison. Puis, au Nord, le Dieu du miroir fumant, c'est la Direction des ancêtres, de la mort et de la transformation.

J'eus un petit sourire car je savais que la Direction du Nord était la plus difficile.

— Comme le labyrinthe dans la culture occidentale, la Roue de la Médecine est un chemin pour travailler spirituellement sur soi-même, elle permet de se connecter avec les forces spirituelles de la Nature et de voyager profondément à l'intérieur de soi. Nous avons douze séances, il nous en reste neuf. Nous allons faire deux tours de Roue, il nous restera une séance pour intégrer notre travail. La semaine prochaine, nous commencerons par l'Est, vous viendrez habillée de blanc. Moi aussi je m'habillerai en blanc. Au début de chaque séance, nous ouvrirons les Directions ensemble en nous agenouillant devant elles et leur demanderons de venir pénétrer l'espace. C'est ainsi que nous créerons un espace sacré. À la fin de chaque séance, nous fermerons les Directions en les remerciant.

Après que j'eus prononcé ces paroles, Alice resta un moment silencieuse. Le soleil rouge éclairait encore son visage. Elle sourit.

— D'accord, ça me va.

— Bon, à la semaine prochaine alors.

Je lui ouvris la porte et me rassis à mon bureau. Il était clair que ce n'était pas moi qui avais fait ce choix : les Directions s'étaient imposées.

La semaine suivante arriva.

J'avais promis à Alice que je m'habillerais en blanc, je ne pouvais pas y échapper, c'était essentiel. Alice arriva elle aussi tout en blanc.

Elle me raconta : la veille il avait neigé et elle était allée faire une grande promenade dans les landes qui bordaient la ville. Elle était retournée dans le village de son enfance. Elle avait rêvé d'elle petite fille, puis s'était réveillée avec le sentiment qu'une partie d'elle oubliée était revenue. Devant nous s'ouvrait le livre dont il fallait tourner les pages. Je souriais, j'étais à peine étonnée par la synchronicité de la neige et de la petite fille qui était apparue, la Direction de l'Est étant celle de la renaissance et de la couleur blanche. La neige et la vision de cette jeune femme avaient complètement empli la séance. Alice se raconta pendant une heure. Le moment venu de clore la séance, dans le tout petit espace de mon cabinet, nous nous agenouillâmes toutes les deux pour remercier les Dieux aztèques associés à chaque Direction.

Mis à part les gestes de révérence au début et à la fin de chaque séance, nous n'utilisions que la parole. En apparence, je pratiquais une thérapie uniquement verbale.

La séance suivante était celle de la Direction de l'Ouest. Dans la tradition aztèque, elle est aussi bien la Direction de la féminité, de l'intuition, que celle de la guérison. Sa couleur est le rouge, celle des turbans qui servent à me protéger et à contempler mon intuition.

La veille, Alice avait fait un rêve. Elle s'était réveillée en sueur. Étonnamment, elle avait eu l'intuition d'appeler sa mère au téléphone ce jour-là, et sans savoir pourquoi lui avait demandé comment s'était passée sa naissance. Sa mère lui avait raconté qu'elle avait fait une hémorragie et avait dû recevoir une transfusion de sang. Ce rêve nous amena à parler de son rapport avec sa mère et comment il avait influé sur la façon dont Alice se sentait femme. Nous utilisions le verbe mais en fait autre chose se passait chez cette jeune femme qui semblait parler de sa mère pour la première fois. Je laissais traîner mes yeux sur les boucles d'oreilles rouges qu'elle portait. Alice n'avait jamais osé lui demander le nom de son père. Ce secret avait pesé sur leur relation. Alice se sentait lésée d'une partie de son identité. Le sang qui coulait semblait être celui d'Alice s'arrachant à sa mère tandis que le rouge du soleil couchant qui était réapparu ce soir-là semblait avoir imprégné son corps alors qu'elle quittait la pièce. Le rouge était la couleur de la Direction de l'Ouest, celle de la féminité.

Je restai seule dans mon petit bureau, pensive. Autre chose s'était enclenché dans ce travail. Que se passait-il pour Alice, la Roue avait-elle un pouvoir que je ne maîtrisais pas ? À l'époque, je pensais encore que les Dieux étaient des représentations que nous, les humains, inventions. J'imaginais que le pouvoir de la Roue de la Médecine relevait du symbolisme des Directions et de la capacité de l'homme à générer des images. J'étais convaincue que la force de ma relation thérapeutique avec cette jeune femme était créée à travers l'intensité de l'alliance que je scellais avec elle lors de nos séances. En appelant les Directions ensemble, Alice et moi accomplissions un acte de création, similaire à une peinture, créant du rêve, du symbole. J'agissais avec confiance dans mes gestes et rituels, mais j'étais encore au stade où je pensais le chamanisme à travers ma formation de psychologue occidentale. Certes je m'adressais aux Esprits des Directions comme s'ils existaient, et, au moment où j'agissais ainsi, mon cœur croyait en leur existence. Mais je pensais que l'influence de ces Directions dépendait de mon enthousiasme et du sien, de nos gestes créés en commun. Je n'étais pas loin de penser que tout cela était du théâtre. La fin justifiait les moyens.

Quinze jours plus tard, Alice arriva habillée de bleu, elle portait une robe à volants. La Direction du Sud était la

Direction de la volonté. Elle me parla de sa tendance à fumer des joints, elle disait utiliser l'herbe pour masquer quelque chose.

— Mes émotions, ma colère, c'est sûr, dit-elle. J'ai souvent essayé d'arrêter de fumer, mais je n'y suis jamais parvenue.

La lumière donnait au tissu de la robe bleue que j'avais choisie pour me connecter avec Alice une profondeur étonnante et je me souviens de lui avoir posé des questions en jouant mentalement avec les plis et l'ombre sur le tissu. Se pouvait-il que le Dieu de la volonté vienne se loger dans nos deux robes ? Quelle signification avaient toutes ces couleurs ? Je l'ignorais. Je suivais juste mon intuition.

Quand Alice revint pour la Direction du Nord, la première chose qu'elle me dit fut :

— Vous savez, depuis le soir de notre dernière séance, je n'ai pas touché un joint. Ne pas fumer pendant quinze jours, ça ne m'était pas arrivé depuis dix ans.

De là où j'étais assise, je n'avais pas besoin de tourner la tête pour remercier le Dieu du Feu et du courage. Je lui fis un clin d'œil. « Ce n'est pas possible, ça ne peut pas être simplement nous qui enclenchions tant de changements. » Je me ressaisis :

— Aujourd'hui, Alice, nous travaillons avec le Nord, la Direction des ancêtres.

— Justement, à propos d'ancêtres, j'ai enfin parlé à ma mère, elle m'a révélé le nom de mon père !

Je la regardai bouche bée. Alice sourit.

— Oui, elle n'a pas fait de difficultés, c'est étonnant, non ?

Oui, c'était étonnant, vingt-cinq ans de résistance, un tour de Roue et Alice trouve le courage et la force de se confronter à sa mère, pensai-je intérieurement.

Nos séances avaient été fixées à quinze jours d'intervalle afin de laisser le temps à chaque Direction d'imprimer sa marque sur Alice. Cela faisait donc à peu près deux mois que nous travaillions. Après quatre séances, cette jeune femme avait fait un trajet thérapeutique qui, dans des conditions normales (disons une fois par semaine de psychothérapie par la parole), aurait au moins pris de six mois à un an. Bien sûr, je ne cherche pas ici à minimiser tout ce qu'un an de thérapie peut apporter, particulièrement en termes d'attachement à la figure suffisamment bonne du thérapeute, mais juste à témoigner de la fulgurance de la transformation psychique que la Roue de la Médecine a le potentiel de provoquer.

Il devenait manifeste qu'en proposant deux tours de Roue j'avais été inexpérimentée et naïve. La Roue était trop puissante pour en faire deux fois le tour. Alice était bouleversée par l'intensité et la rapidité de sa transformation. J'étais ébahie. Nous décidâmes donc d'utiliser le reste des séances pour intégrer tous ces changements. L'âme d'Alice était revenue.

La profondeur de ce dont j'allais être témoin fut un moment charnière où quelque chose de l'édifice occidental qui m'avait construite allait commencer à se fissurer. Je ne crois pas en avoir été totalement consciente à l'époque, non, c'est plutôt rétrospectivement, en essayant de retracer mon parcours, l'évolution de ma pensée et de mon rapport aux Esprits, que je vois ce travail avec Alice comme un moment clef, un moment où l'énergie des Directions avait pénétré mon corps et ma psyché d'une façon que je ne pouvais encore appréhender. Quelque chose de plus grand, de plus fort s'était passé qui ne relevait pas uniquement de nos constructions symboliques ni de la façon dont j'avais cru intervenir. Les Directions agissaient d'elles-mêmes et avaient même peut-être une conscience qui leur était propre. La notion de conscience occidentale ne pouvait survivre à ces événements.

J'éprouvais, pour la première fois sans doute, qu'il était possible de développer une véritable relation avec ces forces énergétiques qui influencent les saisons et nos vies. Si on s'adresse aux Directions, elles répondent. C'est ce que les cultures ancestrales font depuis des millénaires. Certes, il est encore possible d'appréhender le phénomène avec les concepts de mythes et de symboles. Mais ces concepts-là sont la création de notre conscience humaine, par leur nature limités aux autres concepts qui les sous-tendent. Ils n'ont pas la capacité de contenir ni de décrire la partie de ce phénomène qui ne relève pas de la conscience humaine. En abordant mon travail avec cette patiente dans une totale confiance (même si ma pensée était sous-tendue par ma culture occidentale), j'avais ouvert en moi un espace où une autre forme de conscience pouvait exister. Une conscience que les mots ne pouvaient décrire.

Un an plus tard, mars 2010

Les mois passaient. Je continuais à exercer comme psychologue du travail à l'hôpital. Mais pratiquer dans le secteur privé et comme salariée dans un hôpital est totalement différent. Un individu qui s'adresse à moi dans le privé accepte tacitement les concepts chamaniques, même s'il n'en a pas encore fait l'expérience directe, implicitement il me donne l'autorisation d'ouvrir le livre de son âme et d'y inscrire une narration nouvelle à partir des outils, des méthodes chamaniques pour lesquels il m'a contactée. C'est pour cela qu'il m'aura choisie comme praticienne. En revanche, dans un contexte institutionnel, la plupart des patients qui viennent consulter un psychologue ne connaissent rien aux concepts chamaniques. Comment pourraient-ils alors imaginer que se rendre chez le psy les amènera à se faire frotter le corps avec des œufs et que leur esprit leur sera soufflé dans la nuque avec un tambour frappé au-dessus de leur tête... !

Ainsi, au fil des mois, je comprenais qu'un aspect central de ma nouvelle pratique résidait dans la traduction. Si les concepts chamaniques d'énergie ou de recouvrement d'âme me semblaient adéquats pour aider un patient, il s'agissait en fait de doucement les tisser à l'intérieur d'une panoplie de symptômes que la société avait poussé les patients à appeler dépression, anxiété, stress, mal de tête, mal de dos...

Quand j'écoute l'histoire d'un patient, mon but est de lui permettre de se vivre en tant qu'être énergétique. Pour ce faire, je mets mon corps à sa complète disposition. Puis, je ne sais pas exactement ce qu'il se passe, après un petit moment, je peux commencer à parler. Et c'est alors que je lui explique gentiment son histoire dans le langage des peuples indigènes.

— Voilà, dans d'autres cultures, les peuples pensent que lorsque l'on subit une frayeur, un traumatisme – oh, cela peut être tomber de vélo, perdre un parent ou divorcer, tout traumatisme, si petit ou si grand soit-il –, on provoque une perte d'âme. Bien sûr, on peut parler d'énergie ou de force vitale plutôt que d'âme ou d'esprit. Lorsque l'énergie fondamentale s'échappe du corps, parfois c'est utile, parfois c'est une façon de se protéger d'une trop grande frayeur ou d'une trop grande douleur. Le système humain fonctionne en équilibre, et quand on souffre de perte d'âme, la force vitale va toujours pousser le corps à rétablir son équilibre et à rappeler l'énergie manquante. Par exemple, si un enfant tombe de vélo, même s'il se fait vraiment mal, après un gros câlin, un pansement et des mots gentils, l'âme va rentrer dans son corps. La perte d'âme n'est pas un problème en soi, il y a problème lorsque l'âme ne revient pas.

Je prends soin de mentionner ce détail, lorsque je sais que l'histoire de mon ou ma patiente l'a forcé(e) à rester en dehors de son corps pour survivre (dans le cas d'un abus sexuel par exemple), quand je sais que son âme est si loin qu'il importe de mettre en avant cet aspect fonctionnel de la fuite de l'âme : survivre à la douleur. Puis je continue.

— Lorsque l'âme s'échappe, elle laisse un trou, un vide, ce vide peut se remplir de nos propres pensées négatives, ou des énergies des autres. L'être humain cherche toujours à retrouver un équilibre, et parfois on remplit ce trou, ce sentiment de vide par l'alcool, la drogue, le travail, les excès.

Dans mon métier de psychologue du travail, la perversion de l'institution hospitalière est souvent une des énergies qui s'immisce à l'intérieur de mes patients ayant perdu leur âme plus tôt dans leur vie.

En prononçant ces paroles, je propose à mes patients un pont, une narration nouvelle de leur mal. Les paroles servent aussi comme une sorte de tuteur qui permet à mon corps de tenir ma position de miroir, les concepts eux-mêmes possèdent une énergie qui contribue à modifier la réalité. En cela, ma pratique n'est pas différente de celle de tout bon psychologue ou thérapeute dont une partie de la fonction est d'offrir une formulation alternative à l'histoire du patient et, ce faisant, de provoquer des changements. Puis je continue ma description :

— Dans l'univers, il existe quatre niveaux de manifestation. D'abord le corps. Vous voyez, aujourd'hui vous avez mal à la tête : le corps, la matière est le premier niveau. Ensuite, il existe le niveau mental : nous communiquons, nous parlons, il s'agit de nos concepts, notre langage, par exemple, je raconte votre histoire avec des mots, et les pensées que vous entretenez sur vous. Tout cela, c'est le niveau mental.

Souvent, je m'arrête un moment et prends le temps de sentir comment la personne entend ma description, puis je poursuis.

— Il existe ensuite le niveau imaginaire et mythique. Ce sont nos rêves, les images, notre culture… (Je m'arrête encore un petit moment, puis je continue.) Et enfin, il existe un niveau énergétique. Tout est énergie : en fait, ce niveau contient tous les autres. Nous, les êtres humains, nous fonctionnons à ces quatre niveaux, et notre histoire est une danse permanente entre ces quatre niveaux. Quand l'énergie s'échappe de notre corps, elle s'en va et se cache parfois.

Ça, c'est un moment crucial de la description car c'est celui où la personne peut entendre que son esprit s'est échappé de son corps.

— Oui, l'âme, ou notre énergie essentielle, peut se cacher. Souvent dans la Nature, mais elle peut aussi rester bloquée dans le passé.

Puis, une fois que j'ai laissé au patient assez de temps pour intégrer les images que je viens de partager, je peux lui demander :

— Cette description résonne-t-elle en vous ?

Je le laisse alors intégrer cette nouvelle donnée, et même parfois, j'accueille silencieusement la douleur que cette prise de conscience provoque. Enfin, si je pense que le patient est prêt à l'entendre, il m'arrive d'ajouter :

— Vous savez, votre âme n'est pas perdue. Il est possible de la récupérer.

Quand je dis cela, je me sens toujours un peu magicienne, presque comme un extraterrestre dans une bande dessinée qui annoncerait aux humains qu'on peut voyager dans l'espace. En fait, je me délecte de ce savoir, il ne m'appartient pas, mais il est extraordinaire. Et parfois, je peux détecter dans son regard la réaction physique de mon patient ou de ma patiente, l'émotion que cette nouvelle donnée apporte à la narration de sa souffrance. Je l'observe se dire intérieurement : « Ce que j'ai cru perdu à jamais est récupérable ? » C'est un moment crucial, et j'ai conscience du fait qu'il est important que je transmette cette connaissance avec une grande modestie et humilité. D'abord, ce n'est pas parce que l'âme est récupérable que moi, thérapeute, je peux forcément la ramener, et deuxièmement, il m'est souvent impossible d'évaluer la part du patient qui n'est pas encore prête à ramener son âme, ni la nature des phénomènes psychologiques internes qui maintiennent l'âme à l'extérieur du corps. Mon humilité est essentielle, et si je la mentionne ici, c'est parce que j'ai déjà observé en moi la manière dont le plaisir de cette connaissance a la potentialité de brusquer le patient. La subtilité de ma présence interne et le choix de mes mots sont essentiels.

Je dois laisser agir mes mots comme des escaliers. Ils servent de lien, comme un fil invisible reliant les différents niveaux de manifestation auxquels je retourne toujours. La clarté et la simplicité de la narration sont parfois garantes ou vecteurs de la prise de conscience du patient dans sa façon de comprendre son mal. En général, lorsque j'arrive à ce niveau de description, quelque chose a commencé à circuler chez mon patient. Mon corps sert de miroir et peut-être quelque chose de ma capacité à voyager dans et à travers ces différents niveaux lui est prêté. Il me semble que mes paroles honorent tous les niveaux, et parfois semblent le connecter à quelque chose de plus grand qui ne relève pas uniquement du mental. Peut-être mes patients se reconnectent-ils alors au fil de leur âme ? Lorsque je suis témoin de cet instant, mon cœur est toujours rempli d'une gratitude infinie pour l'univers.

Parfois, cette formulation énergétique est suffisante pour activer une transformation. Parfois le patient désire véritablement retrouver son âme et nous décidons d'engager un recouvrement d'âme. C'est alors que je lui donne la liste des choses à apporter : trois œufs durs, trois tortillas, trois bougies, trois canettes de Coca-Cola, douze œufs frais, un grand bouquet de fleurs blanches, quatre bouquets d'herbes aromatiques… Nous choisissons une date et une heure. Souvent en début de soirée, lorsque je sais que mes collègues seront rentrés chez eux et qu'aucun employé n'entendra mes chants…

Selon les cultures, les rituels de recouvrement d'âme diffèrent, bien sûr. Dans le chamanisme sibérien par exemple, comme je l'ai mentionné auparavant, le chaman, grâce au son du tambour, entre dans un état de conscience altérée qui lui donne accès au monde des Esprits (mythique et imaginaire[1]). C'est au sein de cette transe que les parties de l'âme échappée de son patient lui sont présentées sous forme de vision. Parfois le chaman pourra attirer l'âme échappée sans problème et la souffler à l'intérieur du corps, parfois il faut négocier, trouver des solutions. Parfois les animaux de pouvoir[2] et les Esprits alliés du chaman l'aident à aller convaincre l'âme de rentrer. Le cerveau du patient, lui aussi, sera modifié par le son du

---

1. Comme je l'ai mentionné précédemment, on voit bien ici combien les concepts « imaginaire et mythique » que j'ai choisis sont limités, car ils sous-tendent le fait que le monde des Esprits est créé par le cerveau humain. Or, les cultures indigènes appréhendent le monde des Esprits comme ayant une existence autonome auquel certains humains, les chamans, ont accès par la transe.

2. Un « animal de pouvoir » (*Animal Spirit* en anglais) est l'Esprit d'un animal qui guide, protège, s'attache à un individu comme pourrait le faire un « ange gardien » dans la culture chrétienne. Selon les traditions, l'Esprit peut accompagner la personne durant toute sa vie, ou bien suivant les besoins du moment.

tambour. Cette méthode de recouvrement d'âme que je décris de façon simplifiée ne me paraît pas applicable à toute pathologie : par exemple, en modifiant le fonctionnement cérébral – celui du chaman et celui du patient –, le son du tambour pourrait avoir un effet très perturbateur sur des patients souffrant de psychose qui différencient difficilement le monde mythique et imaginaire du « réel ».

Dans la tradition aztèque, le recouvrement d'âme (susto) se passe de façon un peu différente.

Avant d'entamer le rappel de l'âme, le patient aura déjà reçu une cérémonie de limpia, le moment où il s'est débarrassé et nettoyé des aspects de lui-même qui n'ont plus lieu d'être[1].

Le patient est habillé de blanc[2]. Je lui demande de s'allonger à plat ventre sur un drap blanc et le recouvre d'un autre drap blanc. Au bout de sa tête, je prépare un autel, puis je touche son corps en chantant, préparant ses chakras à accueillir son âme échappée, comme si mes mains, rassurant le corps, disaient doucement : « Préparez-vous, l'énergie va revenir. »

Puis je m'agenouille à ses pieds et pose mon front sur la plante de ses pieds. Je fais une petite prière silencieuse en appelant mes Esprits gardiens et animaux de pouvoir. Généralement, c'est à ce moment-là que mon animal de pouvoir se multiplie si j'ai besoin de protection[3].

Puis je laisse la parole couler à travers moi.

— Terre Mère, Père Soleil, Esprits des quatre Directions, Esprit du Nord-Ouest, je vous invite à venir célébrer le retour

---

[1]. J'ai décrit en détail cette cérémonie dans le premier chapitre avec ma patiente Olivia.
[2]. Pour le recouvrement d'âme, les praticiens aztèques bannissent le noir qui empêche la circulation des énergies et de l'esprit dans le corps.
[3]. Mon animal de pouvoir vit en troupeau, je l'ai vu se multiplier jusqu'à mille dans les traitements difficiles.

de l'esprit de… (je prononce le prénom de mon patient ou de ma patiente) dans son corps. Esprit gardien, Esprits qui désirez assister à ce retour et à ce réalignement, je vous invite à vous réunir parmi nous.

À ce moment, selon les croyances du patient et ses affiliations, je peux inviter l'Esprit d'êtres chers disparus ou même de Jésus ou Marie si je sais qu'il est chrétien. Puis, même si je ne les vois pas, je remercie les Esprits de leur présence.

La colonne vertébrale de ma prière est tenue par la Roue de la Médecine. Je m'adresse en premier au Nord-Est, puis à l'Est, au Sud, à l'Ouest et je finis par le Nord.

La Direction du Nord-Est n'est pas mentionnée dans la Roue aztèque qui semble n'avoir de Dieux que pour les quatre Directions[1] (je peux me tromper). Elle est apparue pour moi de la façon suivante.

Un jour, alors que je préparais une amie pour un traitement, les Esprits m'ont guidée à nettoyer son aura avec mon hochet. Ma main droite a instinctivement tourné autour de sa tête (j'étais debout, elle était assise) comme si le son de mon hochet suivait l'ellipse de l'ADN de ses cellules, c'était bien sûr une image, une intuition. Mes chants suivaient l'ellipse et je ne me posais pas la question de savoir si ce que je faisais avait un sens, j'étais simplement poussée à le faire. Instinctivement, je savais que la cérémonie de recouvrement d'âme qui allait se dérouler aurait pour intention de retourner au moment où mon amie avait été conçue. La souffrance qu'elle portait avait un lien avec l'expression de sa destinée dans le monde. J'ai fait une chose que je fais rarement. Je lui ai dit :

---

1. A contrario, d'autres traditions – nord-américaines, par exemple – travaillent avec huit points sur la Roue, incluant le Nord-Est, le Sud-Est, le Sud-Ouest et le Nord-Ouest.

— Choisis la Direction dans laquelle nous devrons travailler, je reviens dans quelques instants.

À mon retour, elle était assise dans la Direction du Nord-Est. J'ai reçu cela comme un signe et depuis je l'ai intégrée dans mes prières comme la Direction de la conception : entre la mort (le Nord) et la naissance (l'Est). Dans de nombreuses traditions chamaniques, la nature de cet instant est considérée comme cruciale dans ce qui définira le chemin de vie d'une âme, et donc d'un être humain.

Ma prière tisse l'histoire de la personne dans les caractéristiques de la Roue, rappelant les moments où elle a perdu son âme. Je consacre un grand nombre de phrases à honorer le courage du patient d'être venu se débarrasser des parties d'ombre qui empêchent son âme de revenir. J'allie totalement son histoire personnelle avec les images mythiques et les Esprits des Directions.

La renaissance pour l'Est. J'appelle le Soleil levant à venir déposer ses rayons sur le corps du patient. Je l'encourage à s'associer avec le Serpent Ailé, Quetzalcóatl, dieu qui trône à l'Est, et à imiter la capacité du serpent à se débarrasser de sa peau.

Puis j'appelle la Direction du Sud, celle du courage et de la volonté. Je précise le fait que « récupérer son âme » est un voyage et que les épreuves et les transformations ne sont pas finies. Ainsi, je prépare le patient à être conscient du processus auquel il s'est ouvert et lui crée un lien avec le Dieu du Feu[1] pour qu'il l'utilise comme compagnon.

Puis la Direction de l'Ouest est celle avec laquelle je travaille le plus intimement. Pour les femmes ayant subi des abus sexuels, elle est essentielle car elle les reconnecte avec

---

1. Qui vit au Sud.

leur propre intuition. J'appelle l'Eau qui vit à l'Ouest et lui demande de couler dans le sang de mon (ma) patient(e) afin de laisser entrer le « healing[1] ». Je nomme une nouvelle fois chacun des moments où son âme s'est échappée et demande à la Direction de l'Ouest d'être présente constamment afin de parrainer le processus de recouvrement dans les semaines et les mois à venir.

Mes mots s'adressent au passé, au présent et l'avenir.

Enfin, la Direction du Nord, celle de la mort, de la conscience et de la transformation. À ce moment, je m'adresse toujours aux ancêtres de la personne et leur demande de reprendre les parties d'eux-mêmes qu'ils ont imposées au patient. J'honore encore une fois le travail de mes patients, leur courage, et inscris leur « healing » dans un travail ancestral plus large, leur rappelant qu'en se soignant eux-mêmes ils soignent aussi leurs ancêtres.

Après avoir fait le tour de la Roue, je salue tous les êtres et Esprits qui ont assisté à la cérémonie et finis par le mot Ometeotl.

Une fois la prière finie, je tiens les pieds du patient pendant un instant. Il est important de rester en contact physique avec la personne. Puis, j'attrape ma flûte et joue un petit air. Je prends mon hochet et le secoue au-dessus de son corps : une façon de rendre son aura perméable. Enfin, je jette du parfum sur la plante de ses pieds (provoquant un effet de surprise) et

---

1. Le mot « healing » en anglais ne peut être littéralement traduit par « guérison », car ce mot décrit un état fini, tandis que « healing » est un processus. « To heal » est un verbe, mais « healing » peut aussi être employé comme substantif. Si on envoie ou donne du « healing » à quelqu'un, on transmet de l'énergie bienveillante qui a pour but d'enclencher ou de nourrir un processus de transformation. D'une certaine façon, il pourrait se rapprocher du verbe « prier » mais dans un contexte qui définit une spiritualité qui ne serait pas religieuse.

je reprends ceux-ci dans mes mains avec fermeté. J'appelle son nom, prénom, mais aussi tous ses prénoms, ceux de baptême y compris. Je crie : « Reviens, reviens, reviens ! » Je le dis en ancien aztèque, en anglais, mais aussi parfois en français ou même en russe. Si le patient est d'une autre nationalité, il est essentiel de le dire dans sa langue maternelle. Enfin, je souffle cinq fois[1], en balayant chaque Direction comme si je balayais l'univers pour éviter qu'un angle où l'âme aurait pu se cacher ne soit oublié. Je jette du parfum sur ses tibias, tout en chantant un petit chant, appris, celui-ci, durant ma formation. Je jette le parfum sur ses bras, et enfin dans son dos. Cela m'oblige à soulever le drap blanc et créer une sorte d'inconfort mêlé d'étonnement pour le patient qui jusqu'ici était entouré du cocon de son drap.

Suivant le mal dont le patient a souffert, je peux aussi appeler et souffler au niveau du chakra sacré[2], puis du cœur. Cela ne m'a pas été enseigné, je le fais simplement parce que cela fait sens : l'âme s'est forcément échappée des organes sexuels si on a été violé ou abusé.

L'endroit crucial, celui que les Aztèques considèrent comme la porte par où l'âme réintègre le corps, est la nuque. C'est le moment le plus intense, je tiens la tête du patient dans ma main droite, je lui balance une giclée de parfum sur la nuque et je souffle dessus. Parfois je suis guidée à souffler un grand nombre de fois, un peu comme on soufflerait dans un ballon

---

1. Dans la tradition aztèque, on ne souffle l'âme et prononce le prénom que trois fois. Moi, j'ai pris l'habitude d'appeler une fois pour chaque Direction (en comptant celle du Nord-Est), donc cinq.

2. Chakra est le nom sanskrit qui signifie « cercle ». Le terme est aujourd'hui plus connu pour désigner des « centres spirituels » ou « points de jonction de canaux d'énergie » localisés le long du corps humain. Le chakra sacré (deuxième chakra) régit entre autres les énergies sexuelles, il se situe entre le plexus solaire et le pubis.

jusqu'à ce qu'il soit gonflé. Quelquefois l'alcool contenu dans le parfum me fait tousser et je dois me concentrer pour ne pas éternuer. Je peux moduler le son de ma voix et parler directement derrière son cerveau. « Reviens, il est temps de rentrer, ton corps n'est plus en danger. Reviens. »

Puis je clos la cérémonie en tapant sur le crâne du patient pour provoquer une petite frayeur ou comme on boucherait une bouteille. Une fois la prière finie, j'ai toujours un sentiment de plaisir, semblable, j'imagine, à celui qu'éprouve l'alpiniste qui voit le sommet. Le plus dur est fait, je peux doucement commencer à redescendre. D'où ? Je ne sais pas exactement, mais je sais qu'une sorte de tension s'estompe. J'éteins les bougies avec mes doigts et j'attache un petit ruban rouge autour de la cheville du patient. Je fais bien attention à ne pas passer au-dessus de lui pour ne pas briser le champ énergétique de son corps.

Parfois, je continue de chanter son nom et en nommant et touchant délicatement mais fermement toutes les parties du corps où l'esprit est revenu, un peu comme on tasserait un château de sable pour s'assurer qu'il reste bien en place.

Je laisse passer quelques minutes pour donner le temps au patient de « revenir sur terre ». Puis, délicatement, je lui touche le crâne encore couvert des draps blancs et lui dis qu'il peut ouvrir les yeux. Le patient s'assied et regarde l'autel que j'ai créé avec les canettes de Coca-Cola, les tortillas, les œufs et les bougies, avec au milieu un petit verre d'alcool (si je pratique en secteur privé) ou, à l'hôpital, un verre d'eau.

— Bienvenue à votre âme, lui dis-je en lui tendant le verre.

À ce moment-là, je perçois presque toujours un pétillement dans le regard du patient. Avec les années de pratique, j'ai compris que c'était la marque corporelle du retour de l'âme.

Je lui explique alors qu'il devra recréer l'autel près de son lit en allumant les bougies durant la nuit, boire le Coca-Cola[1] chaque matin pendant trois jours et enfin enterrer les tortillas dans la journée en remerciant la Terre Mère selon la tradition.

Puis je l'invite doucement à se mettre debout et je clos la cérémonie en formant une protection autour de son corps.

— Le bouquet de fleurs blanches que vous avez apporté s'offre à vous pour créer une protection autour de votre corps. Aujourd'hui est un grand jour, nous vous avons nettoyé. Vous avez eu le courage de vous libérer d'une grande partie de vous-même. Vous avez créé de l'espace dans votre corps, ce qui a permis à votre âme de revenir. Un processus de transformation s'est enclenché. Il est subtil et fragile. Vous devez prendre soin de vous. Acceptez le don de ces fleurs. Jusqu'à la fin de vos jours, leur Esprit sera là pour protéger votre aura des énergies néfastes.

Puis, avec mes mains parfumées je touche et scelle ses chakras. Je serre ses épaules de mes deux mains d'un petit coup brusque, presque comme si je voulais le secouer un peu.

— Ometeotl. Tout est en équilibre, dis-je.

La cérémonie de recouvrement d'âme aztèque est achevée.

Dans cette cérémonie, la transformation énergétique du verbe est assez subtile, lorsque je suis penchée sur le corps de mes patients, que la plante de leurs pieds touche mon front (le lobe frontal), je sens parfois qu'au rythme de ma prière les hémisphères de mon cerveau semblent être des piles

---

[1]. Le Coca-Cola est consacré durant la cérémonie. Traditionnellement, on utilisait des piments rouges pour leur fonction purgative et parce que leur couleur rappelle celle de la direction de l'Ouest, direction de la guérison. Le chamanisme est pragmatique : pour soigner, on utilise ce qu'on a sous la main. Je conseille souvent aux patients de boire vite leur Coca pour les faire roter… et renforcer le processus de nettoyage et de libération du « mal intérieur ».

électriques qui discrètement transportent une partie de moi dans une autre dimension. Ça n'est ni massif ni effrayant, c'est juste délicat. J'entre dans une sorte de transe légère, bien que je garde toute ma conscience. Je ne vois pas où est l'âme de mon patient avec des images. Non, durant la prière, toute mon attention est portée sur le verbe, je sens que mon cerveau de psychologue fonctionne à cent pour cent. Pourtant, je suis aussi un canal pour les Esprits qui se chargent de la grammaire et de la sacralité du verbe.

Cette prière, plus ou moins courte suivant la loquacité du chaman, est bien sûr pour moi la plate-forme, l'espace où le verbe se mêle à l'énergétique, où le verbe, créateur de l'espace mythique, se fond dans l'imaginaire pictural et permet d'intégrer de façon parfaite les différents niveaux de manifestation. Je peux aussi faire référence aux figures religieuses, mythiques, culturelles qui ont fabriqué l'esprit et l'âme du patient tout en connectant mes mots à la partie consciente de son histoire, tandis que mon corps et l'espace de mon cerveau en transe canalisent le monde mythique et énergétique. Le patient, tenu par les pieds, est lui aussi totalement investi (n'oublions pas que des pieds partent tous les méridiens qui circulent dans le corps, et que le néocortex du chaman touche les pieds du patient).

Contrairement aux autres traditions où le chaman s'abandonne totalement aux Esprits, la particularité du recouvrement d'âme dans la tradition aztèque est à mon sens la place prédominante qu'il laisse au verbe à l'intérieur de l'énergétique. Tout en mettant en scène le corporel, le mythique et l'énergétique, ce sont les mots qui portent la puissance de l'appel à travers le fait que le chaman doit utiliser sa conscience pour s'adresser au patient. Ce sont ces mêmes mots qui, en touchant le conscient du patient, lui permettent de s'approprier énergétiquement l'intégration de son esprit dans les semaines et les mois à venir.

C'est, je pense, à travers ces qualités particulières que ma pratique de chamane a pu s'intégrer de façon aussi fluide et créative à la cosmologie occidentale.

Je veillais souvent – comme je l'ai déjà précisé – à voir mes patients en fin d'après-midi afin que mes chants et mes prières ne soient pas entendus par mes collègues et bien que ma supérieure me laissât carte blanche, elle non plus ne savait pas ce qui se passait pendant mes séances.

Mais un jour, elle m'appelle.

— Claire, je viens de recevoir une lettre, lisez-la.

Je voyais dans le regard de ma chef que les choses étaient sérieuses. Je pris la lettre. Le paragraphe final disait : « Pouvez-vous, s'il vous plaît, nous expliquer comment le fait de mettre trois tortillas et trois œufs durs sous l'oreiller d'un de vos patients correspond aux interventions que votre service s'est engagé à promouvoir ? » La lettre avait été envoyée par la directrice de l'hôpital. Mon premier réflexe fut de sourire. Les rumeurs avaient bien fonctionné. Jamais je ne demandais à mes patients de mettre les tortillas sous leurs oreillers. J'imaginais l'œuf dur mal cuit se faire écraser pendant le sommeil... Je souriais intérieurement. Mais il fallait me rendre à l'évidence : ce que je leur demandais, boire du Coca-Cola au réveil, enterrer les tortillas en remerciant le ciel, n'était pas moins incongru.

J'expliquai à ma supérieure comment je procédais exactement. Elle-même avait souvent reçu des traitements chamaniques et elle n'eut aucun mal à comprendre. Elle était sérieuse mais avait suffisamment d'humour pour apprécier le comique de la situation. Le problème était de trouver un moyen officiel d'intégrer cette méthode dans les interventions conventionnelles préconisées par l'établissement.

Nous avons passé plusieurs heures à réfléchir. Au Royaume-Uni, il existe une organisation, l'Institut national de l'excellence clinique[1], qui définit les interventions qui ont été scientifiquement validées pour alléger une symptomatologie. Pour la dépression et l'anxiété, symptomatologie prédominante dans la population, le traitement de choix était les thérapies comportementales et cognitives (TCC). Allez intégrer du Coca-Cola et des œufs là-dedans ! Nous étions mal parties. Heureusement, une clause existe dans le document officiel, si le patient ne répond pas positivement aux TCC, il peut recevoir ce qu'on appelle du « counselling[2] ». En résumé, il peut voir un psychologue qui, avec un peu de chance, sera formé à un modèle moins restrictif que les TCC et parler librement sans être enfermé dans un modèle spécifique. Autre fait en notre faveur, la Société britannique de psychologie avait une section « psychologie transpersonnelle ». Une forme de psychologie qui conceptualisait de façon assez sophistiquée l'espace de relation transpersonnelle entre le patient et son thérapeute. Dans ce cadre, il devenait possible de comparer les outils d'interventions chamaniques à des outils similaires à ceux qu'emploient d'autres psychothérapeutes formés au psychodrame à l'art-thérapie, etc. Ainsi, ma supérieure et moi-même (surtout elle d'ailleurs), après des heures de travail, étions parvenues à formuler une réponse qui pour le moment pouvait m'éviter de perdre mon travail. En revanche, il fallait vraiment réfléchir à l'idée de faire signer une décharge à mes patients.

---

1. NICE, National Institute for Health and Clinical Excellence.
2. Le mot « counselling » peut être traduit littéralement par « conseil », comme dans « conseiller conjugal » par exemple. Un « counsellor » n'a pas une formation aussi longue qu'un thérapeute ou psychologue en France mais peut travailler cliniquement avec les patients. Mon titre en Grande-Bretagne de psychologue clinicienne est « counselling psychologist ».

L'idée me faisait froid dans le dos. J'avais refusé de m'affilier à la lignée aztèque et il semblait que les Esprits me laissaient travailler sans trop m'embêter. Mais si j'officialisais le processus, allais-je violer l'accord tacite que j'avais passé en les laissant entrer à l'intérieur de mon corps lorsque ma chamane m'avait initiée ? À quoi m'étais-je véritablement engagée en prenant l'énergie aztèque ? J'étais entre deux mondes, je ne dormais plus la nuit et voyais le papier à signer flotter devant mes yeux. Par ailleurs, j'avais beaucoup de respect pour le courage de ma supérieure. Elle acceptait de me protéger. C'était elle qui dirigeait le service et c'était sa réputation et sa carrière qui seraient en jeu si je jouais trop avec le feu et refusais de me plier aux exigences de l'hôpital. Je m'accordais le droit de mettre en danger ma carrière, pas la sienne. J'étais employée comme psychologue occidentale, mon salaire m'était donné en échange d'un service défini, si les conditions ne me plaisaient pas, libre à moi de quitter mon travail.

En fait, j'aimais cette tension. Du plus profond de mon cœur, je savais qu'en offrant à mes patients des recouvrements d'âme je répondais à l'univers et à un principe autrement plus sacré qu'une institution la plupart du temps perverse et abusive. Mais je savais aussi que les Esprits aiment travailler sans être vus. Une décharge officielle les révélerait-elle ?

Les semaines passaient et je ne prenais pas de décision…

Peut-être allais-je trop loin dans mon besoin de pureté. Dans les sociétés traditionnelles, les chamans ne sont certes pas protégés par une décharge qu'ils feraient signer à leurs patients, mais par des processus tout aussi puissants. D'abord, ayant été choisis, ils bénéficient du respect tacite du village, ils ont carte blanche dans leurs interventions. Ensuite, si un patient n'est pas content du résultat, il peut chercher un autre chaman pour envoyer un sort au chaman qui l'aurait mérité. Les attaques entre chamans sont monnaie courante en Amérique du Sud. Peut-être en me forçant à faire signer une décharge à mes patients, le système m'obligeait-il à me protéger aussi...

Malgré cela, j'éprouvais des doutes. Je me sentais infidèle à la tradition.

En réalité, une fois que j'eus introduit la décharge, l'inverse sembla se passer : en informant clairement mon patient, je n'étais plus la seule garante de la formulation chamanique.

— Écoutez, allez visiter ce cite internet, lisez, revenez la semaine prochaine et dites-moi si le concept de recouvrement d'âme vous parle, posez-moi des questions et nous déciderons si vous voulez véritablement retrouver votre âme de cette manière.

Je diminuais d'une certaine façon le pouvoir de l'influence. Je n'étais plus la chamane toute-puissante. Je permettais à l'individu de se connecter lui-même à l'univers, aux énergies alentour, en dehors de l'espace thérapeutique. Et lorsqu'il venait recevoir son âme, il s'était déjà ouvert au processus.

Les mois passaient et les choses se déroulaient plutôt bien, lorsqu'une vague de licenciements se prépara dans l'hôpital. Dans les temps à venir, au moins cinq pour cent des employés (il y en avait dix mille) allaient perdre leur travail.

L'angoisse commençait à apparaître dans mon cabinet.

Je voulais comprendre quel était mon rôle en tant que « psychologue du travail ». Comment soutenir les employés ? Durant mes longs trajets en train, je laissais flotter mes pensées, espérant trouver des réponses. Les semaines passaient... Le soir, en m'endormant, l'hôpital m'apparaissait devant les yeux comme une sorte d'être mythique et sur cette image venait se superposer un arbre, un arbre gigantesque qui était devenu vulnérable car la terre dont il se nourrissait manquait de minéraux, de nourriture. Des fossoyeurs allaient en couper les branches. Puis, un soir, la Roue de la Médecine, celle qui m'aidait avec mes patients individuels, s'est présentée à moi, elle voulait maintenant travailler avec tout l'hôpital.

C'est l'Ouest qui apparaissait comme la saison où le voyage devait commencer. L'Ouest pouvait être la Direction où les employés se connecteraient avec ce qu'ils avaient accompli dans leur carrière, tout comme l'automne est la saison où l'on récolte les fruits. Le Nord, bien sûr, en portant l'énergie de l'ombre et de la mort, mais aussi de la transformation serait l'espace où la colère, la tristesse, la peine, le sentiment d'injustice pourraient être exprimés. Le Nord offre une plateforme où tout peut prendre une forme nouvelle, l'âme perdue pourrait être rappelée et un nouvel espoir renaître à l'Est, la Direction du renouveau et de la renaissance. Et pour finir, le Sud, avec toute son énergie puissante, le Sud qui symbolise l'été, la jeunesse, la relation avec la communauté, le Sud serait comme l'endroit où le Feu pouvait permettre aux individus de se connecter avec le futur et leur communauté à l'extérieur de l'hôpital.

Le Feu apparaissait pour les employés, mais aussi pour moi, dans mes rêves, presque chaque nuit, le Feu semblait dire : « Claire, approche, sois active. » Mais je ne comprenais pas ce qu'il voulait dire, je croyais qu'il fallait agir à l'hôpital. D'une certaine façon, la beauté de la vision me nourrissait, et mon besoin de réagir, d'agir, de répondre à cette vision m'aveuglait. Je ne voyais pas que des énergies beaucoup plus lourdes, réelles, étaient à l'œuvre à l'hôpital.

J'essayai de convaincre ma supérieure de me laisser créer des groupes de travail autour de l'Esprit de la Roue.

— Claire, vos tortillas sont passées inaperçues une première fois, si vous voulez sauver votre peau, je vous conseille de ne pas montrer vos couleurs chamaniques au fossoyeur.

En disant cela, elle avait une sorte de sourire, gentil, compréhensif, mais irrévocable.

J'avais compris.

Le Feu ne brûlerait que dans mes rêves.

Chapitre III.

Le Feu ne se laisse pas écrire

Février 2014

Comment puis-je raconter l'histoire de ma relation avec le Feu ? Il ne se laisse pas écrire... Et si je réessayais le coup des petits bouts de papier ? Avec un peu de tambour, le Feu va bien me prendre en pitié et me donner quelques instructions. Je sais qu'avec le Feu on ne plaisante pas, il se peut que je n'aie vraiment pas le droit d'écrire. Je décide de monter voir.
Le tambour commence à battre.

> Je ferme les yeux et mon ami péruvien se présente comme d'habitude. Cette fois, il est beaucoup plus beau, comme un prince. Ses ancêtres sont derrière lui. Je vois l'énergie péruvienne l'irriguer comme s'il possédait du sang royal. Il s'avance vers moi. Il me revêt de mon habit mexicain, il serre la ceinture autour de mon corps. À la lenteur de ses gestes, je comprends que ce voyage chamanique va être important. « Oui, Claire, dit-il, comme s'il lisait dans mes pensées, ce n'est pas tous les jours qu'on se présente au Feu. » Et il ajoute

tout bas, comme s'il ne voulait pas que le Feu entende : « Je ne sais pas s'il a vraiment envie que tu écrives sur lui. » Je le regarde avec un petit sourire : « Je suis bien embêtée parce que s'il dit non, c'est tout un chapitre de mon livre qui doit disparaître. » Une énergie invisible se glisse derrière nous et mon ami se reprend, nous échangeons un sourire complice comme des adolescents. Il met des plumes dans mes cheveux et je vois le sang indigène dans ses bras sombres. Et voilà, je suis prête. Vais-je monter dans les airs ou descendre sous terre ? Les secondes passent... Je bloque. J'ai un peu peur. Puis une force étrange se dirige derrière mon corps : un manteau sibérien, un de ces gros manteaux que j'ai vus dans les livres anthropologiques, le manteau des chamans... « Mais non, je n'en veux pas, c'est trop lourd, j'aime bien mes habits blancs mexicains. – Claire, tu n'as pas le choix. » La force pose mon manteau sibérien sur mes épaules sans prendre mes envies en compte. Je souris. J'ai l'habitude de ne pas avoir le choix. J'ai maintenant deux habits, la robe blanche féminine serrée par la ceinture rouge de la cosmologie aztèque et le lourd manteau sibérien. Je ne pose pas de questions. Tout de même, j'aurais bien aimé le voir, ce chaman sibérien qui me demande de porter un manteau... Le tambour continue de battre. « Pourquoi suis-je là, au fait ? » Mais je n'ai pas le temps de prononcer une parole de plus. Mon visage commence à se métamorphoser, ma peau devient mate et ridée. Je réalise que suis en train de me transformer en homme, mes membres grossissent et j'ai aussi un vague sentiment d'avoir un sexe qui pousse. Ça fait bizarre. J'ai toujours trouvé que l'apparence du sexe des hommes était plutôt ridicule, mais finalement, ça n'est pas inintéressant... « Mais, flûte, où est Claire tout de même ? Suis-je en train de me perdre ? Mais non, je suis là aussi, blanche, féminine, je suis les deux, oui, c'est cela, exactement les deux. » La lignée aztèque portant l'énergie féminine et la lignée sibérienne portant l'énergie masculine. Je n'ai plus peur. Ce sont les rides sur le visage qui me permettent de ressentir le dédoublement de façon claire. Le manteau sibérien et la robe aztèque sont mes vêtements terriens, c'est sous cette forme que j'existe, les deux, homme et femme, femme et homme.

Je me dirige vers les racines du chêne à partir duquel je descends d'habitude sous terre mais mon vêtement est trop gros, je ne peux descendre... « Où vais-je rencontrer le Feu si je ne peux pas descendre sous terre ? » Silence. Le tambour continue mais il me semble ne pas avoir le droit d'avancer. « Bon, c'est bien joli, mais ça ne me dit pas si j'ai le droit d'écrire mon chapitre sur le Feu. – Patience, Claire, tu dois maintenant devenir Dragon. – Devenir Dragon ? » Je tourne la tête à droite et à gauche mais personne ne me répond. Je comprends. Bien sûr, le Dragon est féminin et masculin par excellence. La voix continue : « C'est au Feu de Sirius que tu dois demander la permission, Claire, et seulement avec tes ailes de Dragon tu pourras te déplacer sur l'étoile. » Au moment où la voix parle, mon manteau sibérien se transforme en écailles. Les deux énergies masculine et féminine semblent donner son rythme à la métamorphose. Ça n'est pas douloureux, c'est plutôt beau même. Immédiatement après je m'envole. Je monte, monte, et au moment de quitter l'atmosphère, mon cœur se serre. « Zut alors, qu'est-ce qu'il ne faut pas faire pour écrire un livre ! » Je souris et tourne la tête. À ma droite, je vois Ogotemmeli, mais non, ce n'est pas lui, mais tous ses ancêtres. En fait, ils forment comme une sorte de caravane qui monte vers Sirius. J'ai le temps de penser : « Oui, bien sûr, les Dogon, ils sont connectés à Sirius. » Et derrière les Dogon, je vois la lignée égyptienne, je la connais moins bien, alors mon cerveau n'est pas capable de former des images, mais il est clair qu'il existe un fil, et puis un autre... les francs-maçons... c'est bizarre toutes ces lignées qui sont reliées à Sirius. Et je continue de monter, je mets un peu de temps, mais huit années-lumière, c'est un petit bout de chemin tout de même. Enfin, j'arrive sur Sirius... « C'est étrange, je ne ressens presque rien. C'est tout doux, juste une sorte d'éveil dans toutes mes cellules. C'est donc cela le Feu ? Et au fait, la pierre que le chaman m'avait donnée dans mon rêve... j'aimerais bien la voir ? » J'espère recevoir une réponse, mais personne ne me parle. J'attends. La terre est si petite que j'ai du mal à la distinguer. « Alors, le Feu, où es-tu ? »

« Claire ! » Je sursaute, la voix interrompt mes pensées : « Tu dois redescendre et trouver ta forme, ta propre civilisation... – Oui, oui, je comprends, trouver ma forme, mais je suis venue pour demander au Feu la permission d'écrire. – Tu dois trouver ta forme. – Et mes chapitres, s'il vous plaît ? – Laisse-les comme ils sont, comme des flammes, liées et indépendantes, ce n'est pas à toi de faire le lien. Tu dois redescendre et trouver ta forme. » Mes cellules brûlent et je demande : « Euh, une petite inspiration ne serait pas de refus, je ferai ce qu'on me demandera. – Claire, ne raconte pas d'histoire, chaque fois qu'une forme t'a été présentée, elle t'a étouffée et tu l'as contournée. Non, ne crains rien, ta destinée est de trouver ta forme toute seule, et ce faisant tu inspireras les habitants de la Terre à trouver la leur. – Et le Feu dans tout cela ? – Il est ton allié, le grand destructeur, le grand transformateur. »

Le tambour bat toujours. La couverture commence à glisser de mon visage et la lumière arrive presque à pénétrer, formant comme une sorte de monde d'entre-deux.

« Au fait, petite question au passage. » (Je sais que je pousse un peu le bouchon et que je vais poser une question qui me concerne, mais enfin, on n'est pas tous les jours sur Sirius, ce serait dommage de rater l'occasion.) « Ai-je le droit de me faire payer pour mon travail ? – Oui, tu as le droit, tu as le droit de créer une forme, tes enfants sont sous ta responsabilité, tu dois subvenir à leurs besoins, les soutenir dans leurs choix artistiques et créatifs, eux aussi vont créer une forme. Et tu as le droit de subvenir à tes besoins, un peu de luxe, mais pas trop, pas d'excès... ou rarement... un parfait équilibre doit être trouvé. Tu dois demander pas un sou de trop, pas un sou de moins. – Oui, oui, très bien, merci. » Je rigole doucement, Sirius ou le Feu, je ne sais pas qui parle, mais ils ont bon dos, c'est plus facile à dire qu'à faire, le parfait équilibre ! Et pourtant au moment où je reçois le message, je vois la ligne partant de Sirius redescendre sur terre : il est absolument clair que toute forme, si elle est équilibrée, est en résonance parfaite avec la nature de l'univers, a le potentiel d'être pure. Et l'argent est par excellence une forme, une forme mouvante. Mais je dois redescendre, la terre est tout en bas.

Je m'arrête un instant. En quittant Sirius, une pensée me traverse... « À quoi bon rentrer ? » Il faut le dire, c'est pas joli en bas, je pense à la guerre en Syrie, la haine immense entre les êtres humains... Puis Zarah et Émile, mes enfants, réapparaissent. « Oui, il faut rentrer. Je ne peux pas les laisser. » Le tambour continue de battre, et je reprends mon envol de Dragon. Le masculin et le féminin ont complètement disparu. Il n'y a plus qu'une sorte de fil que le Dragon semble suivre. Je rentre dans l'atmosphère et une sorte de pression immédiate pousse sur mes cellules. Je saute sur terre et mon manteau sibérien ainsi que ma robe blanche mexicaine se remettent sur moi immédiatement, je suis de nouveau humaine.

« Enfin ça y est, j'ai ma réponse. J'ai le droit d'écrire mon livre et je ne dérange pas le Feu si je lui consacre un chapitre. » Les mots ne sont que forme.

J'ouvre les yeux. Le tambour s'est tu, mais l'image ne s'estompe pas immédiatement et je me trouve dans mon jardin, là où je tiens mes Feux mensuels.

Oui, depuis trois ans je suis gardienne du Feu. C'est une de mes formes. Je me suis engagée à faire un Feu pour la communauté tous les mois sans faute. Les gens viennent s'asseoir autour et se connectent avec son énergie. Je n'appartiens à aucune lignée. Peut-être que Sirius a raison. Je n'ai pas d'autre choix que d'inventer ma forme.

Avril 2011

Durant mon travail à l'hôpital, le Feu était apparu dans mes rêves et m'avait appelée, mais je ne savais pas véritablement quelle route suivre. Puis, les rêves avaient cessé et peu de temps après, j'avais par hasard eu vent d'un séminaire de développement personnel. Le thème : « Apprendre la signification de la prière ». Sherry, la femme qui dirigeait ce séminaire, était guidée par l'Esprit du Feu lui-même... Intriguée, je m'y étais donc inscrite.

Le séminaire durait trois jours. Il se passait près de l'océan Atlantique, dans une petite maison de bois entourée de longues dunes. Lorsque l'on sortait se promener, les roseaux vous enveloppaient totalement.

Le premier jour, Sherry nous envoyait seuls dans la nature ou dans les alentours du chalet pour une demi-heure. Elle nous encourageait à focaliser notre attention sur des petits détails en apparence insignifiants, comme la poignée d'une porte, le recoin d'une fenêtre, une miette sur une table, la pointe d'un crayon qui traîne sur une étagère, ou encore le talon d'une trace de pas dans le sable. D'abord, quelques secondes, puis plus longtemps, et, chaque fois, l'exercice consistait à ne pas nommer, c'est-à-dire à laisser tomber les concepts cognitifs associés à toute observation. L'exercice est amusant, il provoque des éclats de rire intérieurs tant notre cerveau est habitué à nommer tout ce qu'il voit. Puis avec patience, l'observation finit par nous plonger dans des moments, très brefs, où toute sensation de frontière entre nous et le monde se dissipe.

Avec de la pratique, on finit par comprendre qu'à un niveau énergétique il n'y a pas de différence entre nous et un seau en plastique orange, un tire-bouchon, un tube de crème ou une rose merveilleuse. Regarder sans nommer est à la fois amusant et terriblement émouvant.

Passé le premier jour, alors que nous nous étions habitués à la pratique d'observer sans nommer, Sherry nous envoya chercher dans la nature une plante avec laquelle nous voulions entrer en lien de façon plus profonde. Comment entrer en lien ? Dans la tradition chamanique, la matière possède un Esprit avec lequel il est possible de communiquer. Pour entrer véritablement en lien, un des premiers gestes est de faire une offrande. Les offrandes agissent à plusieurs niveaux. D'abord cognitif : si moi, être de pensée, je m'engage dans un processus d'offrande à un roseau, je signifie que je ne me considère pas comme fondamentalement différente de la plante, c'est déjà un engagement cognitif profond. Deuxièmement, j'engage mon corps dans le mouvement de « donner ». Troisièmement, j'agis sur l'imaginaire et le mythique ; en effet, les offrandes, blé, tabac, encens, possèdent une signification culturelle qui appartient à part entière au geste. Quatrièmement, énergétiquement, j'enclenche un mouvement vers la plante. Voilà, j'ai créé un espace sacré à travers les quatre niveaux de manifestation, rassemblés (une fois de plus) dans un même geste.

Comme dans tout travail chamanique, je suis alors en position de pouvoir « entrer en lien et recevoir l'enseignement du roseau ». Je peux alors aller m'adresser à l'Esprit de la plante grâce au son du tambour qui altère mon état de conscience.

Pour écouter le tambour, nous nous installons allongés par terre. Je me souviens avoir choisi un coin où le soleil me taperait dans les yeux et me réchaufferait le corps. Je distinguais à peine Sherry qui tenait son grand tambour, la flamme de la bougie était derrière elle, mais je n'y pensais pas.

Le tambour a commencé à battre.

> Immédiatement, le soleil se trouve au centre de la Roue de la Médecine, puis le Feu apparaît lui-même, et une sorte d'échelle de fumée se présente. Une voix intérieure m'ordonne de monter. Elle dit : « The teaching is in the climbing[1]. » Le vent, le Feu, les éléments semblent souffler dans tous les sens, et un sentiment d'extrême fatigue me prend. Puis le roseau parle : « Continue de grimper, et si tu continues de grimper, tu pourras connaître le Feu. Le Feu est à l'intérieur de toi. » Le soleil me frappe le visage, et je continue de grimper, peut-être qu'il n'y a rien de spécial là-haut, sinon le fait que « grimper, c'est apprendre ».
>
> Je demande au roseau de me propulser dans l'océan. Je me bats contre les vagues et réalise que c'est dans la difficulté que je teste la force de la connexion qui me lie aux Esprits. Je peux ressentir le Feu à l'intérieur de moi m'aider dans cet océan. « The teaching is in the climbing. Fais confiance. » Immédiatement la Roue de la Médecine réapparaît, me propulsant hors de l'eau. Pégase, le cheval ailé, vient me chercher. Je ressens un sentiment de joie et d'amusement, comme si je découvrais pour la première fois que ces êtres mythiques peuvent aussi être

---

1. « L'enseignement est dans le fait de grimper. »

là pour apporter la joie. Je me demande : « Comment puis-je connecter ces alliés à la Roue de la Médecine ? » Instantanément, je suis propulsée dans la Direction du Sud, Direction du Feu, de l'Éclair et de l'Orage, Direction intégrant l'Eau et le Feu par excellence, Direction où le cœur est obligé de s'ouvrir. « Claire, sers le Feu », prononce l'orage. Le tambour de Sherry ralentit pour nous indiquer qu'il faut rebrousser chemin... Avant de repartir, j'interroge encore le roseau : « Merci pour l'enseignement, et que dois-je faire pour toi ? – Sers Grand-Père le Feu », me suis-je encore entendu dire une dernière fois... Je rebrousse chemin. Je retourne dans l'eau, puis je redescends les échelons de fumée pour arriver chez Merlin, le gardien du monde du dessous, qui, comme une mère à l'entrée de l'école dit à son enfant : « Dépêche-toi, tu vas être en retard. » Je me précipite dans mon corps, dans l'ici et maintenant.

Le tambour se tait.

Le soleil tape sur mon visage.

Après avoir quitté le séminaire, mon ami Nick et moi-même sommes allés nous promener près des dunes. En sortant de la voiture, j'ai regardé le paysage. Les dunes formaient un tapis entre la mer et nous. Le soleil commençait à se coucher, créant une lumière tamisée, un peu jaune. Le contour et la forme des dunes paraissaient avoir une substance qu'il me semblait éprouver pour la première fois. « Laisse tomber les étiquettes, Claire, ceci n'est pas une dune. » Je n'étais rien d'autre qu'une élève qui s'amuse à pratiquer un pas de danse qu'elle vient d'apprendre. Mais à peine ces mots prononcés, l'intensité de la perception a atteint mon cœur. C'était plus subtil qu'étonnant, et pourtant extraordinaire, comme un sceau sur un document officiel. Sherry m'avait donné une clef, une clef pour ressentir le monde d'une manière fondamentalement différente. Les dunes parlaient de façon intense, profonde et par définition indescriptible avec des mots.

Le lendemain, je regardais par la fenêtre de ma chambre, et je revois les traînées de pluie séchée le long de mes fenêtres jamais lavées. À un moment que je pourrais encore définir aujourd'hui, j'ai ressenti comme une sorte de déclic à l'intérieur de moi, une modification à peine perceptible. Comme un sceau à l'intérieur de mon corps, immédiatement j'ai su que cela était le signe que j'avais reçu une initiation… À travers elle, Sherry, le Feu avait parlé à mes cellules.

En ressentant ce changement en moi, j'eus un sourire intérieur et l'envie immédiate de retourner dans le passé, pour l'observer. Qu'avait fait Sherry pendant ces trois jours ? Serait-il possible de happer ne serait-ce qu'un instant le moment où l'Esprit du Feu m'avait initiée ? Je sais bien que si initiation il y a eu, elle n'a pas été momentanée, mais plutôt comme un fil discret et indéfinissable canalisé à travers la relation de cette femme avec le Feu ainsi que de la capacité de mon corps à s'en nourrir…

Les jours suivants, la Nature commença à parler.

Elle semblait vivante d'une façon beaucoup plus claire et définie. Elle avait une profondeur, une assurance qu'il m'était impossible de lire auparavant. Je notai dans mon carnet de bord : « En fait, la Nature est douloureusement vivante, l'intensité et la présence des esprits ont un impact physiologique que je ressens comme un trou, un trou vide au niveau du cœur.

« Une sorte de mélancolie est attachée à cet état. C'est un mélange de douleur physique, ou plutôt de conscience ; plus j'ouvre ou j'étends mon chakra du cœur vers un arbre ou un patient, plus il devient douloureux, comme si on tirait un élastique. Quelquefois, comme à l'instant, je dois poser ma main sur mon cœur, baisser les yeux, pour que le cœur arrête de s'étendre et que la douleur diminue.

« Elle est très dense. Cette douleur m'apparaît très réelle, mais aussi très liée à la vie. Ça n'est pas la même douleur que celle de la dépression, ou celle de se sentir isolée ou au désespoir. Non, c'est une douleur qui confirme l'état d'être vivante. Paradoxalement, cette douleur semble intimement liée à la joie, comme si joie et douleur pouvaient relever des mêmes mécanismes. »

Certes durant le séminaire, chacun de mes voyages chamaniques m'avait ordonné de servir le Feu, j'avais reçu l'information de façon consciente, mais en réalité, c'est la transformation profonde des mois suivants qui fut le théâtre du véritable appel. L'énergie du Feu avait modifié mes perceptions et quasiment tout mon rapport au monde. Je n'étais plus la même. Et c'est dans cet échange-là que je me sentais redevable d'un service.

Il me fallait donc trouver une forme pour répondre à cet appel.

Juin 2011

C'est dans la Communauté du Feu sacré[1] que je trouvai cette forme. Cette communauté est dirigée par un chaman américain d'origine. David, le maître de Sherry, a été appelé une quinzaine d'années plus tôt à tenir la lignée Huichol. Il a accepté cette destinée et reçu les enseignements des ancêtres, vivants et morts. Parmi ses nombreuses obligations se trouvait celle de diriger la Communauté du Feu sacré qui a pour mission d'initier et de soutenir des gardiens du Feu à travers le monde. Les gardiens du Feu s'engagent à allumer un Feu

---
1. Sacred Fire Community.

chaque mois dans leur communauté, ils offrent un lieu où, comme les humains l'ont fait depuis la nuit des temps, on peut s'asseoir ensemble autour du Feu et regarder les flammes.

Régulièrement il est demandé à David d'offrir son corps, comme conduit (canal) de l'énergie du Feu, qui utilise sa voix pour dispenser son enseignement. L'histoire raconte que peu de temps après que David a accepté d'hériter de la lignée Huichol, le Feu s'est imposé à son corps un soir où il fumait des cigares et buvait du chocolat chaud… Depuis il doit offrir son corps une trentaine de fois par an à des communautés de par le monde afin que le Feu puisse s'adresser au genre humain.

Une fois par an, David vient en Grande-Bretagne. Cette année-là, il venait au pays de Galles et j'avais fait le voyage pour venir l'observer entrer en contact avec Tatewari, le Dieu du Feu Huichol.

Le vent soufflait vraiment fort et je me demandais comment le paravent créé pour se protéger de la pluie allait tenir, mais les piquets mesuraient presque vingt centimètres de diamètre et cinq mètres de haut. Ce soir-là, nous étions sans doute une soixantaine de personnes venues écouter l'Esprit du Feu. Pour ouvrir la connexion personnelle de chaque individu avec le Feu, des offrandes ancestrales étaient offertes à l'assemblée. Du tabac, du copal[1], une graine de cacao et un petit bout de bois. Ces offrandes sont sacrées, elles appartiennent à la lignée Huichol et seuls les initiés ont la permission de les offrir à la communauté. En général, trois personnes à la fois peuvent donner des offrandes. Une fois la première jetée dans le Feu, la personne tourne autour de celui-ci dans le sens contraire des aiguilles d'une montre. Ensuite, la deuxième offrande est jetée

---

1. Le mot « copal », emprunté au nahuatl, désigne une résine formée par des arbres tropicaux et utilisée comme encens lors de cérémonies par les cultures d'Amérique du Sud précolombienne.

et de nouveau un tour est fait, puis la troisième, la quatrième…
À la dernière offrande, l'individu doit tourner deux fois autour du Feu. L'ordre dans lequel on donne les offrandes n'a pas d'importance, mais lorsque le chocolat n'est pas sous forme de graine sèche de cacao, il est conseillé de le mettre en premier, car quelquefois il fond dans la main ! Le temps dévolu à l'ouverture d'une grande assemblée comme celle de ce soir peut être long. Mais ces instants sont importants, ils ralentissent le rythme des discussions, les enfants errent encore et continuent de jouer, les gens bougent leurs chaises pour être bien installés, d'autres se drapent d'une couverture ou vérifient que leur thermos est bien plein. Tout cela comme si un halo de silence s'imposait sur l'assemblée pendant que, trois par trois, autour du Feu, les individus donnent les offrandes qu'ils tiennent au creux de leurs mains. Petit à petit un silence révérencieux et discret recouvre l'assemblée comme un voile.

Une fois que chacun a ouvert sa connexion avec le Feu, l'atmosphère est transformée, un petit peu plus lourde, sacrée. Chacun a trouvé sa place et David n'est pas encore assis dans l'assemblée. Il se passe alors un moment où un échange de plaisanteries est de règle. Plus elles sont cochonnes, mieux c'est. Le rire est aussi l'attribut du Feu. Le sacré prend alors une autre forme où le peuple laisse tomber les normes…

Enfin, David rejoint l'assemblée, vêtu de son habit traditionnel Huichol, blanc, décoré de broderies sophistiquées majoritairement rouges. Un grand chapeau couvert de plumes gigantesques. David rit avec l'assemblée tout en commençant à fumer des cigares et à boire du chocolat chaud… Après une petite heure de plaisanteries scabreuses, des chants plus sérieux montent dans l'atmosphère. L'énergie se modifie, une sorte d'intensité apparaît alors. Quelque chose est modifié énergétiquement mais il est difficile de définir de quoi il s'agit exactement. L'expérience est nouvelle pour moi.

Je me souviens d'avoir fermé les yeux, les tambours ayant rendu l'énergie très dense. Soudain, sans savoir pourquoi, je les rouvre. Je vois le corps de David. Mon cœur est pris d'une intense émotion. Devant mes yeux, pour la première fois, je vois un être humain céder la place à un élément à l'intérieur de son corps, et quel élément : le Feu ! Je crois ressentir la peur de David, et de la révérence. Je me sens obligée de baisser les yeux comme si j'assistais à une transformation tellement sacrée et privée qu'il serait interdit d'en être véritablement le témoin. Ce doit être un moment charnière, l'âme de David et l'Esprit du Feu semblent négocier. Le Feu négocie son entrée, l'âme de David sa sortie. Durant ce moment de transition, quelque chose de la vulnérabilité de David emplit l'atmosphère, peut-être est-ce plus grand même que David et le Feu. Peut-être que dans cette génuflexion d'un homme devant une force élémentaire se trouve l'essence de la conscience humaine. Je n'ai jamais depuis ressenti avec une telle intensité la présence d'un Esprit.

Quelques minutes plus tard, l'âme de David disparaît. Son visage est caché par l'immense chapeau de plume et son corps est courbé vers l'avant. Le Feu parle à travers son corps :

— J'attends la première question, dit-il d'une voix rauque.

Une voix s'élève dans l'assemblée.

— Grand-Père le Feu, en arrivant dans le champ où nous sommes ce soir, il y a une grande allée, qui est bordée de chênes. Les chênes sont-ils des arbres particuliers ?

Grand-Père le Feu tire sur son cigare et se tait un moment, l'atmosphère est lourde et tendue, c'est la première question.

— Oui, les chênes sont des arbres spéciaux, ils poussent souvent en groupe et marquent l'entrée du monde du dessus.

Leur force vient de là, car ils sont connectés avec le monde des Esprits, le monde du dessus. La prochaine fois que vous serez près d'un chêne qui a poussé au sein d'un groupe, allez vous asseoir près de lui, vous pourrez sentir à la fois votre force et celle du monde des Esprits.

Ce soir-là, Mark, le compagnon de ma grande amie Natasha, était à l'hôpital avec un cancer généralisé. Je lui avais dit que j'allais voir le Feu et demandé s'il avait une question.

— Oui, m'avait-il répondu, demande-lui comment ne pas avoir peur de la maladie et de la mort.

Le Feu continue comme s'il avait lu la question que je n'avais pas prononcée.

— Si vous avez peur de la mort, allez vous asseoir près des chênes, ils marquent l'entrée du monde des Esprits et vous comprendrez alors que vous faites partie d'une toile de connexion éternelle et que vous n'avez rien à craindre.

Après quelques heures de questions et réponses, vers minuit, peut-être un peu plus tard, l'assemblée « laïque » est priée de se retirer. Seuls les gardiens du Feu initiés ont la permission de rester près du Feu. Je me retrouve dans la cuisine de la ferme à boire un thé avec les autres membres de l'assemblée. Je ressens une mélancolie intense, avoir dû quitter le Feu m'a semblé comme un arrachement. Je découvre avec surprise que je suis la seule, la plupart de mes compagnons sont bien contents d'aller rejoindre leur lit…

En revenant de cette rencontre avec le Feu à travers le corps de David, je n'ai plus aucune hésitation : je vais m'engager à être gardienne du Feu dans le giron de cette communauté. La première année, je serai « novice ». Durant ma formation, j'aurai l'autorisation d'utiliser les offrandes sacrées pour ouvrir mes Feux. Ces offrandes nous sont prêtées par la lignée

Huichol et ne peuvent être utilisées que dans le cadre de ce rôle : gardien du Feu communautaire.

Je m'engageai donc, et le 1er octobre 2011 j'offris mon premier Feu.

Cet hiver-là, mes mentors vinrent une fois par mois s'asseoir avec moi... puis avant qu'ils ne repartent nous parlions et échangions.

La Communauté du Feu Sacré, basée en Amérique, organise aussi des « Skype meetings » où des gardiens du Feu novices comme moi peuvent échanger. Ces échanges sont importants. Discrètement, ils me rappellent que j'appartiens à une communauté. Ils existent comme une toile qui tisse une sorte de cadre et à laquelle je peux me ressourcer lorsque ma responsabilité me pèse.

Avril 2012

Cela se passe en général quelques heures avant que le Feu débute. Les personnes de mon entourage ne peuvent le percevoir, mais il est clair pour moi que je suis en train de recevoir un signe et que j'ai besoin de m'isoler. Pour les premiers Feux, j'ai pris cette onde imperceptible pour la manifestation d'une anxiété sociale, comparable à celle que l'on pourrait avoir avant d'accueillir un grand nombre d'invités. Combien de personnes vont venir ? Ai-je préparé assez de nourriture ? Mais au fil des mois, j'ai appris à reconnaître ce moment comme étant à la fois le plus précieux et le plus tangible de mon travail de gardienne du Feu. C'est le moment où mon corps s'apprête à accueillir le Feu, préparant l'espace où il va se rendre accessible à la communauté. C'est dans cet espace qu'avec le temps je comprendrai ce que veut dire être une gardienne du Feu.

La première fois que j'ai essayé de décrire ce phénomène en français, je n'y suis pas parvenue. Il m'a fallu l'écrire en anglais, la langue de la communauté dans laquelle il est apparu, et encore aujourd'hui, alors que j'écris, je traduis ces mots de l'anglais.

Si je compare notre corps et sa capacité à recevoir de l'énergie à une radio, c'est ainsi que je reconnais que ce moment arrive. Les ondes se brisent, comme lorsqu'une radio est entre deux stations. Je sais alors que ce signal m'ordonne de m'isoler et d'être présente à ce que je vais recevoir. Pour être en « mode réception », je m'isole dans ma chambre, quelquefois je m'allonge, d'autres fois je me tiens assise dans une posture méditative. J'essaie de débrancher mon esprit analytique afin que chacune de mes cellules s'ouvre à un autre niveau de vibrations. Je m'observe me diviser comme durant une transe, ou lors de voyages avec des plantes sacrées, l'esprit restant éveillé, mais le corps présent à une énergie plus subtile. La lourdeur énergétique des pensées devient plus facilement détectable alors que la vibration de l'énergie spirituelle est plus fine, plus légère.

Être présente à cet espace où le Feu parle à mes cellules, c'est presque comme se trouver entourée de milliers de papillons qui danseraient autour de moi. Je deviens consciente du poids énergétique de l'Esprit, avec le besoin de m'observer créant un dialogue interne qui dérangerait le vol léger et subtil des papillons. Et pourtant, avec patience et grâce, l'Esprit possède une étrange habileté à multiplier les papillons (comme Jésus multipliait les pains), étirant ces moments de conscience. Il semblerait que cet instant me permette d'être témoin de l'interconnexion de tous les êtres et du cadeau de la conscience humaine.

J'accepte que c'est dans la subtilité de ce moment que je reçois l'enseignement du Feu, semblant transcender le temps, l'espace et les civilisations. Je sais qu'il m'est impossible de donner véritablement sens à la nature de cet enseignement. L'esprit n'est pas détruit comme par une machine malveillante mais s'estompe doucement pour se maintenir en arrière-plan, pareil à un soleil se levant sur un paysage embrumé. Les arbres, la nature ne sont pas absents, mais réduits à une forme à peine discernable tandis que le soleil est le personnage central. Permettre à l'énergie du Feu de se lever en moi ressemble à laisser le soleil se lever sur un paysage brumeux. L'esprit essaie de faire la mise au point, mais le mirage ne se laisse pas attraper.

La peur joue un rôle important dans cette expérience, la peur qui naît lorsque l'on est à la frontière entre les mondes, celle de la réalité humaine incarnée et celle du mystère indéfinissable des forces élémentaires. Peut-être qu'en m'offrant comme gardienne je donne la permission au Feu de visiter chacune de mes cellules.

Durant ces moments, lorsque la peur d'être entre les mondes est à son maximum, je ressens un certain confort d'appartenir à une communauté. Je vois que l'engagement de David, sa capacité à suivre sa destinée et à canaliser l'énergie du Feu, sert de toile énergétique à mon expérience. Mon esprit de psychologue transculturelle semble aussi être véritablement éveillé. Il me semble possible de voir devant moi le pouvoir de la charge énergétique de la culture Huichol. Je vois les connexions entre tous les gardiens du Feu. Je vois la création collective de la Communauté du Feu Sacré. Je vois la danse entre le Feu et le cerveau de David. Certes, je ressens le Feu comme une force élémentaire, mais je ressens et vois aussi la friction et la couleur de ma culture occidentale intérieure, ainsi que celle des Huichol.

Tous les mois, depuis que je suis gardienne du Feu novice, je ressens ces moments, je réalise combien ils sont précieux, et combien ils deviendraient encore plus subtils si je continuais à travailler de cette façon.

Et pourtant le Feu m'appelle à travailler autrement. Depuis que j'ai commencé à utiliser ses offrandes, elles sont si belles, elles semblent m'appeler à travailler avec mes patients alors qu'elles sont « réservées » au Feu communautaire. Mais le Feu m'appelle de l'intérieur. Il s'immisce dans mes traitements. Il me demande de l'utiliser avec mes patients. Je peux dire aujourd'hui que cela ne porte pas de nom inventé par une culture ou une lignée. Je me sens appelée par le Feu où que j'aille, appelée à être gardienne du Feu nomade.

Et pourtant, je continuais à suivre religieusement les règles de la communauté, et je pensais intégrer celle-ci en me faisant initier dans quelques mois tout en sachant de façon très profonde que l'expression de Tatewari (le Dieu du Feu Huichol) qui se manifeste à travers la communauté ne contenait pas la forme d'expression qui m'appelait. Se pourrait-il que malgré le respect et la richesse d'appartenir à la communauté, mon expérience du Feu ne soit plus tenable à l'intérieur de cette communauté ?

Les mois passaient, je continuais mon travail de gardienne du Feu.

Juillet 2012

Le moment de prendre une décision approchait. L'initiation mexicaine était pour septembre.

« Bon, Claire, écoute, tu es seule, ce serait bien si tu t'affiliais. Ce serait bien que tu apprennes à respecter une tradition. Certes, tu ne peux être gardienne du Feu nomade, mais peut-être ton apprentissage est justement dans le fait d'apprendre à te restreindre, d'apprendre à accepter des racines.

Si tu t'engages vraiment à recevoir l'initiation du Feu, tu n'as aucune idée de la richesse de cette expérience et de combien tu peux grandir en apprenant à te limiter. La chaman mexicaine, tu l'as virée parce que ton narcissisme était aussi démesuré que le sien. Tu ne supportais pas son pouvoir, alors apprends à respecter un maître et regarde David, tu peux lui faire confiance. »

« Claire, écoute, tu sais très bien que tu n'es pas une mégalo égocentrique. Tout ce que tu fais avec les offrandes, le Feu et tes patients est guidé par les Esprits. Écoute ton intuition, tu sais que tu es une solitaire. Tu es déjà allée au Mexique pour revenir sans nom aztèque, tu ne vas pas recommencer. Tes maîtres sont en Sibérie. D'ailleurs, ils sortent de ta voix. Écoute ton intuition. »

Incapable de me décider, flottant dans ce dialogue intérieur, je retourne écouter le Feu dans la voix de David, espérant trouver une réponse. Et je pose directement la question au Feu.
— Existe-t-il des gardiens du Feu nomades ?
La réponse est sans équivoque.
— Non, le rôle du gardien du Feu n'est pas de travailler directement avec le Feu, il est de garder l'espace pour la communauté.

Mon cœur se serre… toute mon expérience dit le contraire : le Feu m'appelle personnellement. Ce n'est pas possible de rester en place, de ne pas chanter, de ne pas utiliser le Feu. Les patients attendent et le Feu est là pour les nettoyer.

Après avoir clairement reçu ce message du Feu Huichol, je n'étais pas satisfaite.

« OK, Claire, le Dieu du Feu ne s'est pas adressé à toi directement. Il n'a pas répondu à ton caprice de vouloir être une gardienne du Feu nomade. Tu as pris le Feu pour ta mère ou quoi ? Qu'avais-tu imaginé ? Qu'il allait t'accueillir dans son sein ? Tu avais pensé qu'il allait voir et comprendre combien tu étais unique. Manque de bol, ma belle, allez, grandis un peu, affilie-toi, ça te fera du bien ! Tu n'es pas assez modeste. » La psychologue analysait la situation mentalement. Elle avait gagné…

Trois jours plus tard, j'achète mon billet, mille euros. Je partirai au Mexique en septembre recevoir l'initiation pour devenir gardienne du Feu dans la lignée Huichol.

« C'est bien, Claire, tu t'assagis… »
Étais-je fatiguée d'être seule ?

Mi-août 2012

C'était compter sans l'humour du Feu lui-même…

La veille de mon départ en France pour les vacances, je réalise que mon passeport a disparu. Je dois partir au Mexique dans trois semaines. Je fouille la maison de fond en comble.

Quel tour me joue l'univers ? Cette même nuit, je rêve que la mafia russe vient kidnapper mon amie Lucy, la mentor qui me guidait dans mon rôle de gardienne du Feu novice. Dans le rêve, je dois négocier avec la mafia russe pour qu'on la laisse partir. À mon réveil, je ne peux m'empêcher de penser : « Les ancêtres russes et sibériens sont-ils en train de m'empêcher de m'affilier à une tradition mexicaine ? Est-ce le rocher du lac Baïkal qui se réveille ? »

Les Esprits me parlaient, mais je n'avais aucune idée de ce qu'ils voulaient. Mille euros de billet d'avion étaient en train de partir en fumée ainsi que mon initiation Huichol. Arrivée à Paris, je fais une pause quelques jours et décide de tenter de refaire faire mon passeport. Mon ami français Louis, que j'avais rencontré durant le Feu de David, vient à ma rescousse. « Allez, Claire, ne laisse pas tomber, le Feu t'appelle, je t'emmène à la préfecture ce matin. » Mais nous repartons bredouilles.

Le soir, je m'assieds près du Feu, une simple bougie, je l'interroge : « Que dois-je faire ? Que signifie ce blocage ? Dois-je recevoir l'initiation qui me permettra d'utiliser les offrandes Huichol ? Que veulent les ancêtres russes ? Dois-je abandonner l'Amérique du Sud et partir en Sibérie ? » La réponse est simple : « Claire, le Feu est à l'intérieur de toi, tu n'as pas véritablement besoin d'une initiation. Si tu vas à Mexico, c'est bien. Si tu ne vas pas à Mexico, c'est bien aussi. La différence n'est pas significative. La seule chose importante : continuer de travailler avec le Feu et d'ouvrir ton cœur. » La place de Georges-Pompidou est apparue et la voix a dit : « Demain, tu iras à Beaubourg et tu joueras du tambour sur la place. Tu brûleras du copal et tu t'exposeras à la communauté. Je serai avec toi. »

Je m'étais déjà vue travailler à Beaubourg mais n'avais jamais véritablement eu le courage ou l'occasion de le faire. Une journée à Paris, sans les enfants, je n'avais plus le choix. J'y suis donc allée le lendemain, apaisée d'avoir perdu mon passeport, sachant que les choses étaient telles qu'elles devaient être.

Arrivée à Beaubourg, je me balade un peu et regarde timidement quelques vendeurs de bijoux. Sur la place, une femme joue du didjeridoo, cet instrument à vent d'origine aborigène, et son énergie est belle. C'est parfait, cela me donne une excuse pour garder profil bas et ne pas jouer du tambour. Hésitante – et, ma foi, un peu timide –, je m'installe et sors mes outils chamaniques. J'ouvre discrètement les Directions avec du copal. Quelques instants plus tard, un homme s'avance vers moi. Il tient le stand de bijoux que j'avais observé. Sa peau mate, sa petite taille révèlent clairement un sang indigène d'Amérique du Sud. Il me regarde dans les yeux. « Je t'ai vue passer devant mon stand, j'ai tout de suite su, j'ai senti, tu as une énergie très forte, très belle, très pure, la lune et le soleil m'ont dit que je devais travailler avec toi ce soir et te donner un nom. Je viens du Pérou, mes ancêtres étaient des Incas, mon grand-père était chaman, je ne suis pas chaman, moi, je travaille avec les plantes. Viens ce soir à 8 heures, on ira dans un parc et nous travaillerons. »

J'ai souri intérieurement, comme s'il était évident que l'univers réponde à ma prière de la nuit précédente. À défaut de passeport, l'Amérique du Sud venait à moi. J'aurais pu économiser mille euros. Un nom inca ? Pourquoi pas… Je suis revenue vers 8 heures et nous sommes allés dans un parc caché du 14e arrondissement où je n'avais jamais mis les pieds. Sous des arbres qui frôlaient des balcons bourgeois, le jeune homme (il avait moins de 40 ans) a travaillé chamaniquement sur mon corps et laissé parler ses ancêtres pour me donner un nom inca, Guerrière de l'Eau.

Le lendemain je me suis fait gronder par ma sœur Laure qui m'a dit qu'à mon âge on ne traînait pas dans les parcs toute la nuit avec des inconnus. Elle avait raison… mais depuis cette initiation sauvage, j'ai su à un niveau profond que ce n'était pas important de ne pas aller au Mexique pour recevoir celle du Feu.

Avais-je provoqué cette rencontre en envoyant des signes inconscients et séducteurs à un vendeur de bijoux issu d'une culture préhispanique aussi voyou que mystique ? Les ancêtres incas existent-ils ? Ont-ils repéré ma disponibilité énergétique et utilisé un de leurs descendants pour capter mon corps et mon énergie, alors que je m'étais ouverte à recevoir l'initiation du Feu ? En fait, est-il vraiment important de trouver une explication linéaire et narrative à des événements qui sortent clairement de la linéarité ?

Je n'ai revu mon ami mystique qu'épisodiquement, mais il est entré dans mon monde en devenant le gardien de tous mes voyages chamaniques, impeccable gardien de sa lignée péruvienne. Immanquablement, c'est lui qui est là, comme un frère. Il m'habille, il m'aide à enfiler ma robe blanche de chamane, fixe ma ceinture rouge et parfois même me met des plumes dans les cheveux, comme celles qui décorent le chapeau de David. Il est à la fois une sorte de guide et de gardien. Parfois il me serre dans ses bras. Très occasionnellement, il m'embrasse passionnément. Lorsqu'il fait cela, c'est presque comme si, l'espace d'un instant, il s'était autorisé à se détacher de son véritable rôle et de l'énergie de sa lignée inca. Ça n'est pas désagréable, d'ailleurs. Je lui souris, et très vite, nous rentrons dans le rang, lui mon gardien, et moi la chaman. Il me pose alors la main sur l'épaule et me pousse gentiment dans les racines du chêne qui m'envoie dans le monde des Esprits. Nous sommes en service.

Après ma rencontre avec le Péruvien, mes tentatives pour refaire faire mon passeport deviennent quasi inexistantes. Je rentre de vacances et remue quand même ciel et terre dans ma maison pour le retrouver, mais je sais que je suis plus motivée par la logique matérialiste de ne pas perdre mille euros que par le besoin d'aller au Mexique. Car enfin, quelque chose a bien décidé de m'empêcher de partir…

Mon passeport ne réapparaîtra jamais. Alors, quelques jours avant le départ prévu, je dois me rendre à l'évidence et je renonce à me faire initier.

J'écris à la communauté. Je n'aurai jamais de réponse.

Le Feu ne se laisse pas écrire

Septembre 2012

Arrive la date de mon dernier Feu avec les offrandes Huichol. Mes mentors, qui ont pris leurs distances une fois ma décision connue de ne pas appartenir à la communauté, me rappellent par e-mail que je ne suis plus supposée utiliser les offrandes sacrées. Comme si je ne le savais pas ! Je me souviens d'avoir le cœur serré, comme si dans notre communication coupée s'exprimait une complexité autre… Pourquoi suis-je mélancolique ?

Au fil de mes années de découverte et d'intégration, je m'étais souvent posé la question de savoir si en empruntant des gestes, des symboles, des rites et en les mélangeant avec une complète intuition mais pas de règle, je violais énergétiquement les Dieux. Je volais à des cultures des rites qu'elles ne m'avaient que prêtés. Cette question, je me l'étais posée en revenant du Mexique, lorsque j'avais refusé mon nom mexicain, et voilà qu'elle réapparaissait aujourd'hui, alors que je me séparais de la communauté. J'avais été gardienne du Feu novice un an durant, et avais reçu le privilège d'utiliser les offrandes Huichol pour tenir mes Feux. Mais maintenant que j'avais décidé de ne pas aller au Mexique pour recevoir l'initiation, je devais rendre mon privilège. Si je voulais travailler avec le Feu comme je l'entendais, je devais quitter le giron d'une lignée ancestrale pour suivre des intuitions intérieures, en marge, solitaire.

Malgré mon respect pour la tradition humaine, une question émergeait tout de même de cette expérience : qui a le monopole du sacré ? Le sacré n'est-il pas une co-création entre les hommes et les Esprits ? Est-il possible et permis de « reprendre » un rite si on l'a prêté à un individu qui lui-même a développé une relation intime et spirituelle avec lui ?

Qui peut véritablement définir la nature de la relation qu'un humain développe avec un rituel ? Et dans quelle mesure ce rituel une fois prêté n'appartiendrait qu'à l'instant, à l'honnêteté et à la pureté de son utilisation ? Qui pouvait véritablement évaluer la profondeur de ma relation avec les offrandes sinon moi-même ?

J'avais ressenti le pouvoir de ces offrandes de façon profonde, l'impact sur les cœurs des individus m'avait touchée, émerveillée, émue et, de nombreuses fois, j'ai été tentée de les utiliser avec mes patients. Mais je savais aussi que je n'avais pas développé de lien assez intime avec les Dieux Huichol eux-mêmes pour pouvoir utiliser leur langage sans l'aval de leurs serviteurs, fidèles humains affiliés à leur tradition… Ainsi, malgré tous mes doutes intérieurs, je n'avais aucunement l'intention de violer la règle, ni d'utiliser les offrandes. Pourquoi cette mélancolie et cette impossibilité de communiquer mes pensées me pesaient-elles ?

Mon compagnon se moquait de moi gentiment.

— Mais enfin, Claire, tu n'as pas besoin d'une initiation pour jeter un bout de chocolat et un mégot dans un feu de camp.

Nous éclations de rire ensemble. Il avait à la fois raison et tort. Je voyais les deux vérités. Car j'existais dans les deux mondes. Le monde où les Esprits s'adressent directement à moi sans médiateur, et l'autre monde où la beauté et le pouvoir des médiateurs m'apparaissait de façon claire et indéniable. Un monde énergétique dicté par des Esprits exigeants et complexes, et, en parallèle, un monde rationnel où tout geste peut être expliqué comme une construction culturelle possédant une qualité énergétique aussi puissante que les Esprits eux-mêmes.

En général, mais peut-être surtout à ce moment précis où je quittai la communauté, ma véritable difficulté (et peut-être mon don) était d'être dans tous les mondes à la fois sans pouvoir donner la priorité à aucun. Les offrandes m'appelaient directement, mais en superposition à l'appel des Esprits, mon cœur était aussi ému par la strate énergétique de la construction culturelle des rites communautaires.

Mon ouverture intellectuelle, ou, pour le décrire de façon moins positive, mon incapacité à utiliser mes propres frontières culturelles pour créer des frontières énergétiques, m'amène à pouvoir utiliser presque n'importe quel symbole ou rite sans la moindre hésitation. Je m'accroche sans préjugé à n'importe quel rite qui résonne dans mon cœur. Alors deux processus semblent se superposer : le rite et le symbole. Chaque nouveau symbole, chaque nouvelle rencontre culturelle et énergétique, transforme l'expérience et élargit mon champ de vision, démultipliant l'étendue de mon ressenti et ne cessant ainsi d'agrandir le champ d'appréhension d'une partie du réel. Je pourrais presque dire que mon rapport avec les cultures est exponentiel. Il y aura toujours des symboles, des rituels qui m'ouvriront à d'autres mondes, d'autres océans au milieu desquels il me faudra faire appel à de nouveaux concepts pour surnager dans la nouvelle immensité que j'appréhende en m'ouvrant à de nouveaux symboles.

Concrètement, je savais que, par respect pour la communauté, je n'allais pas utiliser le tabac, le copal, le cacao et le bois pour ouvrir mes Feux. Et pourtant je ressentais une gêne au simple fait de me poser la question, comme si le fait même de penser le dogme contribuait à le froisser et qu'à travers tous mes questionnements éthiques j'étais infidèle à l'énergie pure et sacrée des Esprits. Cette friction créait une énergie particulière.

Et toujours, j'étais dans ce même dilemme : comment suivre les Esprits tout en respectant les rites humains dictés par les communautés culturelles ? Ma question ne concernait pas juste ma pratique de gardienne du Feu mais toute ma pratique de chamane. Étais-je une chamane authentique ou un charlatan ?

Finalement, la seule réponse trouvée à cette question est la suivante : tous les symboles et rituels qu'il m'a été donné de rencontrer, il me semble que je les utilise à des fins claires. Ils répondent à une demande de soins, ou à ma perception d'un besoin. Jamais il ne me semble manipuler ces énergies afin de gagner du pouvoir sur l'autre. Au contraire, le pouvoir du Feu paraît augmenter dans mes traitements. À mon grand étonnement, il semble que tenir une bougie et demander au Feu de nettoyer un être puisse suffire pour qu'un mécanisme libérateur s'enclenche pour la personne. Certes, je me nourris de mon travail, et ne peux totalement nier le fait qu'il comble aussi mon narcissisme. Mais pas d'une façon qui me semble abusive. Si le Feu vient m'aider durant mes traitements, j'en tire la conclusion qu'il doit être content de mon travail. Jamais il ne me semble utiliser les rites, symboles et objets indigènes autrement que dans le but de rétablir un équilibre. En un mot, je ne pratique pas la magie noire et mes gestes sont, pour ce que je peux en dire consciemment, toujours soutenus par une pensée. C'est ainsi qu'il me semble pouvoir dire que je respecte les cultures, puisque les éléments, le Feu, les Directions, semblent travailler avec moi.

Mais toutes ces questions ne sont peut-être pas les bonnes. Soyons réalistes, les cultures ancestrales ne vont pas être ébranlées par une petite chamane free-lance qui manipule deux, trois objets pour soigner trois pelés et un tondu en bordure de la Manche dans l'ancien empire de Sa Majesté la reine. Non, le danger est inverse : ce sont les cultures ancestrales et tous les Esprits qui s'y rattachent qui ont la capacité de m'envahir de façon telle que mon système énergétique ne puisse plus faire face.

D'autres questions fusent alors : Quelle est l'intention énergétique de la Communauté du Feu Sacré en s'implantant en Europe ? Les communautés indigènes d'Amérique du Sud ont survécu malgré l'implantation coloniale espagnole. Quel chemin parcourraient-elles en venant rouvrir les cœurs européens ? Sommes-nous de nouveau des voleurs ? Après l'or, volons-nous les rites ? Et quelle part de rancune non élaborée anime encore le lien de ces communautés à notre continent ? Car enfin il serait naïf de penser que les cultures indigènes n'ont pas leur part d'ombre. Bref, dans quelle mesure les règles rituelles imposées aux gardiens du Feu européens sont-elles le résultat d'un besoin de pouvoir sur un continent dont les aïeux ont massacré leurs cultures ancestrales ? Une revanche inconsciente...

22 septembre 2012, le lendemain de mon dernier Feu Huichol, je viens m'asseoir autour des braises devenues cendres et ferme les yeux. J'aime par-dessus tout ce moment après le Feu, lorsque quelque chose de l'invisible subtilité du pouvoir des offrandes Huichol a transformé l'atmosphère. Est-ce le pouvoir des offrandes elles-mêmes, ou bien l'énergie des cœurs qui se sont ouverts la veille ?

Je laisse vagabonder mes pensées et profite pour la dernière fois de la délicatesse du voile Huichol qui émane encore de l'espace. Je suis de nouveau seule. Quelles offrandes va exiger le Feu européen ?

Les Huichol l'appellent Grand-Père le Feu, les Européens aussi lui donnent un genre masculin... Oui, le Feu est masculin car il dévore et son énergie semble masculine. Lorsque j'utilise une bougie pour nettoyer mes patients, c'est à une force masculine que je m'adresse. Et pourtant, au long de cette année de travail avec le Feu, un autre personnage m'est apparu : Grand-Mère le Feu.

Elle n'apparaît pas souvent, peut-être deux à trois fois par an et jamais au grand jour comme le Feu, ou dans la forêt lorsque je coupe du bois. Non, Grand-Mère le Feu, celle qui garde le Feu au centre de la Terre, est ronde, comme ma Grand-Mère, celle qui m'a demandé de la mener vers la lumière. Grand-Mère le Feu apparaît dans les voyages chamaniques lorsque mes patients cherchent une partie de leur identité. Oui, elle est gardienne, non seulement du Feu au centre de la Terre, mais aussi des secrets…

Toujours assise sur mon banc, la féminité de l'Europe m'apparaît. Guerrière de l'Eau, ce prénom que je n'avais pas habité me guidait-il vers des offrandes féminines ?

Lorsque je relie la sacralité de l'Europe à l'énergie du Feu, immédiatement la religion chrétienne me vient à l'esprit. Dans le passé, j'ai tenté de comparer la Roue de la Médecine à la croix de Jésus, et de faire correspondre les quatre Directions et les quatre éléments au signe de croix. Comme je l'ai décrit précédemment, dans la tradition aztèque, l'Est est tenu par le Serpent Ailé et le Vent. Au Sud se trouve le Dieu de la volonté et du Feu. À l'Ouest, la féminité et l'Eau. Enfin, au Nord, les ancêtres et la Terre. Le signe de croix lui aussi pourrait former un cercle avec les quatre Directions. Dieu serait le vent, l'invisible. Jésus la Terre, l'incarné. Enfin le Saint-Esprit représenté par le Feu. Il ne manque que le féminin, Marie… l'Eau.

Est-ce l'Eau et la reconnaissance du féminin qui a manqué à l'Europe et par extension à tout l'Occident ? Dois-je ajouter du féminin à mes offrandes occidentales ? Je suis sans guide…

J'hésite, j'essaie différentes offrandes…

Puis au fil des mois, je finis par décider de garder le bois et le copal, et d'ajouter le parfum pour représenter l'Eau et une feuille pour représenter le Vent. Ainsi les quatre éléments sont représentés. Je garde de la culture Huichol les mouvements autour du Feu : jeter une offrande, puis tourner, jeter une autre offrande, puis tourner…

Mais je suis seule à tenir les Feux… mois après mois.

Avril 2013

Quand je coupe du bois dans la forêt pour mon prochain Feu, souvent, lorsque les branches sont épaisses, avec ma scie rouillée, je peine. Je pense aux gens qui viennent s'asseoir autour de mes Feux. Je n'aime pas les appeler « mes » Feux parce que en réalité, ils ne sont pas à moi. De plus, je suis restée une étrangère, et il serait faux de penser qu'une communauté s'est créée autour des Feux réguliers que j'offre dans mon jardin depuis deux ans. Non, il n'y a pas de communauté, juste quelques individus isolés qui aiment venir se connecter au Feu de temps à autre. En fait, ça m'est égal. Garder le Feu concrètement, je veux dire, être assise et tenir le Feu, est la partie exposée du travail. Souvent je ressens le déséquilibre des invités, les gens ne s'écoutent pas véritablement entre eux. Je vois leurs âmes flotter au-dessus de leur tête et je ressens le déséquilibre de leur douleur. J'ai du mal à faire taire ma fonction de guérisseuse. Je me vois leur frotter des œufs sur le corps et souffler leur âme dans leur nuque. J'entends alors le Feu me dire :

« Claire, arrête, ce n'est pas ton travail. Ne t'occupe pas de cela, c'est moi le chef ici. Laisse les gens faire ce qu'ils ont à faire, tu n'es pas responsable de leur déséquilibre. Ils sont venus se connecter avec mon énergie, pas se faire déshabiller psychiquement par une chamane. Ton rôle est de t'occuper de moi. Tiens, donne-moi une autre bûche. » Je me recentre alors en regardant les flammes et en m'efforçant de ne rien faire.

Ainsi, malgré la beauté indéniable de cette fonction et le plaisir du travail accompli, tenir les Feux n'est pas mon activité préférée. Le soutien de la communauté me manque. Pas consciemment, car j'avais perdu confiance en ses membres, mais plutôt comme un ressenti que je n'ose m'avouer : la tâche de tenir le Feu est plus lourde, plus difficile à porter, plus solitaire. C'est pour cela que j'aime quand les gens s'en vont. Je reste souvent seule, après. C'est lorsque je vais me coucher que je prends conscience du fait que l'Esprit du Feu est vraiment venu malgré le fait que je ne sois pas affiliée. Quelque chose d'exceptionnel et d'indéfinissable s'est accompli.

Couper et ramasser le bois dans la forêt est l'autre aspect qui me nourrit le plus profondément. Je ressens une sorte de joie naturelle qui ne doit pas être fondamentalement différente de celle de faire pousser des légumes dans son jardin pour nourrir sa famille. Des gestes simples, ancestraux. Des gestes que les êtres humains ont accomplis depuis toujours : glaner pour survivre. Personne ne m'oblige à aller me cailler les miches dans les bois humides pour ramasser le bois qui servira à nourrir un Feu qui n'est le plus souvent visité que par quelques individus. Si je devais rationnellement définir ce qu'est une gardienne du Feu indépendante, j'en serais incapable. Le Feu m'a demandé de le servir. Je continue alors de le servir sans autre raison que d'éviter le déséquilibre qui apparaîtrait en moi si je ne le faisais pas. J'aime par-dessus tout être seule dans la forêt, peut-être parce que c'est justement en coupant du bois, en pliant mon corps, en transpirant dans la boue et les feuilles mouillées, en remerciant les arbres qui ont fait tomber leurs branches pour la communauté, que ma relation au Feu est la plus pure et que le concept d'être « au service de quelque chose de plus grand » prend toute sa signification. C'est tout. C'est dans ces moments-là que je me sens vivante.

Mai 2014

— Ce serait bien si les enfants pouvaient allumer le Feu eux-mêmes.

À peine Nick a-t-il prononcé ces paroles que je sens une sorte de colère monter en moi. Je lui ai déjà dit que j'ai du mal lorsque les enfants jouent avec le bol et dérangent tout l'espace où j'allume mes Feux chaque mois. Non pas que le coin soit particulièrement rangé, mais c'est l'espace du Feu, c'est tout. En fait, si mon jardin était plus grand, je leur créerais un espace spécial pour eux, car le jeu des enfants est sacré lui aussi. Qu'y a-t-il de plus beau que des enfants qui jouent avec le Feu ? J'aime les regarder lancer des bûches trop grosses, manquer de se brûler avec les brindilles et rire sans être conscients du danger. Pourquoi alors ressentais-je le remue-ménage qu'ils laissaient derrière eux comme une violation de l'espace du Feu, celui que je garde ? C'est vrai qu'il n'est pas très drôle, mon Feu...

Dans la tradition de la Communauté du Feu Sacré, l'espace consacré au Feu est inviolable. Pas de barbecue, de fêtes alcoolisées dans le cercle dédié au Feu... Lorsque je me suis détachée de la communauté, je me souviens de m'être dit d'une façon un peu maligne : « Moi, je fais ce que je veux, si j'ai envie de faire une fête autour de mon Feu, je peux... c'est bien d'être libre. » Et en fait, me voilà en train de réaliser que même sans lignée ni règles à suivre, le Feu a imposé ses propres règles, et que mes enfants passent après cette étrange énergie que le Feu a créée dans le cercle de mon jardin...

Je suis divisée. Une partie de moi veut ouvrir l'espace à chacun et rendre le Feu laïc, si je puis dire, et pourtant, il faut accepter l'évidence, le Feu de mon jardin n'est pas laïc.

Enfin, ce soir c'est l'anniversaire de Rosa, la fille de mon compagnon, et je sais combien elle aime le Feu. J'ai donc promis que nous ferions un Feu, juste un simple Feu, pour la fête. Et c'est en coupant le petit bois que la question de Nick m'a interpellée… Encore une fois je suis prise entre les mondes, le sacré et l'humain, l'énergie subtile de mes cercles et la simplicité humaine du désir des enfants d'allumer un Feu. Sa question m'irrite parce que je ressens de la culpabilité à ne pas être complètement libre pour la vie. Et pourtant, je ressentirais de la douleur à ne pas protéger la sacralité de l'espace du Feu. Agacée, je finis par trouver un compromis et prépare le Feu moi-même en laissant les enfants l'allumer.

Le Feu démarre, il reste du sapin de Noël, qui lui donne des étincelles… Je le regarde en buvant une bouteille de cidre. Pas d'offrandes, de l'alcool… Bizarrement, ça ne me dérange pas. Je laisse passer un moment sans véritablement chercher à sentir quoi que ce soit. Ce n'est qu'une heure plus tard que je réalise que la fête se passe dans la maison et que moi, je suis là, seule, à garder le Feu. C'est presque impoli de ma part de ne pas être à l'intérieur, et pourtant quelque chose m'empêche de laisser le Feu, comme si un fil invisible me reliait à lui. Il n'est pas intense, il est juste. Je ne peux même pas dire que je peux le sentir, ni que cela provoque une émotion particulière. Non, c'est juste le sentiment que les humains et leur fête ne sont pas aussi importants que mon lien avec le Feu, et qu'au final ça m'est égal de savoir si c'est impoli. Quitter le Feu m'est impossible… Aucun des protocoles n'est respecté, j'ai laissé les enfants allumer le Feu, à mes pieds une bouteille de cidre que j'ai bue, je n'ai pas fait d'offrandes, je n'ai pas ouvert les

Directions, je n'ai pas invité la communauté une heure avant que le Feu n'arrive, je n'ai pas prié comme je le fais d'habitude, je n'ai aucune responsabilité sociale vis-à-vis de mon engagement… non, je suis seule avec un Feu d'enfants, alors que les ados se goinfrent sans doute de pizza et de Coca-Cola en jouant sur l'ordinateur à l'intérieur. Les plus jeunes les observent probablement par-dessus l'épaule, alors que les adultes, bien contents de laisser les ordinateurs baby-sitter leurs enfants, doivent papoter dans la cuisine. Je souris. C'est nouveau pour moi d'être véritablement consciente de ce fil invisible qui me relie au Feu de façon indestructible. Le Fil du Feu.

J'observe, je suis assise… Et pour la première fois, je comprends… Recevoir les gens, faire les offrandes, animer le groupe, ouvrir sa maison, couper le bois, accrocher la bâche lorsqu'il pleut… Toutes ces manifestations m'avaient caché la véritable nature de ma fonction. Une gardienne du Feu ne fait peut-être rien d'autre… sans fioriture… sans rituel… loin des regards… Anonymement, elle tient le fil qui nous relie au Feu.

Chapitre IV.

Chamane ou psychologue ?

Ce n'est pas moi qui l'ai vue la première, c'est elle qui a vu que je pouvais la soigner. Le visage de Laura, encadré de cheveux bruns, était d'une extrême beauté et son sourire particulièrement doux, mais on devinait à l'intérieur une souffrance dont on n'osait imaginer la profondeur.

Elle portait du noir lorsqu'elle est venue me voir. Ce jour-là, elle m'a raconté comment à 15 ans, à la suite d'une chute de bicyclette, son amie est morte dans ses bras. Elle se souvient d'avoir senti l'âme de son amie traverser son corps...

— Pensez-vous qu'elle a pris une partie de vous en partant ? lui ai-je demandé.

Surprise par le fait que je ne semble pas être étonnée par sa description, Laura a continué à me raconter comment les semaines et les mois après la mort accidentelle de son amie, elle s'est fait harceler par les gens du village.

— C'est ici dans le ventre, depuis toujours, j'ai cette pression, là. Les médecins ne savent pas ce que c'est. Je n'ai pas le souvenir de ne pas l'avoir eue. Quand mon oncle m'emmenait... (Elle s'arrête.) Il faisait des choses... Il me donnait un lys blanc… (Elle se met à pleurer.) Vous ne pouvez pas imaginer la noirceur des choses qui sont à l'intérieur de moi… Je dois être mauvaise aussi pour avoir une famille à ce point habitée par le mal.

Je la regarde un moment. Nous nous connaissons déjà depuis quelques séances. Sa nature spirituelle, ainsi que le contenu de nos échanges m'assurent qu'au moment où je serai prête à intervenir énergétiquement je n'aurai pas besoin de lui expliquer. En l'écoutant parler de l'abus sexuel infligé par son oncle, je fais une pause. Faut-il la laisser là, dans l'horreur, décrire des choses innommables… ou intervenir ? Le verbe a son importance… et pourtant je décide d'intervenir énergétiquement sans attendre. Je n'ai aucun objet chamanique avec moi, seulement mes mains et mon corps. Alors qu'elle continue de me raconter l'horreur et de décrire cette oppression à l'intérieur de son estomac, je m'approche d'elle.

— Laura, imaginez que la boule est une sorte de bobine de fil. On ne peut pas la retirer d'un seul coup, car trop de votre identité s'y est mélangée, trop de votre histoire est emmêlée avec cette boule de « noir ». Le mal que votre oncle et les autres personnes ont projeté en vous s'est comme enraciné, non pas en tant que mal, mais en tant qu'énergie. Nous allons donc juste tirer, doucement, comme si c'était une bobine emmêlée. C'est moi qui tire, doucement, vous voyez…

Alors que je tire, j'ai ma main gauche à quelques centimètres de son dos, et ma main droite qui tracte l'énergie à partir de son plexus solaire. Je ne vois rien et ne sens rien de particulier non plus. Je suis juste guidée pour faire ces gestes.

— Respirez bien, et chaque fois que vous expirez, imaginez que toute la noirceur est dans le fil.

— Est-ce que vous voyez l'horreur que vous retirez, Claire ?

— Non, l'horreur n'est que de l'énergie enfermée dans la mémoire de votre corps. Il lui a assigné une identité traumatique. Mais dès que l'énergie est libérée, l'horreur redevient énergie et n'a donc ni identité ni nature. Ce que je tire n'est ni bien ni mal, juste de l'énergie. Je ne vois donc rien.

— Ah, c'est mieux comme ça, je ne veux pas que vous voyiez.

Lorsque je travaille chamaniquement, je ne perds jamais la pleine conscience de mes choix. Ainsi, bien que mes gestes chamaniques semblent guidés et complètement intuitifs, je suis capable au même moment de prendre des décisions tout à fait rationnelles. Des pensées très pragmatiques peuvent me venir à l'esprit telles que : « Bon, c'est bien joli, ça, mais la séance finit dans dix minutes. Claire, impossible de nettoyer une enfance d'abus en une seule intervention chamanique… Que vas-tu faire maintenant ? » Je choisis de répondre chamaniquement à cette pression concrète du cadre thérapeutique. J'aurais pu fermer la séance énergétique et utiliser les dix minutes restantes pour la faire revenir au niveau mental. À l'inverse, j'appelle mes alliés et demande que le processus puisse continuer sans moi une fois ma patiente rentrée chez elle. Par chance, j'ai apporté mes cartes d'animaux de pouvoir et elles sont reliées par un ruban.

Je me lève et place le ruban entre les pieds de Laura puis prononce les mots suivants :

— Regardez ce ruban. Ceci est le fil et nous continuons à le tirer, à dérouler la bobine de votre passé traumatique. Votre ventre se libère du mal qu'il ressent depuis trente ans. Ce fil est toujours tenu par moi, je vais vous le donner et vous allez le garder avec vous. Chaque fois que le mal reviendra, vous allez visualiser ce fil, avec mes mots qui l'appellent et laisser le mal de votre oncle sortir de votre corps…(Par terre, j'ai déposé les cartes des animaux de pouvoir.) Vous allez en choisir un qui sera le gardien de ce combat…

Laura regarde les cartes un instant et se penche, elle tire l'écureuil…

— Oh, cela ne m'étonne pas du tout. Quand j'étais petite, la Nature était le seul endroit où je me sentais habitée et protégée. Je passais des heures seule dans la forêt. Je regardais les écureuils chercher puis cacher des glands. Aujourd'hui, c'est pareil pour moi, je sens que je vais retrouver quelque chose de précieux.

Quinze jours plus tard Laura est revenue. Elle raconte avoir beaucoup pleuré, comme si elle pouvait enfin sentir la tristesse de toutes ces années de violence, d'abus.

— Ah, Claire, je voulais aussi vous dire : après que nous nous sommes quittées, l'autre fois, vous savez derrière mon dos, là où vous aviez votre main, eh bien c'était comme si on continuait à tirer le fil, comme si une énergie me traversait et me vidait, et puis j'ai utilisé votre ruban…

Je sais que les Esprits viennent si je le leur demande, mais comme je ne les vois ni ne les entends, il y a bien toujours la partie rationnelle de moi-même qui se dit : « Et si tout cela n'était que le fruit de ton imagination, Claire, juste une façon de décrire ton expérience, influencée par les cultures chamaniques auxquelles tu t'es intéressée ? » Ainsi, lorsque mes patients confirment mes actions sans que j'aie partagé les détails de mon intervention, j'ai toujours un sentiment de joie et de gratitude mêlées d'incrédulité. Je suis à la fois émerveillée et absolument pas étonnée.

La veille, avant de m'endormir, j'avais allumé une bougie qu'une amie m'avait donnée la veille de Noël, une bougie dans un verre décoré d'un lys blanc. Comme celui que son oncle lui donnait avant d'entrer dans sa chambre… Une voix me disait : « Il est temps que les lys blancs ne soient plus associés à la violence incestueuse », et je pensais la laisser brûler toute la nuit. Mais une autre partie de moi hésitait tout de même. Il ne m'était pas tout à fait possible de savoir si je ne jouais pas avec le feu et si, à mon tour, je ne violentais pas un processus qui devait prendre plus de temps. Enfin, cette fois-ci, il fallait choisir, chamane ou psychologue. La psychologue ne pouvait pas intervenir si rapidement et utiliser l'Esprit du Feu pour nettoyer une patiente qui avait peut-être encore un long chemin à faire. Mais la chamane, elle, pouvait choisir de faire confiance à l'Esprit du Feu. Par précaution, j'ai tout de même décollé l'image du lys blanc. En faisant ce geste, je pensais la protéger de l'image de son oncle, encore associée aux lys blancs. Peut-être ce geste était-il essentiel dans ma fonction de thérapeute : respecter son rythme psychologique. Ce faisant, je n'étais pas chamane, car il se pouvait aussi que ce même geste empêche l'Esprit du lys blanc de venir participer au processus de guérison. Les chamans ne sont pas réputés pour leur patience, et en l'occurrence, je filtrais le rituel, et en l'associant à une interprétation psychologique j'en ralentissais peut-être le rythme. J'ai tout de même ajouté quelques offrandes à l'Esprit du Feu : de l'encens, du tabac et je sais que Grand-Père le Feu aime bien le chocolat…

Avant de m'endormir, j'ai décidé que, le lendemain, je travaillerais moi-même avec le Feu durant la séance. Mais je ne savais pas comment.

Depuis que nous avions commencé à travailler, je savais qu'à un moment il faudrait lui ramener son âme. Laura était en complet accord avec le fait que son âme s'était échappée de son corps. Souvent au cours des descriptions de scènes de violence avec son mari, elle-même pouvait dire :

— Je ne ressentais rien, j'étais vide, échappée hors de mon corps.

Et pourtant, quand je lui avais demandé si elle pouvait anticiper comment serait sa vie si elle retrouvait son âme, elle a eu du mal à se projeter dans le futur. Un patient qui n'est pas prêt à recevoir son âme peut avoir plusieurs raisons. Toujours bonnes. Dans le cas d'un abus sexuel, les résidus et la contamination peuvent être encore trop présents, et intuitivement le patient ou la patiente sentira le besoin de se vider encore. Autre possibilité : l'âme échappée du corps peut avoir pendant longtemps servi de protection, seul recours pour survivre à la douleur intolérable. Ou bien encore : les qualités développées pour remplir et survivre au vide peuvent être fonctionnelles. Le patient peut avoir le sentiment que s'il se vide, il perd son identité, ce qu'il est devenu. C'est là que le travail psychologique entre en jeu, pour démêler l'histoire post-traumatique et comprendre quelles sont les parties du patient qui ne servent plus et celles qui servent encore. Ce travail dans la relation thérapeutique permet aussi – et peut-être surtout – de créer un cadre rassurant pour que l'âme se sente en sécurité et veuille revenir. Dans les situations de deuil prolongé, on a vu que c'est parfois le mort qui s'attache au vivant, la loyauté que ce dernier lui porte l'empêche de récupérer son âme. Le chaman traditionnel qui voyage dans le monde des Esprits négociera directement avec le mort ou l'abuseur pour qu'il libère l'âme.

En travaillant avec les deux systèmes, chamanique et psychologique, j'ai appris à créer un espace avec mes patients où la négociation est verbalisée consciemment dans l'échange thérapeutique. Ce n'est qu'une fois que j'ai leur accord que je m'adresse aux Esprits. Par le verbe, nous démêlons ce que le patient s'est approprié du traumatisme et de l'expérience, pour pouvoir s'en détacher et véritablement dire adieu aux énergies qui sont venues emplir le vide créé par le traumatisme. Ces énergies ayant pu prendre la forme d'addiction, d'hallucinations, de pensées négatives, de haine projetée par l'abuseur, de culpabilité, de dégoût, etc., comme je l'ai raconté précédemment.

Laura a vécu de nombreuses années sous l'influence de son oncle, puis d'un mari abusif. Le travail de nettoyage allait forcément durer plusieurs mois, j'imaginais le Feu comme nettoyeur dans nos séances futures, non pas comme parrainant un retour d'âme précipité…

Mais c'était ignorer que mes alliés avaient continué de travailler durant la semaine…

Laura arrive à la séance suivante.

— Claire, je suis prête, la douleur dans l'estomac dont je souffre depuis des années est partie. Vous ne pouvez pas imaginer le nombre de scanners que j'ai dû subir, d'examens… C'était là, le dégoût.

J'ai vu dans ses yeux qu'elle était prête, ce n'était pas la peine d'attendre pour ramener son âme. Mon hypothèse thérapeutique – besoin d'un grand nombre de séances pour démêler le traumatisme – n'avait plus lieu d'être. Bien sûr, rien ne prouve qu'énergétiquement je n'avais pas créé un espace où Laura se sentait en confiance parce que son rythme était respecté. En cela, le travail de psychologue avait eu aussi son sens. Mais devant moi, j'avais une femme nettoyée, vidée, libre, dont le corps n'attendait qu'une chamane pour lui souffler son âme.

Je venais à peine de commencer à travailler dans ce nouveau service mais, quand les Esprits appellent, le contexte ne compte plus. La pièce où je recevais les patients était au fond du couloir, personne ne pouvait me voir ni m'entendre. Je devais tenter le coup. Et de toute façon, les Esprits avaient parlé, je n'avais pas le choix. Laura était prête.

Elle est habillée de noir. Rien, pas même les couleurs, ne peut arrêter la force étrange qui s'est emparée de mon corps. Je lui demande alors de se lever. Aucun des protocoles n'est respecté. Je n'ai pas de protection. Elle se tient debout et non pas allongée. Je n'ai pas ouvert les Directions, et moi non plus je ne suis pas habillée de blanc. Nous n'avons ni fleurs, ni Coca-Cola, ni tortillas pour créer l'autel… Ah si, j'ai du parfum !

Nous pouvons commencer. Je lui mets du parfum dans les mains et lui demande de sentir l'odeur. Ainsi je réveille tous ses sens et ouvre ses chakras en appuyant sur le haut de son crâne. Je lui demande d'imaginer le soleil entrer dans chacune de ses cellules et d'utiliser son souffle pour continuer de dévider la bobine, ainsi deux processus ont lieu simultanément, elle aspire le soleil et expire la noirceur. Durant ce temps, je travaille avec le Feu et laisse monter les Esprits à travers ma voix. Lorsque je chante à partir de chacun de mes chakras comme aujourd'hui, je suis à la fois complètement dans mon corps et absente de mon corps. Je travaille en miroir en projetant le son qui sort de mes chakras dans ceux de ma patiente. Le reflet de la flamme augmente la couleur rouge qui se reflète sur son front, son visage et son cœur. Ensuite j'effectue la même chose derrière elle en travaillant avec mon corps et chacun de mes chakras. Puis je pose la bougie. Je prends ses épaules que je serre très fort, non pas dans un geste violent, mais dans une attitude véritablement ferme. Habituellement, j'appelle d'une voix forte le nom de mon patient, mais on ne doit pas nous entendre. Les Esprits semblent s'être adaptés au nouveau contexte et ne pas trop se soucier du fait qu'il manque les décibels habituels à notre cérémonie. Ensuite, je prononce une courte prière. Alors qu'habituellement le verbe est crucial dans le rappel de l'âme, cette fois la puissance du

Feu et la détermination de son esprit semblent ne se soucier ni du protocole ni des mots. Son esprit se retrouve dans mon souffle. Je crée une Roue imaginaire pour balayer tout l'univers et souffle cinq fois, une fois pour chaque Direction – y compris le Nord-Est – afin, comme je l'ai expliqué auparavant, qu'aucun des recoins dans lesquels son esprit pourrait se cacher dans l'univers ne puisse échapper à mon souffle. Enfin, je contourne son corps et frappe son crâne d'une petite claque qui permet à la cérémonie de se clore. « Tout est en équilibre » sont mes derniers mots.

Ses yeux sont encore fermés. Elle sourit avant de les rouvrir. Bien qu'il semble que mon corps soit l'acteur de cette cérémonie, j'ai aussi le sentiment étrange d'y avoir assisté en spectatrice. C'est un miracle. Une joie intense m'envahit. Les yeux pétillants, Laura dit :

— C'est incroyable, je n'ai pas de mots, je suis complètement différente de ce que j'étais avant.

Nous restons un moment l'une en face de l'autre comme pour laisser place à la magie de l'instant. Puis je la serre dans mes bras et l'accompagne vers la sortie du service. Elle part en me faisant un clin d'œil.

Je sors discrètement et longe le couloir, personne ne sait qu'un miracle vient de se produire, et mon cœur est rempli d'une joie coquine… Les Esprits sont revenus.

Quinze jours plus tard, c'est notre dernière séance, Laura se raconte.

— Rien ne sera plus comme avant, Claire, je suis tellement différente.

Elle m'admirait, mais du plus profond de moi-même, je savais que c'était elle qui m'avait transformée. Elle avait vu une partie de moi à laquelle je n'avais pas accès, et en s'offrant à moi, dans la totale confiance qu'elle portait à mon pouvoir de guérisseuse, elle avait façonné sa propre guérison et fait émerger un autre niveau de ma pratique. Je n'avais fait que continuer un mécanisme qu'elle avait elle-même enclenché à travers sa profonde connexion avec les êtres de la Nature. Je partageais avec elle mon sentiment et ma gratitude envers son ouverture de cœur, mais elle insistait pour m'admirer. Alors, j'ai fini par la laisser faire. Même si je savais que le pouvoir n'était pas en moi, j'éprouvais un certain plaisir au fait qu'elle se trompe. Puis, je l'accompagnai à la porte et la serrai une dernière fois dans mes bras. C'était notre dernière séance, moi la thérapeute et elle la patiente.

Après avoir fermé la porte, je suis retournée m'asseoir. Mes yeux se sont posés sur le bouchon du parfum qui avait roulé sur le sol alors que l'odeur embaumait encore la pièce. Mon regard est devenu flou et la question posée par Laura pendant la séance m'est revenue à l'esprit :

« Claire, est-ce que vous déjà avez reçu un traitement comme celui que vous m'avez donné ? »

D'abord un peu surprise par sa question, je m'étais arrêtée un moment et avais bredouillé quelques mots. J'étais obligée de constater que les rares occasions où mon âme avait été ramenée, elle l'avait été par mes collègues apprentis eux-mêmes, et « simplement » formés au chamanisme. Aucun chaman sibérien ou amazonien n'avait écouté mon histoire, patiemment tiré les fils de mes traumatismes, pour enfin souffler mon âme au moment où je serais prête. Car enfin, écouter les patients n'est pas le métier du chaman, il écoute les Esprits et il parle au patient…

J'avais essayé de répondre à la question de Laura sans dévoiler trop de ma propre personne (habitude occidentale du thérapeute de ne pas se montrer), mais se bousculaient en moi mille images. Mes différentes initiations, mes voyages, mes longues conversations avec les arbres, les rivières que j'avais regardées couler, ma solitude de praticienne, mon sentiment de n'appartenir à aucune lignée, chamane dans un hôpital occidental... Non, il fallait bien me rendre à l'évidence, je n'avais laissé personne me manipuler, me toucher d'une façon aussi profonde que celle qui venait de transformer Laura.

De nouvelles pensées m'ont alors assaillie : ma pratique était-elle éthique ? Qui pouvait la superviser si je ne cessais d'inventer et de répondre aux Esprits tout en étant psychologue ? J'avais dû admettre devant elle :

— Vous avez raison, je crois que je travaille un peu différemment des chamans traditionnels, je n'ai jamais reçu de traitements similaires à celui que vous avez reçu.

Il y avait dans ma voix une sorte de modestie, presque d'excuse, comme si la pertinence de sa question m'avait déstabilisée. Laura m'avait forcée à m'observer, honnêtement, sans détour. Que ferait mon double s'il devait me soigner ? Je mesurais le temps qu'il devrait passer à écouter mon histoire, à démêler mes fils, je sentais dans mon corps les endroits exacts où mon âme devrait être soufflée, et je me voyais être la chamane qui les soufflerait. Puisque j'avais créé seule la sorte de guérisseuse dont j'avais besoin, je voyais aussi l'impossibilité de trouver un maître qui me transmettrait le savoir tel que je le pratiquais.

Je repensais à l'intervention de Laura. Si quelqu'un d'autre posait ses mains derrière le dos d'une patiente ou utilisait un ruban pour extraire le mal intérieur, est-ce que cela marcherait ? Cette technique, personne ne me l'a apprise, je l'ai créée à partir d'autres techniques, elles-mêmes transmises. Je me demandai alors s'il existait une différence entre une technique inventée par un chaman ou un thérapeute dans le cadre d'une relation unique, et une technique, transmise et ritualisée par une culture, une cosmologie ou un modèle thérapeutique. Oui, lorsque j'utilise une technique apprise et transmise, elle possède une énergie qui lui est propre, c'est-à-dire qu'elle peut fonctionner même si je ne suis pas à cent pour cent concentrée. Un peu comme les offrandes Huichol ont une énergie qui appartient à la lignée. Tandis qu'une technique que j'invente repose sur l'intentionnalité : l'énergie qui lui est propre est créée par la profondeur de mon intention, l'outil et la technique devenant alors le vecteur de l'intention thérapeutique. Je suis obligée de rester concentrée pour que cela fonctionne.

Pourquoi le ruban de Laura avait-il continué à fonctionner ? Grâce à la force de notre relation ? Lui avais-je transmis un pouvoir ? Un Esprit était-il venu se loger dans le ruban dès lors qu'elle et moi l'avions consacré par notre lien ? L'Esprit venu se loger dans le ruban était-il le mien ? Ou bien celui des alliés que j'invoque tel un chaman sibérien ? Était-ce l'Esprit repentant de l'oncle de la jeune femme qui par-delà la mort voulait aider à réparer son crime ? Était-ce une partie de l'âme de la patiente qui cherchait à entrer dans son ventre ?

Peut-être est-ce ainsi qu'un Esprit se crée ? L'Esprit serait une entité invisible créée par le mental et l'imaginaire, et tenue par l'énergétique avec parfois pour véhicule la matière (en l'occurrence le ruban) ? En demandant aux Esprits de continuer de soigner Laura en mon absence, je crée les Esprits qui m'obéissent. Je reste la maîtresse du processus et confirme l'hypothèse qu'un Esprit apparaît si le cerveau le crée ou accepte de le percevoir[1]. Selon cette vision, les Esprits n'existeraient

---

1. Cette hypothèse est intéressante, mais elle ne prend pas en compte le fait que les Esprits (comme les Dieux) peuvent finir par posséder une énergie qui leur est propre. Certaines hypothèses d'explication des symptômes d'hallucinations auditives par exemple suggèrent que les voix étrangères à

pas sans les humains. Cette hypothèse se fonde sur l'idée que le cerveau humain est le seul capable de conscience et que notre habileté à utiliser les énergies environnantes dépend uniquement de la puissance de celui-ci.

J'avais maintenant mis les pieds sur mon bureau, vautrée sur ma chaise. Je savais que personne ne viendrait me déranger et toutes ces questions m'amusaient. Je faisais presque exprès de les manipuler, comme on ajouterait de l'essence sur un brasier. Je souriais intérieurement. Rien ne peut arrêter le fil d'une pensée. Les hypothèses pour expliquer la magie du ruban étaient infinies. À chaque question, on pouvait répondre par une théorie différente, en essayant d'intégrer logiquement les concepts occidentaux des techniques de soins aux observations anthropologiques. J'éprouvais une sorte de jouissance amusée à laisser les hypothèses voyager dans mon cerveau et à les multiplier sans fin, sachant qu'il n'existait pas de modèle qui puisse entièrement rendre compte de la profondeur de l'expérience et que si le chef de service entrait dans mon bureau, voyait le parfum ouvert, les rubans traîner par terre et la rondeur de mes cuisses que ma robe remontée dévoilait, il ferait une drôle de tête.

En fait, les compliments de Laura, même si j'avais essayé de les minimiser par respect pour les Esprits et peut-être par coquetterie, m'avaient mise de bonne humeur. Je savais que la richesse de ma pratique résidait dans ma capacité à habiter les deux mondes avec la même intensité, celui de la pensée occidentale et celui des Esprits.

J'aimais profondément penser ma pratique et chercher avec le puzzle conceptuel occidental à expliquer comment il était

---

l'individu seraient créées par un cerveau traumatisé, puis l'énergie dévolue à les faire vivre finirait par les transformer en entités autonomes. En va-t-il de même pour les Dieux ?

possible qu'un thérapeute demande à un bout de ruban de travailler entre deux séances, et comment expliquer le mystère du fait que le ruban semble lui obéir. Et pourtant, l'espace le plus précieux pour moi restait tout de même celui qu'aucune forme de pensée ne pouvait ni appréhender, ni expliquer, ni transmettre. Cet espace-là se trouvait dans la sensualité avec laquelle je pouvais développer une relation avec lui, justement, l'Esprit du ruban.

Je me targuais ce jour-là d'une totale flexibilité dans ma capacité à sauter entre les mondes. Mais il me fallait reconnaître que j'avais eu le luxe du temps. Le chamanisme ne s'était pas imposé à moi de manière violente et déstabilisante. Je n'avais pas été, comme Corinne Sombrun[1], prise d'une transe et devenue loup au fin fond de la Mongolie. Non, l'enseignement aztèque était venu à moi de façon graduelle.

Dans la forme de recouvrement d'âme dans laquelle j'avais été initiée comme je l'ai décrit précédemment, les paroles sont le vecteur énergétique pour aller rechercher l'âme. La prière est l'espace de soins où le niveau mental prend toute son importance. C'est durant la prière que je peux témoigner du travail psychologique que j'ai effectué avec mon patient. C'est durant la prière que je peux signifier au patient que je respecte son rythme et ses loyautés… Comme par exemple durant mon travail avec Vincent.

Il pleuvait lorsque j'ai pris en stop ce grand blond habillé de façon très originale. Sa voiture était tombée en panne sur le bord de la route. Il devait avoir la vingtaine. Malgré sa malchance, il était de bonne humeur et en papotant dans la voiture, nous avons découvert qu'il habitait tout près de chez

---

1. Voir ses nombreux récits : *Journal d'une apprentie chamane, Une Parisienne en Mongolie, Les Tribulations d'une chamane à Paris*, tous publiés chez Albin Michel.

moi. Il enseignait les mathématiques dans la ville voisine et durant les trente kilomètres qui nous séparaient de chez nous, il me raconta comment il inventait des mondes mathématiques magiques, la nuit, et comment il tentait de les faire partager à ses élèves. Je pensais qu'il devait être un enseignant merveilleux à la façon dont il me parlait de ses élèves. Nous décidâmes de faire du covoiturage et, petit à petit, nous sommes devenus un peu amis. Au fil des kilomètres et des heures passés dans la voiture, je découvrais un être divisé, extrêmement créatif. Il avait hésité à étudier les mathématiques, car il voulait en fait être professeur d'art, mais son père l'avait plus ou moins obligé à faire un choix sérieux en le convainquant que « l'art ne le nourrirait jamais ». Il se rongeait les ongles et était apparemment sous l'emprise de ce père qui me semblait désœuvré. Pourquoi enfermer un jeune homme si prometteur ? me demandais-je. Puis Vincent changea de travail et nous nous perdîmes de vue, bien qu'il reçût mes invitations mensuelles pour se joindre au Feu.

Un soir, je le vis venir s'asseoir autour de mon Feu. Il ne prononça pas un mot. J'avais déjà remarqué qu'il pouvait être anxieux. Il resta silencieux tout au long de la soirée, mais lorsque tout le monde fut parti, il demeura avec moi… Je sus alors qu'il était venu chercher de l'aide, je ressentais sa douleur. Je lui parlai ouvertement.

— Reviens mardi soir, nous discuterons.

Le mardi soir, il me raconta son histoire. Né d'une mère âgée disparue dans la nature, il avait été élevé par un père protecteur et voulant tout maîtriser. Vincent avait 26 ans et portait manifestement quelque chose de ce père qui était souvent seul à la maison, s'occupant à fabriquer des maquettes. Le père semblait avoir encore une grande influence sur ce jeune homme qui ne demandait qu'à vivre, travailler et être créatif. Pourtant, Vincent était terriblement angoissé. Parfois une simple question pouvait provoquer chez lui une crise de panique dont il ne pouvait se défaire. Il ne mangeait presque plus, s'isolait de ses amis, l'école dans laquelle il travaillait ne voulait pas renouveler son CDD… Parallèlement à ses symptômes handicapants, il était clair que Vincent avait un potentiel exceptionnel. D'une grande originalité, il débordait d'intelligence et de créativité.

J'hésitais à le prendre en soins, s'agissant d'un ami. De plus je ne voulais pas m'engager sur un long travail. Son histoire me semblait compliquée, ses symptômes pas faciles à soigner… Mais il me demandait de l'aide, et quand les Esprits appellent… Je finis donc par lui dire :

— Écoute, Vincent, je peux t'offrir trois séances de chamanisme, et après on fait le point. Ainsi on pourra voir si tu as besoin d'un soutien plus long, ou bien si ça va comme ça.

J'étais contente de ma proposition, car je m'autorisais à l'aider en tant que chamane mais avais indiqué qu'il me semblait qu'il aurait besoin de bien plus.

Encore une fois, dans mes doutes, je manquais de faire confiance aux Esprits.

Notre première séance se passa à ramener la partie de son âme qui s'était échappée lorsqu'il avait dû choisir entre les mathématiques et l'art. Deux semaines plus tard, il avait arrêté de se ronger les ongles et avait repris sa peinture. En revanche, un autre phénomène était aussi remonté à la surface. Vincent envoyait balader ses supérieurs et lançait des chaises dans la classe tant il avait du mal à contenir sa colère. Parfait, me dis-je, c'est bon signe, l'âme est revenue. Pas étonnant qu'il manifeste tant de colère vu comme il a été pris dans l'histoire émotionnelle de ses parents. Nous avons débloqué quelque chose. Il a retrouvé sa voix et sa capacité à parler pour lui-même. Mais ça n'était pas fini. Il fallait maintenant faire quelque chose pour l'aider à contenir sa colère, ou tout du moins à l'exprimer de façon civilisée. Durant notre deuxième séance, je laissai chanter le tambour. En fait, je laissai vraiment les Esprits chanter en moi, car dans le fond, je restais persuadée que sa grande finesse intellectuelle bénéficierait d'une psychanalyse, et je voyais même à quel point cette découverte intérieure approfondirait et enrichirait son art... J'ignore pourquoi, mais une partie de moi ne pouvait imaginer nettoyer tant de colère en si peu de temps. Ainsi, d'une certaine façon, j'avais cessé d'être psychologue et faisais juste ce que les Esprits me dictaient de faire : chanter et nettoyer.

Quelques semaines plus tard, beaucoup de symptômes pour lesquels Vincent est venu ont disparu. Ses crises de panique se sont espacées, lorsqu'elles apparaissent, elles n'ont plus le pouvoir terrifiant et paralysant du passé. Il mange régulièrement, ne se sent plus si en colère envers ses employeurs et est capable d'exprimer ses réticences de façon adulte et mesurée. Il a repris contact avec d'anciens amis et rompu avec ceux qui ne lui apportaient rien. Il s'est inscrit à un cours de théâtre et a répondu à quelques annonces professionnelles. Malgré ses changements, un détail me frappe ce soir-là. Il a refusé une proposition professionnelle qui me paraît prometteuse.

— Mon père m'a dit non...

Je me tais, sentant ma colère monter. En fait, son père m'agace. Je vois bien qu'il est un vecteur d'immobilité, que Vincent ne s'autorise pas à s'envoler...

Je le questionne plus longuement sur son passé. Il revient aux disputes violentes de ses parents. Enfant, il se revoit se boucher les oreilles tout en essayant de lire pour éviter d'entendre leurs injures. Il se souvient observer délicatement les dessins dans les livres alors que les disputes fusaient. C'était toujours la mère qui semblait gagner, et le père qui laissait passer. Vincent a-t-il appris à protéger son père ? Le protège-t-il encore ? Alors qu'il me raconte cela, il fait nuit dehors. Nous sommes en hiver, je suis fatiguée. J'ai une longue journée derrière moi, probablement démarrée à 5 heures du matin, et il est presque 9 heures du soir. La lumière du coin de mon petit studio illumine son visage, et son corps se met à trembler... Il est là devant moi, l'enfant terrorisé entre deux parents qui se déchirent, le livre d'art posé devant les yeux. Je connais bien Vincent et je sais détecter lorsque ses attaques de panique commencent. Je vois son âme, elle est là, elle flotte, il me suffirait presque de m'asseoir derrière lui et de la lui souffler dans la nuque...

Et pourtant, je n'en fais rien. Je ne bouge pas. Je sais que si je souffle, là, maintenant, l'âme ne rentrera pas... Suis-je chamane ? Suis-je psychologue ? Je ne pourrais dire si je le voyais ou l'avais compris en écoutant son histoire, sans doute les deux, mais je savais au plus profond de moi, que là, à cet instant, si Vincent s'autorisait à récupérer son âme, il tuerait la lumière de son père. Je le vois : durant leurs disputes, le père (et la mère sans doute) s'étaient inconsciemment nourris de l'âme échappée du fils. Dans la réalité comportementale, la dynamique de codépendance du père et du fils était principalement nourrie par l'attitude du père. Mais là, ce soir, c'est la loyauté du fils qui emplit la pièce. Je ne bouge pas, malgré le fait que Vincent tremble. J'ai le temps de m'observer. Si je me lance comme chamane pour lui souffler son âme, je vais perdre Vincent comme allié. Je ne peux le forcer à trahir la loyauté qu'il porte à son père. Je dois négocier. J'ai besoin de l'énergie des ancêtres. Le père et le fils doivent me donner l'autorisation. Je n'ai pas le choix. Il me faut verbaliser mon hypothèse.

— Vincent, as-tu peur ? (Il hoche la tête.) As-tu peur d'abandonner ton père si tu récupères ton âme ? (Sa tension se dissipe immédiatement à peine ai-je prononcé ces paroles Crois-tu que tu vas lui voler de sa lumière ?

Il acquiesce, les yeux fermés… Nous restons silencieux, et, à l'intérieur de moi, je sens monter les mots qui vont former la prière chamanique… J'ignore comment. Peut-être parce qu'à ce moment-là ma propre colère contre le père a disparu, et que j'ai compris qu'il me suffirait simplement de pouvoir appeler la lumière du père. Si le père rend à son fils sa propre lumière, il pourra récupérer la sienne…

— OK, Vincent, nous pouvons commencer. (Je le fais se lever et le nettoie avec les œufs qu'il a apportés.) Voilà, Vincent, laisse sortir de toi le doute. Permets à ton père de récupérer son âme. Libère-toi de ta propre colère afin de faire de la place dans toutes tes cellules pour récupérer ton âme.

Une fois le limpia fini, j'allonge Vincent dans la Direction du Nord, celle des ancêtres, je prends ses pieds entre mes mains, et je prie…

— Terre Mère, Grand-Père Soleil, Esprits des cinq Directions, je vous invite à venir…

Comme à l'habitude, mon cerveau entre dans une « petite transe[1] » et je laisse les mots sortir de ma bouche.

J'appelle spécialement l'Esprit de Charles, le père de Vincent, à venir célébrer le retour de l'âme de son fils à l'intérieur de son corps : « Charles, reprends ce que tu as demandé à Vincent de porter pour toi, et rends-lui son âme. Accepte que dans le courage de ton fils, toi aussi tu puisses te reconnecter avec ton âme, afin que tous les deux vous trouviez une façon équilibrée de vivre… Esprit de l'Ouest, rends à Vincent son intuition artistique, sa voix, Déesse de la guérison, fais couler la vie dans le sang de Vincent… »

---

1. Comme la cérémonie du susto.

'habitude, je finis par « Tout est en équilibre ».
...ent en lui touchant les sept chakras et clos la
... Ce soir-là, j'ai joué gros. Ma négociation va-t-elle
...archer ? Les semaines suivantes me le diront…

Vincent revint un mois plus tard. Ses yeux étaient pétillants. Il avait postulé pour le poste que son père lui avait déconseillé, et leur relation s'était apaisée. Vincent s'autorisait à mettre des limites à la curiosité de son père et l'informait de ses décisions sans attendre son aval, mais sans manquer de respect. Son père, plutôt que de s'en offusquer, comme il l'aurait sans doute fait auparavant, semblait s'adapter et accepter la transformation de son fils avec ouverture et confiance. Une fluidité entre générations était rétablie. Charles avait rendu son âme à Vincent et semblait avoir lui aussi retrouvé une partie de la sienne… Vincent s'était engagé dans un travail psychologique avec un psychologue payé par l'État. Nous pouvions rester amis. Deux mois plus tard, je le croisai à un mariage. Nous bûmes un verre ensemble. Il était resplendissant.

Je ne suis pas toujours consciente du moment ni de la façon dont j'intègre mes deux métiers. Les deux pratiques sont devenues tellement mêlées au fil des années qu'elles semblent ne plus former qu'une. Mais ce soir-là, j'avais bien vu les deux mondes, comme des systèmes séparés. Je me souviens bien du moment où j'ai compris qu'avant de travailler comme chamane il me fallait négocier comme psychologue. Ma tête était adossée contre le mur et Vincent tremblait, la respiration presque coupée. J'avais travaillé avec lui au niveau mental en lui indiquant que je respectais la loyauté qu'il portait à son père. Ce faisant, nous avions pu tous les deux faire apparaître la perspective du père de façon chamanique : sa lumière, son âme perdue… Et ceci tout en rassurant le fils de façon psychologique : le père avait lui aussi une âme autonome, il pouvait la récupérer, et Vincent avait le droit de récupérer la sienne. En verbalisant cette tension, j'avais pu ensuite remodeler le tout en histoire d'ancêtre... Et durant la prière, c'était aussi au père que je m'étais adressée.

Maintenant, j'étais véritablement devenue les deux : chamane et psychologue en même temps. Sans véritablement l'avoir cherché, j'avais développé un modèle d'intervention qui avait une forme particulière

Au fil des années, il m'avait semblé que c'était surtout dans la prière chamanique du recouvrement d'âme que mon métier de passeuse avait pris et prenait forme : passeuse entre le monde occidental où la pensée, les cognitions, sculptent nos psychés de façon si profonde et le monde chamanique où tout est compris comme une manifestation énergétique de l'univers. Mais ce soir-là, je comprenais aussi combien le temps passé avec le patient avant d'entrer au service des Esprits et de les laisser guider mon travail était crucial. Non pas uniquement pour nourrir la prière, mais pour que mon corps aille véritablement ressentir à un niveau énergétique profond la nature de ce qui bloque le retour de l'âme.

Deux sentiments peuvent alors se manifester. D'un côté, si le traitement fonctionne et que je vois que les yeux du patient pétillent, preuve que l'âme est revenue, je ressens alors un sentiment d'intense satisfaction et de plaisir d'un travail bien fait. Mais j'ai aussi parfois le sentiment profond d'une lourdeur spirituelle. Il me semble alors avoir touché ou fait quelque chose de presque interdit, comme si seuls les initiés étaient habilités à manipuler tous les niveaux à un même moment dans un même espace-temps.

Prenons le mystère de l'Eucharistie. Au moment où le prêtre consacre et donne l'Eucharistie, je pense qu'il se passe quelque chose de cet ordre : le mental du pratiquant chrétien s'est mis à la disposition du prêtre et de la Trinité (animant ainsi la capacité imaginaire et mythique du conscient), tout en offrant son corps. De son côté, le prêtre canalise Jésus (mythique) et fait de même. En s'engageant dans un rite (cognitif et culturel) avec les hommes, il entre dans le corps (le niveau matériel) par une transformation énergétique (l'Esprit-Saint qui se manifeste). Ainsi, le sacrement de l'Eucharistie est un exemple de parfait équilibre entre le corps, le mental, le mythique et l'énergétique. Quel dommage que les prêtres cachent leurs plumes, ou plutôt, c'est peut-être mieux qu'ils ne sachent pas qu'ils en ont!

Mais le prêtre s'inscrit dans un système religieux humain millénaire et une institution qui possèdent des règles strictes d'accès au sacré. Lorsqu'il crée du sacré, le prêtre n'est pas seul. C'est ce que j'essayais de décrire en parlant des offrandes Huichol qui ont un pouvoir qu'aucun individu ne peut remplacer. Parce qu'elles sont millénaires et tenues par une communauté humaine, elles véhiculent une énergie plus forte et possèdent ainsi une sacralité plus puissante que celle que je peux créer seule.

Je crois qu'en élargissant les traitements chamaniques à la strate mentale et psychologique j'ai, sans véritablement chercher à le faire, créé une forme de sacré qu'il m'arrive de ressentir comme un gouffre. Comme si mes deux identités, psychologue et chamane, m'avaient permis de canaliser une intensité qu'il est difficile et peut-être impossible d'appréhender seule. Ainsi, à la fin d'un traitement, en parallèle du sentiment de satisfaction, il peut m'arriver d'être prise d'une peur et d'une solitude intenses. Quelquefois je pleure, d'autres fois la peur se manifeste par une sorte de chaleur et de fébrilité. Je sais que je ne suis pas véritablement seule et que les Esprits me protègent, mais je n'ai personne avec qui partager le sentiment d'avoir touché à l'interdit et créé un vecteur de sacré dont l'énergie me dépasse.

Un autre aspect douloureux de ma pratique se manifeste aussi parfois après une séance longue et intense avec des femmes.

Florence était venue pour travailler sur une partie d'elle qu'elle détestait. Elle ne savait même pas véritablement la définir mais elle savait qu'elle n'en voulait plus et cela bloquait son processus. Je l'ai écoutée. J'ai entendu son histoire du plus profond de mon être. Je l'ai pensée à tous les niveaux. Nous avons travaillé avec les êtres sacrés. Les plaines d'Afrique, lui rappelant son enfance, étaient les fondations à partir desquelles elle a trouvé sa base, son coin de solidité. La musique, le rythme des tambours, dont elle se souvenait, lui avaient donné une sorte de structure à travers laquelle elle se sentait suffisamment solide, atténuant la honte, la perversité, les images obsédantes qui l'empêchaient de s'aimer et de la validité desquelles elle n'était pas certaine. Ces souvenirs étaient-ils réels ? Elle n'en était même pas sûre.

Un soir, alors que je l'attendais, j'ai été poussée, comme avec Olivia, à couper des fleurs pour elle, à lui en faire un bouquet, juste pour elle, pourtant, ce soir-là, elle ne venait pas pour une séance chamanique. Mais à peine s'est-elle assise que j'ai su qu'elle était prête. Nous avions déjà fait le travail psychologique, je connaissais son histoire. Thérapeute elle-même, elle avait besoin d'être pensée par une psychologue. Mais ce jour-là, il était clair que cette femme était prête à se faire nettoyer, à se débarrasser des parties d'elle qu'elle détestait. Comme d'habitude quand une urgence énergétique se présente à moi, mon corps est pris d'une sorte de courant et m'anime. Mon esprit est totalement focalisé sur le but de l'opération : extraire et ramener. D'une certaine façon, Claire n'existe plus.

D'ordinaire, peu importe l'état dans lequel je suis. Mes émotions du jour se dissipent pour laisser place à une concentration et une focalisation intenses. Mais parfois, et c'était le cas ce soir-là, mes émotions personnelles ne disparaissent pas totalement. Je suis alors en lien avec la partie de moi-même qu'aucune chamane ou psychologue n'a jamais ramenée, avec la douleur en moi qui elle aussi devrait être évacuée et nettoyée. J'ai une conscience aiguë de la configuration de mon être, à la fois chamane, psychologue et blessée. Je m'observe travailler, investie par les Esprits, et tout se passe comme si je me dédoublais. En fait, et cela pourrait faire sourire, je suis jalouse du traitement que j'offre à ma patiente, comme si une petite voix à l'intérieur murmurait : « Et toi, Claire, personne ne t'a jamais pensée dans ta totalité, en ayant la capacité d'agir sur ton âme, ton corps et ton Esprit. » La voix n'est petite qu'en comparaison avec la force de l'énergie des Esprits qui m'habitent. Ils ont toujours le dessus et l'urgence de l'autre prend toujours plus de place que la mienne. Mais en fait, la voix hurle, et d'ailleurs ce n'est pas une voix, c'est une douleur qui fait trembler toutes mes cellules. C'est la perception aiguisée du fait que je me suis construite en tant que personne qui pourrait soigner la totalité de mon être, s'il était possible de se soigner soi-même.

Mais ce soir-là, c'est Florence qui en profite.

Bien sûr ces pensées, bien qu'elles semblent m'assassiner, ne me font interrompre mon travail qu'un millième de seconde. Certes elles me font visiter le vide qui est en moi, mais toujours je me reprends et comme une virgule dans un poème, j'ouvre mes poumons, laisse l'énergie des Esprits dominer ma personne et retourne soigner Florence. Je tiens ses pieds dans mes mains, et leurs plantes touchent mon front.

— Terre Mère, Père Soleil, Esprits des cinq Directions, je vous prie de venir présider à la cérémonie du retour de l'âme de Florence dans son corps. Venez m'aider à réaligner son Esprit avec le fil de son âme…

La prière traverse mes poumons comme si de rien n'était. Pliée en deux, totalement imprégnée par l'histoire de Florence, vécue par les mots sacrés qui s'échappent de ma bouche, je n'ai plus l'espace physique pour ressentir ma jalousie et ma douleur. Je suis en service, c'est tout. Mon cerveau se met à trembler en allant chercher l'âme de Florence et les mots coulent de mes lèvres. Enfin, après avoir fait le tour des cinq Directions, je souffle dans ses pieds, le bas de son dos. L'âme de Florence semble me traverser le corps pour rentrer dans le sien.

J'ai tout donné.

Une fois la prière finie et l'âme ramenée, la tension redescend. L'urgence est passée. Les Esprits commencent à quitter mon corps et laissent ainsi plus de place à mon ressenti personnel. La douleur réapparaît. C'est aussi le moment où je chante et où mes mains appuient doucement sur tout le corps de Florence. Je scelle par une sorte de berceuse le retour de son âme et confirme à toutes les cellules de son corps qu'elles peuvent faire confiance au processus et continuer de laisser entrer l'énergie de l'âme. Je me laisse complètement traverser par l'amour universel et mes mains sont les vecteurs d'un amour infini (qui, bien sûr, n'est pas de mon ressort mais dont je ressens l'intensité et la pureté). Je suis profondément émue d'avoir été témoin du retour de l'âme de Florence, mais la partie de moi blessée l'envie, car j'ai vu l'amour traverser toutes les strates de son existence.

Je suis témoin du fait qu'à travers ma capacité à m'ignorer si totalement et à la penser à tous les niveaux, l'espace d'un instant, il n'y a eu aucune limite à l'énergie pure que j'ai pu transmettre. C'est à la fois beau et douloureux.

Étrangement, je ne crois pas que ma propre douleur contamine le processus ni ne m'empêche d'être un canal pour ma patiente. C'est une sorte de clivage, de dissociation, qui prend immédiatement fin lorsque Florence ouvre les yeux et que je perçois dans leur pétillement que son âme est bien rentrée. Une lueur indéfinissable.

Quand une patiente est nettoyée, l'espace d'un instant, un fil énergétique semble apparaître entre toutes les femmes abusées du monde, comme une toile qui toucherait même celles encore en souffrance, portant un espoir indescriptible. Alors ma douleur individuelle ne compte pas en face d'une telle beauté et instantanément elle disparaît de mes cellules comme une lampe qui s'éteint et je suis saisie d'une gratitude infinie pour la générosité de la Nature.

La lueur qui entoure le corps de Florence semble presque avoir une couleur. Je la fais se lever et avec les fleurs blanches, je crée une protection pour entourer son corps. Quand elle part, je la regarde s'éloigner, marchant tranquillement vers sa voiture. Je suis heureuse. J'ai fait du bon boulot, mais je suis lessivée, comme un paysage après la pluie.

Je saute dans la mienne, de voiture… et descends à la plage. Je plonge dans la mer en remerciant les vagues de nettoyer mon corps. Je me souviens d'avoir nagé un moment vers l'horizon, puis de m'être tournée vers la côte. Là-haut, dans les arbres de la forêt qui longe la falaise, la toile énergétique qui relie toutes les femmes du monde est alors réapparue.

Chapitre V.

Le départ de Bell

Avril 2013

Elle volait au gré du vent dans la forêt. C'est ainsi qu'elle m'est tout d'abord apparue : pendue à un cintre sur lequel je l'aurais soigneusement posée, s'emmêlant de temps en temps aux branches, puis reprenant son mouvement. La robe blanche de Bell. Elle était à la fois dans la forêt d'origine, où le meurtre avait eu lieu, et dans un coin de mon jardin, entourée d'offrandes, puis suspendue à l'angle de mon cabinet, là où je savais qu'aurait lieu la cérémonie. La robe blanche de Bell, dans mon cabinet, devait être pendue dans la Direction du Nord, car c'est du Nord que viennent les morts en visite, c'est aussi au Nord qu'il faut les aider à partir. La vision semblait aussi dire qu'une fois extraite du corps de ma patiente Sophia l'âme de Bell, morte depuis soixante-dix ans, voudrait passer quelques jours dans le monde du milieu, dans le monde incarné, avant de partir définitivement vers la lumière.

Sophia est venue me voir car elle vivait avec la mort depuis toujours. Sa tante, la sœur de son père, avait été assassinée par son mari désespérément jaloux au cours d'une de ses permissions pendant la Seconde Guerre mondiale. Bell était morte peu avant la naissance de Sophia. Son âme s'était-elle logée dans le corps de la nièce parce qu'elle errait et n'avait pu partir vers la lumière ? Sophia le croyait, en tout cas, et vivait depuis toujours avec le sentiment que l'âme de sa tante la possédait. Cette croyance avait contaminé toute l'histoire de Sophia et toute la dynamique de sa famille, son mari Peter, sa fille Gabrielle et son fils Octave. Après de longs mois de travail thérapeutique, le moment semblait être arrivé pour que Bell puisse quitter le corps de Sophia. Me revint l'honneur de faciliter ce voyage : Bell retournant vers la lumière. Nous étions en avril 2013.

26 février 2014

Et voilà, l'histoire du départ de Bell est écrite. Le chapitre est là, devant moi. Cinquante pages. J'ai tout raconté.

Sophia et moi avons travaillé intensément, des semaines entières, presque jour et nuit. Puis j'avais tout décrit, les peurs de Sophia, les miennes, mes doutes de psychologue, mes frayeurs de chamane. La longue cérémonie de libération et les jours de préparation, les nuits blanches en attendant les instructions des Esprits. J'ai raconté comment ceux-ci étaient venus s'imposer à nous, nous forçant à nous abandonner totalement pour sauter dans l'inconnu. J'ai raconté comment ce grand saut final nous a ramenées au premier arbre, mon premier arbre en Asie centrale. J'ai raconté l'apparition de Grand-Mère le Feu, celle qui garde le Feu au centre de la Terre, et comment l'âme d'une femme morte a pu se mêler à tout un système.

Le départ de Bell

C'était le chapitre le plus imagé, le plus drôle, le plus poétique, le plus émouvant et peut-être le plus essentiel de tout mon livre. Il est encore là, en fait, sous mes yeux.

Et pourtant, quelque chose bloque. Je n'ai pas le droit de garder ce chapitre. En le relisant, je suis prise d'un mal de tête. Toute l'énergie de mon livre semble s'évacuer. Comme si les mots qui décrivent le départ de Bell n'avaient pas le droit d'être couchés sur le papier.

Il me semble entendre un message : « Claire, brûle, brûle, toutes les phrases, toutes les pages, appuie sur le bouton qui effacera dans l'ordinateur toute trace du verbe écrit. »

J'ai peur, je suis attachée à mon travail. Mais la voix ne cesse pas : « Claire, brûle, brûle tout. » Peut-être le Feu a-t-il raison ? Si je renonce à l'histoire de Bell, la robe blanche va-t-elle me révéler un secret ?

« Tout brûler », j'ai un doute, c'est difficile. Je vois bien que pour moi, c'est la seule chose à faire même si je suis triste. Comment savoir si le récit du départ de Bell doit être lu ?

« Claire, va demander aux Esprits. Ce sont eux tes véritables guides… »

Oui, bien sûr que j'y pense, mais il me semble qu'un voyage chamanique serait encore une façon d'éviter le vide, la page blanche, la mort. Le message est simple : « Affronte la mort, détruis tes mots. » Qui plus est, je suis lasse de toujours tout devoir demander aux Esprits. Après tout, ne suis-je pas assez grande pour décider toute seule ?

Les heures passent…

« OK, OK, j'ai compris, je ne peux prendre la décision de tuer cinquante pages sans l'aval des Esprits. Je monte les voir demain. »

28 février 2014

5 h 20, le réveil sonne. Je m'accorde encore quelques minutes entre mes draps tout chauds. Puis, finalement, après un moment… Je descends dans le salon, branche mon casque, m'allonge sous une couverture noire. Le tambour commence à battre.

Immédiatement mon ami péruvien apparaît, mais aujourd'hui, il est différent… Je vois ses os, son squelette, et en face je ressens aussi le mien, de squelette. Je suis habillée avec mes vêtements blancs de chamane, mais nos corps sont faits de cendre. Je sens une sorte de pression dans toutes mes cellules et une peur me prend. Je me ressaisis. Il faut déclarer l'intention de mon voyage chamanique très clairement : « Je désire savoir que faire de mon chapitre sur Bell et la mort. Appartient-il à mon livre ? Dois-je le brûler ? »

Je cherche mes mots… Le squelette de mon ami péruvien réapparaît en face de moi. « Ah, les mots, le verbe, c'est donc bien de cela qu'il s'agit. » Ceux de mon ami Timotheus me reviennent à l'esprit : « Tu prends le risque de tuer le chamanisme si tu l'imprimes et le fais circuler. » Un moment passe. Je ressens dans mon corps le pouvoir et le danger des mots. Puis l'autodafé nazi apparaît et je vois le feu détruire le verbe et la culture. L'image inverse se forme. Lorsque la connaissance est brûlée, ce sont alors les mots qui sont garants de l'Esprit. Le verbe apparaît comme la toile d'araignée qui crée l'Esprit sur terre. Il me semble alors comprendre pour la première fois les mots de l'Évangile selon saint Jean : « Au commencement était le Verbe »… le fil de l'araignée. Oui, les mots sont comme la mort, ils ont les deux pouvoirs, tuer et donner naissance. Le squelette habillé de mon ami péruvien se montre à nouveau et l'un devant l'autre nous faisons un mouvement d'aller et retour, nous devenons cendre, puis nos corps renaissent, nous devenons cendre, puis nos corps renaissent, nous devenons cendre.

Moïse apparaît devant le buisson ardent. Je ressens des frissons le long de ma colonne vertébrale, c'est bien lui, Moïse. Il brûle, il brûle. « Flûte alors, voilà l'Esprit du Feu. » Je le regarde brûler et une sorte de bonheur m'étreint, une pensée me vient : « C'est peut-être pour cela que je suis gardienne du Feu, pour observer les mots, tuer et donner la vie. » Je vois alors Moïse tenir les Tables de la Loi et les dix commandements se superposent visuellement avec le Feu du buisson. Je perds le fil, mon manque de connaissance biblique m'empêche de continuer à voir. J'ai un doute : « Le buisson ardent est-il apparu avant que Moïse ne parte libérer son peuple ? » Il me semblait que les dix commandements lui avaient été donnés après sa traversée de la mer Rouge. Enfin, pas au même moment... Je souris. J'ai le temps de me dire : « Tu n'y connais vraiment rien, ma pauvre fille, tu prétends écrire un livre et tu ne connais même pas l'histoire de la Bible. » Une voix me parle : « Mais non, Claire, fais confiance aux Esprits, c'est vraiment Moïse qui t'apparaît puisque justement tu as oublié son histoire. Concentre-toi, retourne à ta vision. La Bible est une histoire d'hommes, ce sont ses pages imprimées qui ont fait des morts. » Je me secoue pour m'extraire de mon besoin de situer Moïse dans un contexte culturel. Il est bien là mais ne me parle pas comme Ogotemmeli, le grand prêtre Dogon. Le buisson brûle la loi de Dieu. Oui, c'est bien cela, devant moi, mon compagnon le Feu détruit la loi de Dieu ! Et paradoxalement, il se passe quelque chose d'étrange, l'essence du Verbe de la Loi semble naître dans les flammes qui le détruisent.

« Enfin, là voilà, ta réponse, Claire, c'est en brûlant que tu fais naître, tu dois brûler le chapitre de Bell et Sophia, si tu ne le fais pas, les lecteurs n'auront pas le courage de brûler ton livre. » Je souris comme si une simple vérité venait de m'être transmise et repense à l'énergie pure et sans compromis de mon ami qui m'a fait prendre conscience des dangers du verbe écrit. C'est à Vienne que m'est apparue l'idée de demander à mes lecteurs de brûler mon livre une foi lu. « Claire, tu t'échappes, retourne à ta vision. » Le tambour bat toujours et l'image de Moïse s'estompe. Le kapokier se forme au loin. « Où est-il ? » Une mélancolie immense m'assaille.

Le kapokier, mon ami du village mexicain, apparaît. Il me fait presque peur. J'ai le temps de penser, comme si mon voyage se trouvait déjà écrit dans un livre : « Ce serait bien que le lecteur prenne le temps d'aller chercher l'image d'un kapokier sur internet pour qu'il en sache la taille », puis je me propulse de nouveau dans la vision.

Je descends à l'intérieur de ses gigantesques racines et immédiatement une sorte de miel blanc m'accueille. Il semble épouser la forme du tronc qui se présente comme une feuille ou du tissu. Voilà, tout est là, dans le centre du kapokier. C'est l'arbre mythique de la création, il n'y en a pas d'autre. Il contient toute la mémoire de l'humanité. C'est en lui qu'est écrit et brûlé le verbe. Dans ses racines est contenue la mémoire de tout ce qui a jamais existé, été mémorisé. Je vois alors les pages de mon chapitre brûler, toutes. Je les jette dans le Feu. Il n'en reste plus une seule et mes cellules ressentent ce moment étrange où l'état d'incarnation se dégrade, cet entre-deux où la disparition est synonyme de libération. J'éprouve la mort et au même moment la mémoire naît. Je vois les cellules du kapokier s'ouvrir et inviter toutes les informations qui étaient dans mon chapitre à venir habiter son tronc. Elles sont maintenant éternelles. Le départ de Bell et la libération de Sophia sont mémorisés à jamais par l'arbre mythique. Je ressens une sorte d'orgasme dont j'ai du mal à définir s'il est spirituel ou physique. La mort et la naissance au même instant.

« Claire, voici les instructions : tu laisseras sept pages blanches à la fin de ton livre. Ne t'inquiète pas pour les détails d'impression, on interviendra s'il le faut. Ainsi, une fois la dernière ligne lue, chaque lecteur, s'il le désire, pourra prendre une des sept pages blanches et la brûler. Il lui sera alors donné de ressentir la mort et la naissance au même moment. Chaque fois qu'une page de ton livre sera brûlée, le kapokier tremblera. Un jour, mais tu as encore le temps, tu auras le courage de brûler ton livre toi-même, d'effacer toutes les traces électroniques de tes mots. Les mots de ton livre ne pourront épouser le kapokier et ainsi être contenus dans la mémoire de l'humanité qu'une fois le dernier exemplaire brûlé. Il n'y a d'éternité que dans la mort. »

Je me vois alors assise devant mon petit Feu, il fait froid, humide et la pluie ne cesse pas. Le tambour ralentit. « Flûte, il faut faire demi-tour, remonter le kapokier, mes cellules, les dix commandements, l'Égypte, Au commencement était le Verbe, l'autodafé nazi, mon ami péruvien », et de nouveau je vois nos squelettes tomber en cendre, puis renaître, tomber en cendre, puis renaître.

Et j'entends Bell me murmurer : « Claire, la mort est blanche et non pas noire. »

Le tambour se tait.

1ᵉʳ mars 2014

La tempête récente a fait tomber un gros arbre. La ville l'a coupé et a laissé ses branches. C'est un charme. Son bois brûle même lorsqu'il est vert. Je passe la journée à couper, scier, mettre en sacs. Je fais plusieurs voyages jusqu'à la maison. Une telle récolte est chose rare. Cadeau de la Terre Mère. Le Feu est prêt à brûler l'histoire de Bell et moi, comme d'habitude, je suis prête à faire ce qu'on me dit.

Je tiens Sophia au courant et lui envoie un mail. « Sophia, le chapitre de l'histoire de Bell doit partir, les Esprits l'ont dit. »

Elle m'envoie un mail le lendemain…

« Chère Claire, je n'ai pas la tête sur les épaules aujourd'hui mais voici quelques pensées qui me sont venues juste après avoir lu ton message[1]. Je suis sortie faire une longue promenade et le "Verbe" m'a sauté à l'Esprit. C'est alors que les premières lignes de l'Évangile selon saint Jean sont réapparues : "Au commencement était le Verbe, et le Verbe était auprès de Dieu, et le Verbe était Dieu." Je me souviens d'avoir été inspirée, il y a quelques années, par la relation profonde entre le Verbe et le Son. J'avais alors compris, cela m'était apparu comme une évidence : c'est la voix de Dieu faisant écho dans l'infini vide de l'espace qui est la première vibration qui a créé tout l'univers. Le premier Son, le premier Verbe.

« Je comprends maintenant pourquoi le Verbe écrit a besoin d'être brûlé. C'est afin qu'il puisse retourner vers la lumière du créateur, où est sa place. Bien sûr, la mort est blanche parce qu'elle reflète la lumière pure de la Source divine. C'est dans cette lumière que nos esprits se reposent et voyagent à travers le temps et l'espace. »

---

1. J'avais en effet brièvement raconté à Sophia le contenu de mon voyage chamanique sans pour autant mentionner les mots de la Bible qui étaient apparus…

Le départ de Bell

Je fermai les yeux après avoir reçu le mail de Sophia. Moi qui me plaignais de ne pas avoir de maîtres incarnés... elle était là, Sophia, c'étaient elle et sa tante qui m'avaient déjà tant appris.

Quelques heures avant que les invités n'arrivent, le Feu parle : « Laisse tomber les autres offrandes, Claire, je ne veux que du riz ce soir... pour retourner au premier son, souviens-toi du prêtre hindou de Katmandou, il t'avait montré Om, la première parole, le premier son de l'univers. »

Une fois que mon tambour chante pour chacun des invités, ma voix voyage à travers leur histoire et l'énergie n'est plus de mon ressort. Je chante pour Bell, et au moment où je brûle les pages pleines de mots, je la vois partir vers les étoiles. Il ne fait aucun doute que l'instant est joyeux et je vois Bell enfin libérée du corps de Sophia, et Sophia autorisée à accepter la vie. L'Esprit du cerisier apparaît et celui de Grand-Mère le Feu, ronde, gardienne. Elle ne laisse personne approcher le centre de la Terre. Moi aussi je suis joyeuse d'avoir laissé mon chapitre partir, se transformer...

Encore une fois, je n'avais pas rangé le bol en métal dont le centre n'avait de fond que grâce au grillage maladroitement fixé au rebord. En fait, c'est assez joli lorsque le Feu brûle, car le reflet de ses flammes éclaire la terre juste en dessous.

Il a plu toute la nuit depuis le Feu qui a aidé Bell à retourner vers les étoiles. Alors qu'un rayon de soleil montre son nez, j'en profite pour venir m'asseoir sur le banc et boire un café.

Quelque chose de quasiment imperceptible est encore actif dans l'espace qui a accueilli l'assemblée. Une transformation similaire à celle que provoquent les offrandes Huichol, mais aujourd'hui, ce n'étaient pas elles, non... Je reste assise, tentant de percevoir exactement la subtilité du moment.

Puis je comprends… mon cœur s'emplit d'une immense joie : subtile, presque indétectable et pourtant incontournable, Om, le premier son de l'univers, a laissé sa trace dans mon jardin…

L'espace d'un court instant, j'entends encore le Feu me dire à Katmandou : « C'est avec Om que tu dois travailler, Claire, l'énergie originelle… Je serai là. »

Parenthèse

— Et les sept pages blanches pour représenter la mort, qu'en pensez-vous, Sophie ?

Mon éditrice m'avait regardée avec un petit sourire, à la fois gentil et amusé, presque tendre mais dont je pressentais, même si j'apprenais seulement à la connaître, qu'il cachait une décision sans retour.

— Comment vous expliquer, Claire… On n'a pas besoin de vingt mètres de papier pour dessiner une baleine.

Nous avions ri. Elle avait raison.

Flûte, pensai-je, elle m'a eue. Bon, tant pis, les Esprits devront s'aligner.

En fait, pour représenter la mort, il n'y eut besoin ni de baleine ni de pages blanches. Quelques mois plus tard, le 25 avril 2015, la terre tremble au Népal. 7,8 sur l'échelle de Richter. Les secousses se font sentir jusque dans les montagnes tibétaines et les plaines de l'Inde. Des villages engloutis sous les décombres, des milliers de personnes sans abri, la ville de Bhaktapur, en grande banlieue de Katmandou, classée au patrimoine de l'humanité, est pratiquement entièrement détruite, des monuments historiques centenaires tombés comme des constructions d'allumettes, huit mille personnes trouvent la mort, la plupart ensevelies sous les décombres.

Dix-huit mois plus tôt, j'étais partie au Népal. Aujourd'hui, les deux cents pages sont là, sur mon étagère, inspirées pour une grande partie par l'énergie de ce voyage, celle des âmes des habitants si subtile et émouvante, celle des montagnes sacrées et de la tradition tibétaine. Comment oser les faire devenir un livre alors que le Népal souffre autant ?

« La mort est blanche et non pas noire », quelle phrase ridicule...

Les semaines passent... Vient le jour où Sophie m'écrit : « Claire, la date de lancement est confirmée, vous avez dix jours pour nous envoyer votre manuscrit final. »

Je suis au pied du mur, dix jours pour trouver les mots justes. Je ne les ai jamais trouvés...

Le jour arrive où je dois poster le manuscrit. Au moment où je le vois disparaître dans le sac, j'entends une voix : « Tu as raison, Claire, laisse-le partir, c'est en vivant que l'on rend hommage aux morts. »

Je ferme les yeux. Éditions Fayard, rue du Montparnasse, Paris. La vie continue.

Chapitre VI.

La Montagne sacrée

En septembre 2013, je rentrais du Népal et mon corps tout autant que mon âme avaient été immergés dans la culture bouddhiste et hindoue. Bien sûr, j'avais rapporté un grand nombre d'artefacts dont je m'étais empressée de décorer mon studio. J'accueillais cette après-midi-là ma première patiente et, pour créer l'espace sacré, j'avais levé les bras en l'air, comme d'habitude. Comment expliquer, j'avais fait ce geste tellement souvent au cours des dernières années qu'il était devenu, sinon désincarné, tout du moins machinal. Les Directions, celles qui m'avaient formée, transformée, soutenue, celles qui avaient guidé mes traitements depuis tant d'années, je leur portais une loyauté à toute épreuve. Ainsi je m'adressai à la Direction de l'Ouest, celle de l'eau, de la féminité et de la femme, mais alors que j'appelais son nom, visualisant et honorant sa déité, je ressentis une sorte de froissement énergétique… « Que se passe-t-il ? Elle boude ? » Je souris. « Non, Claire, une Direction ne peut pas bouder ! Les Directions font partie de la Nature… Elles sont là, toujours, depuis des milliards d'années… Recommence. » « Chère Direction de l'Ouest, merci de ve... » Non, je ne rêvais pas, l'énergie n'était pas exactement absente, mais elle refusait d'entrer dans l'espace que je lui demandais de créer. Oui, c'est bien cela, la Direction de l'Ouest boudait, c'est bien le mot, comme un enfant vexé, refusant d'obéir à ses parents... Une envie d'éclater de rire me prit. En un millième de seconde, mon expérience népalaise se récapitulait en détail devant mes yeux, de la montagne sacrée aux temples bouddhistes, le Feu hindou, le chaman tibétain, les habits colorés, les bijoux autour de mon cou, mes bras, les artefacts et drapeaux de prières tibétains dont j'avais décoré mon jardin, le tapis hindou. Je ne pouvais le nier, l'énergie népalaise avait, au moins à ce moment-là, détrôné les Dieux aztèques.

Mais qui des Dieux ou des Directions se sentait révoqué ? Les Directions pouvaient-elles être jalouses ? Ou bien est-ce les Dieux aztèques qui étaient mécontents ? Les Directions existent dans toutes les cultures, mais les Dieux, eux, n'ont qu'une seule histoire.

Je paraissais surprise, mais en fait, je n'étais pas si étonnée. Je serais malhonnête si je niais que la bouderie de la Direction de l'Ouest n'avait pas immédiatement fait écho à une sorte de culpabilité intérieure. Au fond de moi, je savais que je m'étais laissé séduire par Bouddha et Shiva. Refusant toute filiation, je laissais n'importe quel Dieu m'attirer. J'étais infidèle par définition. N'avais-je pas, l'année précédente, réussi à faire disparaître mon passeport afin d'éviter de m'affilier au Dieu du Feu Huichol ? J'aimais cet aspect de mon caractère, et pourtant ce sentiment de paix intérieure devant ma façon de procéder s'accompagnait de temps à autre d'un certain doute face à ma légitimité de chamane. Ainsi la bouderie des Dieux était-elle peut-être une projection de mon doute intérieur ?

Non, je ne doutais pas. Du plus profond de mon être, j'avais appris à différencier dans l'énergie qui arrivait à l'intérieur de la Roue ce qui relevait de ma personne et de mon corps, et ce qui appartenait aux Dieux ou à la Nature. Et ce soir-là, je savais que le blocage que je ressentais ne m'appartenait pas... Oui, la Direction de l'Ouest était bien jalouse de Bouddha, jalouse de Shiva, jalouse du chaman Pau Nyiama Dhondup, jalouse de la Montagne sacrée et peut-être même jalouse de mon tapis !

Les Dieux sont-ils des ponts conceptuels inventés par les humains pour récupérer l'énergie de la Nature, ou bien la Nature a-t-elle une intention qu'elle canalise à travers les Dieux ? Les Dieux se nourrissent-ils de l'énergie naturelle qu'ils canalisent et s'énervent-ils quand leurs admirateurs vont puiser à une autre source, un autre Dieu ? Soudain, j'étais abattue par l'énormité de ces questions. Je m'assis un instant. Puis recommençai à sourire. « Claire, ta patiente arrive dans dix minutes, tu n'as pas le temps. »

Je fermai les yeux et le Dragon apparut.

Peu avant de partir au Népal, j'avais passé un week-end sur la côte du Devon, et un Dragon avait surgi. Enfin, surgi, façon de parler, dessiné dans les rochers de la côte...

Depuis deux jours nous avions planté notre tente dans le champ qui surplombait la mer. Ce soir-là, il m'était impossible de m'endormir. Dans l'après-midi nous avions longé la côte et dans le recoin d'un chemin, une plage, sculptée dans le rocher, était apparue. C'était notre premier soir et Nick avait suggéré d'aller pique-niquer. Avant de partir, j'avais insisté pour emporter de quoi faire un Feu. Les bûches, assez lourdes et les branches, plus petites mais désordonnées, me rentraient dans les côtes. Elles s'échappaient de mon sac : un grand truc assez incommode qui ne pouvait être porté que sur l'épaule. Je ferais un Feu coûte que coûte sur la plage escarpée. J'avais payé assez cher pour être gardienne du Feu indépendante et nomade, je n'allais pas me laisser démonter par un sac inadéquat.

La vue au détour du chemin, non loin du camping, était époustouflante de beauté. À mesure que nous marchions, la lumière devenait plus tamisée et autorisait les yeux à distinguer les subtilités de la côte, d'abord cachées par le contre-jour. C'est alors qu'à l'horizon la protubérance marquée par les rochers fit apparaître un formidable Dragon. Sa tête s'avançait dans la mer, comme s'il avait pris une grande gorgée d'eau et la plage vers laquelle nous nous dirigions formait la partie du corps entre son tronc et sa patte. Elle semblait aider le reste du corps à sortir de l'eau. On aurait pu dire un dinosaure, mais il y avait quelque chose de mythique dans la perfection des formes que la Nature avait prises, et quelque chose dans le mouvement du reste du corps donnait l'impression d'un envol.

Alors que mes sandales glissaient sur le chemin en biais, déstabilisant mon corps déjà alourdi par le poids du bois, j'eus le temps de penser à cette danse entre le mythique et le paysage. Notre cerveau distingue-t-il des formes insolites dans la Nature parce qu'il les a déjà vues ailleurs ? Bien sûr, il est probable que ce soient les formes insolites de la Nature qui inspirent le mythique, mais peut-on imaginer qu'en retour le mythique influence l'expression de la Nature ? Ou bien la Nature répondrait-elle à une réalité déjà perçue, la reproduisant au gré des hasards ?

Une fois arrivée sur la petite plage qui marquait l'épaule du Dragon, je me déshabillai pour sauter dans l'eau. Mais la lumière déclinait et une sorte de peur m'envahit. La mer était dangereuse et je m'arrêtai donc avant de sauter dans les vagues, immobile, avec le respect que je portais à la mer, consciente de la vulnérabilité de mon corps. Je compris qu'il ne fallait pas y entrer. Je n'étais pas venue pour me baigner. La force têtue qui m'avait poussée à porter ce stupide sac de bois jusqu'ici ne relevait pas de moi. La Nature m'ordonnait d'allumer un Feu. Le Dragon était sorti de son antre.

Je ramassai de grosses pierres et des galets pour préparer le Feu. Nick, mon compagnon – old gentleman, que j'appelle ainsi pour éviter de souligner notre trop grande différence d'âge –, m'aida à créer le foyer du Feu. La nuit était maintenant complètement tombée. Sans réfléchir, je pris alors le reste d'une grosse branche dont le bout était encore embrasé et allai me percher sur un petit rocher que la marée battait. Le contour du paysage formait comme une sorte de cage qui entourait la baie escarpée. Sans mettre de mots sur mon geste, j'utilisai instinctivement la bûche comme un crayon et avec la braise je suivis les lignes de l'horizon. Je n'avais aucune intention… Et pourtant au moment où mon cerveau prit conscience du fait que je n'avais pas d'intention, je cassai le moment. La bûche qui suivait le dos du Dragon et les vagues qui maintenant éclaboussaient allègrement le bas de ma jupe m'aidèrent à me réinstaller dans le présent… J'oscillais entre ce geste sans intention et la conscience de mes pieds nus dans la mer. J'avançais le long du dos du Dragon et j'entrais dans une dimension sans nom. Je m'entendais penser… « Pourtant l'intention est au cœur du travail chamanique, c'est l'intention du patient qui l'amène chez le guérisseur. C'est l'intention de mes chants qui dirige et fait bouger les maux. » Mais ce soir-là, c'est l'inverse qui se passa : l'absence d'intention de mon geste avait créé un lien indescriptible entre la côte, le Dragon et les cellules de mon corps.

Dans mon sac de couchage, je ne trouvais pas le sommeil. Je pouvais sentir à l'intérieur de moi la même transformation énergétique que celle que j'avais ressentie après avoir rencontré le Feu deux ans auparavant. Cette alcôve maritime m'avait touchée... En fait, j'avais le sentiment que le Dragon de la côte m'avait initiée. C'était à la fois une énergie nouvelle qui me touchait mais aussi une énergie que je connaissais déjà et instinctivement, je savais que cette initiation avait à voir avec l'esprit de la Nature. Une nouvelle porte s'était ouverte en moi.

Nous étions dans un camping et les voisins avaient fait une petite fête pour les 40 ans d'un homme dont le prénom était écrit sur une banderole : « Bon anniversaire, Ben. » De mon lit, je pouvais voir leur feu de camp et ressentir son énergie. J'aurais aimé aller m'asseoir près du Feu. Il aurait été simple de traverser le champ. Les gens m'auraient certainement accueillie dans leur fête, mais c'était le Feu qui m'appelait, non la fête. Qu'aurais-je pu leur dire ? « Euh... Je suis gardienne du Feu. J'aimerais parler au Feu, s'il vous plaît... » Je souriais intérieurement en m'imaginant me présenter de la sorte... « Mais en fait, qu'est-ce qu'une gardienne du Feu, Claire ? Que veux-tu dire lorsque tu dis cela ? »

Je regardais le Feu des fêtards de loin et je savais que le Feu dont je parlais, je ne pouvais m'en approcher, comme si, en disant que j'étais gardienne du Feu, je prononçais des mots que moi-même je n'aurais pu expliquer. Quelque chose qui relève de l'indicible.

Le vent s'était levé maintenant. La nuit avançait, je me tournais et me retournais dans mon sac de couchage. Petit à petit les invités étaient allés se coucher, le silence s'était installé dans le camping, comme un voile. L'énergie autour du Feu avait changé, de sociale, ayant animé la soirée, elle était devenue sacrée... Je la connaissais bien, cette énergie.

Je m'assoupissais et le dessin de la côte du Dragon apparaissait sous mes yeux. Chaque fois, alors que je semblais plonger dans le sommeil, je me réveillais en sursaut comme si le Feu voulait me parler. Je voyais ses braises. Non, le Feu ne voulait pas parler avec moi, il voulait s'adresser à Ben, l'homme dont c'était l'anniversaire. Oui, c'est cela, le Feu me réveillait pour que j'aille parler à Ben. « Mais enfin, il est 2 heures du matin. Je ne vais pas aller réveiller un homme que je ne connais ni d'Ève ni d'Adam, qui dort dans une tente avec sa femme, pour lui dire que j'ai un message du Feu !!! » Je riais intérieurement en essayant de raisonner le Feu et de me rendormir... Je m'assoupis encore... et le Feu me réveilla de nouveau en sursaut.

Cette fois-ci, je sors. La nuit est merveilleuse, j'enfile une paire de sandales en plastique qui permettent à mes pieds de ressentir la rosée de l'herbe tout en les protégeant du froid du sol. Je regarde le ciel, et chaque étoile semble avoir une place particulière, comme un manuscrit indéchiffrable. Il est clair que je suis témoin d'un moment particulier dans la vie de cet homme. Il dort, sans doute un peu saoul, entouré de ses amis et du Feu, qui désespérément essaie de lui parler. Le Feu me demande d'aller chercher une des petites pierres que j'ai ramassées dans l'après-midi sur la plage et d'aller la mettre dans le Feu. Demain, je devrai aller transmettre ce message à Ben : « Le Feu veut te parler. » Le message est presque lumineux. Il me permet de m'observer moi-même, en chemise de nuit, les pieds dans l'herbe, entre les mondes. À ce moment-là, je peux voir avec une clarté infinie les différents mondes qui opèrent constamment : le monde incarné de la matière, l'herbe mouillée qui me rappelle à ma nature humaine, ma tente pleine de courants d'air, la fête sympathique de ce groupe d'amis, Ben dormant comme un bienheureux dans sa tente, et celui des Esprits, invisibles, et pourtant hurlant presque à travers les astres, le Feu, la forme fantastique de la plage. Je m'observe, avec une certaine compassion pour moi-même. Je comprends pourquoi j'ai besoin de m'appeler chamane. Je n'ai pas trouvé d'autre mot pour décrire cette position entre les mondes, pour donner sens à ces ordres constants qui semblent venir des Esprits. Notre monde matériel est presque totalement aveugle à celui des Esprits et le monde des Esprits assaille les personnes comme moi qui ont la chance, ou la malchance, d'être suffisamment ouvertes pour les entendre.

Certains deviennent fous, d'autres chamans, d'autres encore trouvent un langage mieux compris par la société occidentale, artiste, musicien, poète. Je lève les yeux, et c'est presque comme si je pouvais voir le message que les astres et le Feu veulent transmettre à ce pauvre Ben. Je ne sais ni le lire ni même en comprendre la nature, mais je sens énergétiquement que les Astres et le Feu appellent cet homme, et que je suis, en apparence, la seule à entendre leur appel. À moins que Ben lui-même ne soit en train, à ce moment précis, de faire un rêve qui lui indiquera le message.

Je marche jusqu'au milieu du champ, et une fois relativement proche des restes du Feu, je retire mes sandales et approche dans l'herbe froide. Surtout je ne veux réveiller personne. Je lève la pierre que j'ai choisie pour Ben dans les quatre Directions, la bénis, et demande au cœur de Ben d'être ouvert au message du Feu. Je la plonge ensuite dans la braise et retourne vers ma tente. J'ai fait mon devoir. Dans ces cas-là, une petite joie m'étreint toujours le cœur. Le sentiment de savoir quelle est ma place dans l'univers. Je regagne ma tente, m'enfile dans le duvet et m'endors immédiatement.

Le lendemain, le soleil a disparu. Il fait un temps venteux et la pluie s'annonce. Nous rentrons à la maison pour reprendre le travail.

Je sais que ce qui s'est passé ce week-end-là n'est pas anodin et je me demande si cela est en lien avec mon départ imminent pour le Népal.

Je vais rendre visite à une amie dont la maison jouxte une petite rivière qui descend de la colline. Dans son jardin, derrière la maison, se trouve un cerisier sous les branches duquel je me suis souvent promis d'aller méditer. À peine ai-je atteint la frontière énergétique de l'arbre que je suis happée par sa force et sa clarté. Le cerisier russe apparu dans mon rêve un an plus tôt me revient à l'esprit, celui-là même que je m'étais promis de dessiner sur mon tambour. Puis vient l'énergie du vieil homme et des deux sœurs qui doivent se partager le domaine. Je m'avance alors vers le tronc de l'arbre et Berlin, la Russie, l'Asie centrale, le Transsibérien, toutes mes années de jeunesse, l'appel des chamans sibériens auquel je n'ai pas su répondre apparaissent comme un fil que je peux tirer…

Je suis maintenant dans l'avion vers le Népal et je tapote sur l'écran devant mon siège. C'est bien pratique de pouvoir regarder ce qu'on désire. Mais non, je ne rêve pas, l'itinéraire de l'avion qui nous transporte de Londres à New Delhi et qui apparaît sur l'écran suit presque exactement l'itinéraire de ma vie passée, Berlin, Varsovie, Kiev, le nord de la mer Caspienne vers la mer d'Aral… L'avion va-t-il survoler l'arbre, cet arbre qui m'a appelée une vingtaine d'années plus tôt ? Alors que l'appareil s'enfonce dans la nuit, survolant l'Asie centrale, le fil de ma vie réapparaît…

Arrivée à Katmandou, la ville m'apparaît familière, comme si les choses étaient évidentes. Je regarde le chauffeur, est-il tibétain ? Il en a quelque chose dans les traits… « Oui, je suis bouddhiste, un peuple proche des Tibétains », me dit-il. Il n'est pas difficile de reconnaître presque instinctivement la particularité des différents peuples népalais, ceux qui sont de la montagne et le plus souvent marqués par les influences bouddhistes, et ceux qui sont hindous, dont les traits sont moins asiatiques et plus indiens.

Le quartier que nous habitons se trouve dans la vieille ville et toutes les boutiques sont dévolues au tourisme. On s'y promène : « Namaste », « je salue le sacré en vous », c'est ainsi qu'on se salue, les deux mains pliées l'une contre l'autre. Un véritable échange, au niveau de l'âme, est possible. Les vendeurs sont assis, certains en tailleur, devant leurs magasins et semblent regarder la vie passer. Il y a dans leur stature un rythme évident, différent du nôtre. Ce n'est pas juste le fait qu'ils ne bougent pas. C'est la fluidité de leur contact avec le monde.

Katmandou apparaît chaotique. Les rues sont à moitié faites de terre. Il n'existe pas de feux de circulation. Aux croisements des grands carrefours, à partir de 8 heures du matin, un personnage, souvent portant un masque pour se protéger de la pollution, fait la circulation. Mais la plupart du temps, tout est négociation individuelle. Au son du klaxon qui veut dire « j'arrive, je dois passer ». Dans les toutes petites rues, la circulation est aussi étonnante. On y voit des voitures, des vélo-taxis, des mobylettes, des piétons, quelques vaches, des chiens, tout cela circule dans ce qui apparaît comme un chaos monstre. Et pourtant, au fil des jours, on comprend que c'est un chaos totalement naturel dont le rythme semble faire écho à quelque chose de plus grand.

Rien n'est indiqué sur l'avant des bus. Il n'y a pas d'arrêt visible, et les chauffeurs ont l'air d'adolescents qui auraient grandi trop vite et volé le camion de leur père. Sous le rétroviseur, une statue de Bouddha ou de Shiva. Parfois la statue de

Shiva est entourée de fleurs, ou de petites offrandes discrètes. Puis, à l'entrée, un autre jeune homme dont le rôle est double : haranguer les passants en criant la destination du bus et faire payer les billets. Ces jeunes hommes, aux traits souvent d'une grande finesse, me font penser à des danseurs. La particularité de ces transports est que tout le monde est entassé. Il est impossible d'être dans son propre monde. La situation force la communication, même si elle est silencieuse. Les corps se touchent et tout le monde est courbé. De temps à autre, des femmes népalaises d'une époustouflante beauté, vêtues d'un sari, montent et se calent dans les sièges. Quelque chose dans la fluidité de l'énergie qui circule dans le peuple népalais me permet de mieux comprendre combien la lourdeur du mental des Occidentaux définit leur nature.

Cela fait trois jours que je suis seule avec mes enfants. Ils sont ouverts à l'expérience extraordinaire de ce voyage, mais n'ont aucunement l'intention de changer leur comportement. En fait, leur personnalité occidentale est confortablement ancrée. Ils n'ont honte ni de leur être ni de leur façon d'être au monde. Ma fille a porté des chemisiers à manches longues les deux premiers jours. Ensuite, épuisée par la chaleur, elle a décrété qu'elle « s'en foutait de montrer ses épaules ».

— Maman, si mes seins dépassent un peu, tant pis.

Ceci à la grande joie des jeunes Népalais qui la dévisagent lorsqu'elle marche dans la rue. Lors de nos déplacements, elle ne se gêne pas pour mettre ses gros casques d'iPod sur ses oreilles et écouter sa musique dans le bus bondé. Il y a dans cette capacité à être complètement centrée sur soi quelque chose que j'envie. L'observer exister et bouger dans le monde me force à réaliser à quel point je fonctionne de façon diamétralement opposée. Ma sensibilité à l'autre ou l'image que je m'en fais est telle qu'elle prend immédiatement la priorité énergétique sur mon expérience. C'est cette qualité qui me permet d'aller pêcher au plus profond de mes patients. C'est aussi cette qualité qui rend mes frontières poreuses et me fait parfois oublier le contexte socioculturel et institutionnel dans lequel j'exerce. En fait, ça n'est pas toujours une qualité mais une forme d'empathie poussée à son maximum.

Depuis mon arrivée au Népal, ce phénomène va jusqu'à m'empêcher d'utiliser mon appareil photo, tant le geste me paraît intrusif. Les premiers jours de mon voyage, alors qu'une partie de moi était tout à fait à l'aise dans la société népalaise, j'étais aussi extrêmement consciente de ma nature d'Occidentale. Elle m'empêchait de me fondre et de me déplacer en devenant anonyme.

Je repense aux quatre niveaux de manifestation : la matière, le mental, l'imaginaire/mythique et l'énergie. Chaque homme, enfant d'une culture, fonctionne dans la danse de ces quatre formes de manifestation. Il me semble que chez les Népalais, c'est le niveau spirituel qui prédomine. La réalité matérielle est si chaotique et imprévisible que l'existence ne peut se fonder sur des notions telles que l'identité professionnelle, la possession d'une maison ou la perspective de toucher un jour une retraite, comme c'est le cas pour nous en Occident. Ainsi, il existe une plus grande souplesse entre le niveau énergétique et la vie matérielle.

Cette souplesse nous manque, à nous, Occidentaux. En l'observant chez les Népalais, elle agit comme un miroir à travers lequel je peux mieux comprendre le monde dans lequel j'ai grandi. Si j'avais voyagé seule, je me serais fondue à eux, les Népalais, à elle, cette fluidité, mais la présence de mes enfants m'oblige à ne pas abandonner totalement la partie occidentale de mon personnage. Je dois ainsi me confronter aux parties de moi-même encore attachées à mes privilèges, ma sécurité financière, mon travail, ma voiture, etc. Avec mes dollars en poche et mon hôtel confortable où rentrer le soir.

Quelques jours plus tard, nous quittons Katmandou pour descendre dans la vallée qui nous mène vers Chitwan. Il fait nuageux et sombre. Je suis coincée le long d'une fenêtre et le bus avance à grande vitesse le long du ravin. Mon cœur se serre, j'ai peur d'être renversée à chaque tournant. Le chauffeur, comme tous les chauffeurs au Népal, double dans les tournants aveugles en klaxonnant pour indiquer son arrivée, le plus étonnant étant que les véhicules venant dans le sens opposé ralentissent effectivement pour le laisser passer. Petit à petit nous descendons dans la vallée entre les montagnes. Ce n'est pas la chaîne de l'Himalaya qui débute mais les montagnes pleines de verdure qui entourent la vallée de Katmandou. Tout au long des routes, toutes les dizaines de kilomètres, nous traversons de petits villages, ou plutôt quelques maisons bordant la route. Les maisons sont faites d'un mélange de boue et de ciment, les cuisines ouvertes avec parfois de petits magasins où on peut acheter de l'eau, des barres de chocolat et des chips... Mais de quoi ces gens peuvent-ils vivre ? Parfois les villages sont entourés de champs de maïs, pourtant, aucune vision de jardins potagers comme lorsque l'on marche dans les petits villages de montagne, où il est clair que les gens vivent en quasi-autarcie, en vendant leur panier au village... Ici, il n'y a aucune culture possible.

Après avoir passé les premiers jours en percevant la strate spirituelle du peuple népalais comme sa plus grande richesse, ce matin j'ai été catapultée dans la pauvreté sans que je parvienne à m'en extraire. Je manque sérieusement de fluidité. Je suis incapable de saluer les gens pour me connecter avec leur âme. Comme si j'avais honte, honte des dollars dans ma poche, honte de ma différence et honte de ne pas saisir comment les montagnes leur permettent de survivre. Les montagnes du Népal ont depuis des millénaires sculpté et créé une vie, une civilisation qu'il m'est bien sûr impossible d'appréhender. Ma sensibilité énergétique des premiers jours était une illusion dans laquelle je m'étais bercée. La dure réalité de la vie des Népalais met en exergue ma peur, celle des Occidentaux, notre attachement au matériel, à notre personne socioculturelle, à notre salaire, à nos revenus, etc. Véritablement, il m'est impossible d'appréhender ce que peut signifier « existentiellement » vivre sans rien dans les montagnes, au bord d'une grande route, probablement entièrement dépendant de touristes traversant ces contrées. Dans la réalité matérielle d'autrui m'apparaît la mienne, ma peur de ne pas pouvoir payer d'études supérieures à mes enfants, ma peur de n'avoir rien à leur léguer, ma peur de ne pas avoir de retraite. Oh, comme il est facile de se laisser initier par un Dragon, lorsque le lendemain je peux utiliser ma carte bleue pour payer mes achats au supermarché et retourner à l'hôpital pour gagner ma vie !

Je ferme les yeux et laisse passer quelques villages. Dans le bus, je suis à côté d'un inconnu, mes enfants assis à l'avant et il m'est impossible de pleurer. Je pense au chaman que je vais voir dans deux jours… Que suis-je venue véritablement chercher ici ? J'ai peur et j'observe le paysage me dépeçant, l'esprit des montagnes ne va pas se gêner pour toucher mon âme. Rester mère et occidentale m'oblige à être totalement à nu.

Je recommence à regarder autour de moi, et l'énergie des montagnes a effectivement profité de mon moment de désarroi pour se frayer un chemin à l'intérieur de mon corps. Après tout, je peux être flattée qu'elles aient pris la peine de vouloir me déconstruire. Même dans ma grande fatigue, je trouve l'énergie pour les remercier. Bien sûr, je ne suis pas naïve au point de penser que cinq heures de bus vont me nettoyer de mon attachement au matériel, mais je sais par expérience que c'est dans ces moments-là que la Nature s'adresse à l'humain, lorsqu'il est à son point le plus vulnérable. C'est peut-être ce que le Dragon m'a appris : se laisser toucher par un paysage au plus profond de soi crée une sorte de lien indélébile. En autorisant les montagnes (ai-je vraiment le choix ?) à toucher mon cœur et mes cellules si profondément, je leur laisse accès à une partie de moi-même. J'ai envie d'être prête pour accueillir ce que le chaman me donnera et malgré la peur et l'étrange sentiment d'être perdue, ce moment fait partie de ma préparation.

J'ignore encore que l'Esprit qui travaille avec le chaman que je vais rencontrer est l'Esprit de la Montagne... La Montagne sacrée...

Puis, finalement, le sentiment de peur finit par s'estomper. Quelques heures plus tard, nous arrivons dans le village touristique le long de la réserve et la jungle. Notre guide nous a réservé un hôtel qui borde la rivière. Les enfants sont contents et moi aussi. L'hôtel est simple et confortable et c'est avec plaisir que j'entre dans le luxe du monde matériel.

Trois jours plus tard

Âgé de 27 ans, Tsering, notre guide tibétain, vient nous chercher vers 9 heures. Il est né en exil, et ni lui ni ses parents n'ont connu le Tibet. Sa grand-mère a fui à l'arrivée des Chinois.

Le chaman que je suis venue visiter vit à cinq ou six kilomètres à l'extérieur de la ville. Pour l'atteindre, le taxi doit contourner le grand lac au centre de la ville et commencer à monter dans les montagnes. Les nuages recouvrent la chaîne étonnante de l'Annapurna, et il est difficile d'imaginer la beauté époustouflante qui se cache derrière.

Alors que le camp tibétain dans lequel nous logeons est ouvert et paraît relativement bien intégré à la ville et à la population népalaise, le camp dans lequel vit le chaman est clairement délimité par un mur de brique le long duquel s'alignent de petits magasins tenus par des femmes âgées qui vendent des bijoux.

Il fait chaud. Mes enfants, vaguement de mauvaise humeur, ont en fait envie d'être ailleurs. La femme et la fille du chaman nous attendent sous un arbre. Elles patientent depuis plus d'une heure. Nous longeons le petit chemin qui mène à leur maison. Les petites bâtisses adjacentes les unes aux autres forment comme une division et les jardinets sont colorés par les drapeaux de prières tibétains. L'atmosphère n'est pas oppressante mais il règne une sorte de stagnation, comme si ces réfugiés attendaient quelque chose… Et effectivement, ils attendent. Que le Tibet se libère, que ce soit dans leur vie actuelle ou dans la prochaine.

Enfin, nous arrivons. Le chaman attend dans un coin, sur son petit divan. Il sourit. Ses yeux sont pétillants, ils expriment à la fois de l'amusement et une compassion infinie. À sa droite, dans un angle de la pièce, se trouve l'autel sur lequel sont posés tous ses artefacts. J'essaie de les distinguer, mais immédiatement, je sens une sorte de voile se déposer sur ma conscience. « Fais confiance, Claire, ne pense pas avec ton mental. » L'épouse du chaman, petite femme ronde, en apparence un peu plus jeune que lui, nous offre des crêpes et du thé tibétain. Le traditionnel thé des montagnes, au beurre salé. J'ai bien sûr lu beaucoup de descriptions anthropologiques à propos de ce fameux thé, bu chez les Mongols, Sibériens, peuples des montagnes asiatiques et des steppes sibériennes. Mon fils, courageux et curieux, le boit sans broncher, presque avec enchantement. Je reconnais sa curiosité d'esprit et sa capacité à avaler tout ce qui se mange. Je bois le mien, en peinant je dois dire, le beurre m'écœure, mais fierté et politesse obligent… « Claire, si tu étais une vraie chamane, tu aimerais ce thé, comment peux-tu prétendre chanter avec la voix des Esprits sibériens et ne pas l'adorer ? » Je regarde la tasse de ma fille ; après avoir goûté la première gorgée, Zarah n'a même pas fait l'effort de continuer. Je m'imagine faire un geste de bravoure et le boire pour elle, mais je renonce. J'ai déjà du mal à finir le mien. « T'es vraiment pas une chamane des montagnes », entends-je à l'oreille.

Le chaman est assis en face de moi. J'essaie de noter chaque détail, mais le voile qui s'est déposé sur ma conscience semble s'épaissir encore, m'interdisant de mémoriser. D'abord, il enfile une sorte de chapeau avec quatre rabats, sur lequel sont dessinées des figurines bouddhistes. De là où je suis assise, il est difficile d'en distinguer les détails. L'interprète – peut-être aussi assistant – prépare l'autel. J'ignore si le chaman va me soigner seule, ou bien avec mes enfants. L'assistant met du riz dans trois sortes de vases en étain, et le riz déborde largement. Dans les vases pleins de riz est plantée une sorte de tige en métal à laquelle est soudé un gros rond en cuivre. Derrière le rond en cuivre, on distingue des images des déités bouddhistes que le chaman honore, j'imagine. Au-dessous, on peut voir un portrait du Dalaï-Lama. Devant chaque vase, l'assistant dépose une bougie. La voix de ma conscience persiste : « Claire, note bien tout cela, tu pourras comprendre plus tard. » Mais le voile persiste à bloquer ma capacité à mémoriser. Une fois le chaman habillé, il passe autour de son cou un gros collier de ruban qui tient un autre cercle en cuivre. Ensuite il parle à son assistant/interprète dans une langue sacrée. L'interprète traduit de la langue sacrée en tibétain à la fille du chaman, qui elle-même me traduit en anglais. Plus tard, j'apprendrai que l'assistant était le frère du chaman.

Je suis enfin là. Je l'ai imaginé souvent. Enfin devant un vrai chaman, moi qui m'appelle chamane et qui travaille seule avec les Esprits. Enfin, un être incarné, qui s'apprête à se pencher sur mon cas. En pourtant, je ne ressens rien de particulier. Je suis fatiguée et vaguement détachée de l'expérience.

— Pourquoi êtes-vous ici ? me demande la jeune femme.

J'ai presque du mal à répondre, comme si j'avais espéré qu'il sache la réponse lui-même.

— Je travaille souvent avec les Esprits, j'ai reçu des rêves, quelquefois je ne sais pas trop d'où tout cela vient. J'ai besoin d'être guidée.

Pour quelqu'un qui avait rêvé de rencontrer un chaman depuis si longtemps et particulièrement un chaman tibétain, ma demande est imprécise. Il faut dire que je me sens assez banale, ma foi, comme si quelque chose de toute ma personne devait se dissoudre. Je ne souffre pas, mais j'ai le vague sentiment que je suis ici pour laisser tomber une partie de mes constructions psychiques, socioculturelles. Je ne suis donc pas la Claire, un peu intello, chamane et psy, l'originale, etc. Je suis juste une patiente devant un chaman.

La jeune femme traduit en tibétain à son oncle, qui traduit au chaman. L'Esprit, la déité qui possède le chaman, est à ce moment-là déjà entré dans son corps. Il n'est pas totalement modifié, mais toute son aura et sa physionomie sont différentes. Ses yeux sont à demi fermés. Dans sa main gauche, il tient une cloche, et dans sa main droite un petit tambour au bout duquel sont attachés deux petits fils et des perles. Pour créer le son, il tourne son poignet et les perles claquent sur le tambour, pendant que de l'autre main il fait sonner sa cloche.

Il se met à chanter et parle beaucoup, mais son frère ne traduit rien. Sa fille se penche à mon oreille :

— Lorsque vous êtes fatiguée et triste, c'est parce qu'il y a des Esprits qui sont jaloux.

Ensuite la jeune femme me dit de regarder dans le rond en cuivre... Mais je ne vois rien. Je suis aveugle. Rien. Il me semble même que je suis un peu vide. Mon cœur se serre comme si j'avais envie de pleurer, mais même cela n'est pas prédominant. Je comprends alors que je dois m'abandonner. Le chaman me demande d'approcher et il porte devant lui le grand rond qui était placé autour de son cou. Il pose cinq à six grains de riz dessus. Je suis proche de son visage et sa déité l'a totalement possédé. Ses yeux sont plissés et j'hésite à le regarder en face. J'ai le cœur serré mais je suis sans peur, le monde des Esprits m'est vraiment familier. Il se met à chanter et les sons qui sortent de sa bouche emplissent la salle. Ce ne sont pas les sons d'une voix humaine. Puis, soudainement, les grains de riz se mettent à tourner comme s'ils étaient attachés à la voix du chaman par un fil. Cela dure peut-être une minute. Ils tournent de façon régulière, comme une petite danse. Plus tard, j'apprendrai que l'anneau de cuivre que le chaman porte autour du cou est le lieu où vient se loger son âme lorsqu'il est pris par la déité.

Puis le chaman s'arrête et se met à parler la langue sacrée à son frère. La jeune femme se penche à mon oreille :

— Les grains de riz tournent dans le bon sens, Claire, cela veut dire que tu vas avoir une très bonne vie, plein de bonne santé et de bonnes choses.

Le chaman lui donne les grains de riz qu'elle met dans un petit bout de papier.

— Tu devras les avaler quand tu veux avec du lait.

Puis, le chamane continue et prend une toute petite soucoupe de riz. Il me dit :

— Ça, c'est pour ta famille et tes amis.

Il continue à parler alors que je regarde les grains de riz emballés précieusement. Sa fille se penche encore vers moi et traduit :

— Tu dois continuer ton travail. Tu travailles bien. Tu ne dois pas arrêter, si tu arrêtes, tu tomberas malade.

Me voilà rassurée, « interdit de démissionner ». Recevoir un tel message est une sorte de sentence, ne pas avoir le choix. Et pourtant, être choisie et guidée est aussi une forme de privilège, rassurant, une sorte de diplôme, une règle de vie qui confirme mon pressentiment. Le chaman ajoute :

— Quand tu te sens malade ou perdue, il faut que tu pries Bouddha. Je serai toujours là pour te protéger, mais c'est Bouddha ton guide, tu dois prier Bouddha.

La cérémonie est terminée. Je suis modérément secouée et ne prends pas conscience de ce qui vient de se passer. D'une certaine façon, rien d'extraordinaire. Rien qui ne puisse être décrit. Tout a paru très simple, presque trop simple. Aurais-je aimé qu'il me reconnaisse et me dise : « Ah, Claire, je t'attendais, oui, c'est moi le chaman de ton rêve » ? Qu'il me dise : « Claire, tu dois venir étudier avec moi » ? Oui, en fait, j'aurais bien aimé recevoir un message plus clair et important. « Fais confiance à Bouddha », c'est pas folichon comme message…

Et pourtant, si je suis véritablement honnête, je sais que le message est plus subtil, qu'il ne peut venir que de moi-même. La vie me demande, juste là, de m'ouvrir totalement et de faire confiance, de ne pas analyser, de ne pas penser, de ne pas juger, de ne pas être déçue, de ne pas être psychologue, de ne rien attendre d'autre que ce qui m'a été donné : « Un chaman possédé par l'Esprit de la montagne qui me dit de continuer à travailler comme je le fais et de prier Bouddha. Ah oui, et de ne pas manger de porc. Bon, voilà, c'est clair, non ? »

Il revient à lui et son âme peu à peu réintègre son corps. Je sors mes présents et comme j'avais été en contact avec sa fille, qui m'avait demandé de prendre des photos de la famille, nous faisons une séance de photos devant la maison. Puis nous partons.

Il fait chaud. Mes enfants sont fatigués. Ils n'ont pas envie de rester à traîner près de l'entrée du camp de réfugiés. J'ai besoin d'espace, de méditer, d'aller prier dans le monastère, ou même simplement de passer l'après-midi sous les drapeaux de prières tibétains mais mes enfants ont faim et veulent rentrer en ville.

Durant le traitement, le chaman a pris un bout d'étoffe rouge qu'il a découpé avec les dents puis attaché autour de mon bras. Sa fille m'a dit que je devais le garder toujours. Voilà, j'ai au bras une sorte de ruban effiloché qui me restera pour toujours. Je suis contente d'avoir une petite marque de cette expérience que je ne peux pas comprendre. Je repense aux montagnes, celles qui m'ont sculptée et ouverte en descendant dans le Sud. Je repense au Dragon qui est sorti de la terre. Et l'énergie extrêmement douce et spirituelle de notre guide tibétain est là aussi. Je repense à l'arbre qui, vingt ans auparavant, m'a attirée vers l'Union soviétique. Je repense aux Esprits sibériens qui ont tenté de m'appeler vers le lac Baïkal à la fin de ma longue expédition. Puis à ma fatigue et à mon incapacité à répondre à leur appel…

Le lendemain, nous faisons une grande promenade le long des crêtes. Tsering nous offre un espace de paix. De tout son être émanent la profondeur et la douceur de la philosophie bouddhiste. Il s'entend avec mon fils Émile comme avec un frère, nous marchons, avec un nouveau membre à notre famille, comme si nous le connaissions depuis toujours. Je sais qu'il nous a été envoyé pour me préparer à voir le chaman. En quelque sorte, sa présence, moins dramatique que celle du chaman, est tout aussi importante dans mon histoire.

Le message du chaman est présent. « Fais confiance à Bouddha… » Faire confiance ? Que peut bien vouloir dire ce mot ? Je me revois tenir la grosse branche au bout embrasé et dessiner le contour de la vallée du Dragon avant de partir. « Faire confiance à l'univers », « laisser tomber l'intention ». Est-ce pour cela que j'ai parcouru les six mille kilomètres qui me séparent de l'Europe ? Juste pour apprendre à faire confiance ? Le brouillard s'est maintenant levé et les multitudes de vert forment des couches qui dessinent la vallée. Je suis paisible et continue d'avancer.

— Tiens, j'aimerais bien que la Nature me donne un petit signe pour confirmer que j'ai bien compris le message du chaman.

À peine ai-je prononcé ces paroles qu'une plume tombe de l'arbre sous lequel je marchais. Doucement, je me penche pour la ramasser. Au premier abord, elle n'a rien d'exceptionnel. Je la prends délicatement dans mes mains. Elle est noire, simple, comme une plume de corbeau. Puis en la retournant, je découvre qu'elle est d'un bleu fluorescent, presque brillante comme un diamant. « Tu vois, Claire, il suffit de faire confiance. »

— Non, maman, je n'ai aucune envie de retourner voir ton chaman. Déjà que le thé qu'il nous a fait boire était dégueulasse. Une fois, pas deux.

— Mais, Zarah, je sais que tu en as besoin, tu vois bien que lorsque tu te mets en colère, ce n'est pas toi qui parles.

— Je m'en fous, je ne veux pas retourner le voir. C'est bon pour toi. D'ailleurs, tu peux me dire ce qu'il t'a fait, t'as pas l'air changée du tout, et regarde tout ce que tu as donné à sa famille, un ordinateur, t'es pas folle ?

— Bon, Zarah, toi tu en as bien un, pourquoi des gens qui habitent en haut des montagnes et qui ne peuvent pas communiquer avec leur fille installée en Allemagne n'auraient pas le droit d'en avoir un, d'ordinateur ? D'ailleurs ce que je donne au chaman ne te regarde pas. Écoute-moi, si je te dis qu'un traitement te ferait du bien, tu dois me faire confiance. Réfléchis, quand est-ce que tu seras de nouveau ici ? Un chaman unique, ça fait soixante ans qu'il pratique.

— Non, maman, je suis désolée.

— Zarah, écoute-moi, tu sais, si tu avais la jambe cassée, je devrais t'emmener à l'hôpital pour la soigner. T'es d'accord ?

— Oui, mais manque de bol, j'ai pas la jambe cassée.

— Si, c'est pareil, si je ne te force pas à aller voir ce chaman, je ne fais pas mon devoir de mère, car du plus profond de moi, je sais que quelque chose de spirituel est déséquilibré en toi. Allez, écoute... Je t'achète n'importe quoi, tiens, je te paie un nouvel ordinateur si tu veux !

En disant cela, je vois l'addition de mon voyage au Népal monter en flèche et je rigole intérieurement. Faire du chantage à sa fille pour qu'elle aille voir un chaman, on aura tout vu. Et mon fils Émile d'ajouter :

— Ben flûte alors, moi je vais bien, je n'ai absolument pas besoin d'un traitement chamanique et c'est Zarah qui va avoir droit à un ordinateur ? Non, là, ça ne va pas du tout !

— Écoute, Émile, on discutera de ton ordinateur en rentrant...

Zarah continue de bouder et n'est pas convaincue... En mon for intérieur, je sais que ma fille n'a pas tout à fait tort.

C'est moi qui voulais revoir le chaman. Je voulais le voir travailler sans être sa patiente. Mais cela n'était pas la seule raison. Je savais intimement que ma fille avait besoin d'être nettoyée, non pas par moi, mais par un chaman vraiment puissant. Je n'ai pas insisté ce jour-là, car d'expérience, je sais qu'on ne peut rien faire faire à Zarah contre sa volonté. Les Esprits décideront.

Tard, le même soir, elle vient me voir et me dit :
— Bon, d'accord, maman, j'accepte mais à une condition.
— Laquelle ? demandé-je en m'attendant à devoir acheter un Apple Mac et voir fondre mon compte en banque.
— C'est toi qui parles... et on ne reste pas manger après.

Ouf. Je ris et dis :
— Bien sûr, Zarah, tout ce que tu voudras.

Quand nous revenons, le lendemain, la fille du chaman me demande :
— Pourquoi êtes-vous là ?
— Voilà, ma fille a perdu son âme, sans doute quand je me suis séparée de son père et qu'il a quitté l'Angleterre. Ensuite, depuis quelque temps, elle semble triste et souvent très en colère, des colères qu'elle ne contrôle pas.

Alors que pour mon traitement le chaman était resté assis et avait laissé son frère préparer l'autel, cette fois-ci il tourne en rond, semblant s'affairer à préparer l'espace pour Zarah, presque embêté. Je souris intérieurement. Moi aussi je serais embêtée si je devais essayer de soigner un phénomène comme ma fille. Aujourd'hui, je sens que les Esprits ne cherchent pas à endormir mon cerveau comme ils l'ont fait le premier jour. Si je n'ai toujours pas le droit de poser des questions ni même de chercher à me demander quelle signification symbolique a le riz, les quatre pans de son chapeau qui entourent son visage, les trois bougies, les déités, etc., je suis tout de même autorisée à être spectatrice. Je regarde le chaman et son frère s'activer à préparer l'autel, maniant les objets sacrés ancestraux et d'un coup, une mélancolie profonde m'assaille. Non pas celle d'avoir déjà existé dans un même contexte, non, c'est moins poignant et à la fois plus subtil. C'est plutôt de l'envie… une envie sans jalousie, mais oui, c'est cela, j'envie la confiance qu'ils ont en leur tradition (en l'écrivant, je sens les larmes couler), j'envie leurs gestes répétitifs et enveloppants. Le chaman et son frère appartiennent à une tradition qui a survécu depuis des siècles, elle a une énergie à part, que moi je ne posséderai jamais. Je n'appartiens à aucune lignée. Je suis une étrangère dans mon clan et la société dans laquelle je vis ne parle pas ma langue. Pire, je n'ai pas de langue, pas de langue sacrée qui, comme le chaman devant moi, me lierait et relierait aux Esprits. Les rares fois où j'ai cherché à m'affilier, les circonstances n'ont jamais été favorables. Et même là, le chaman ne m'a pas invitée à étudier avec lui. Non, je ne suis pas autorisée à m'arrêter et à entrer dans une tradition.

Puis, devant mes yeux, la plume bleue de la veille réapparaît… balayant ma mélancolie.

Le chaman, ses préparatifs finis, retourne s'asseoir et commence à chanter en maniant son tambour et sa cloche. Puis la déité entre dans son corps. Il demande à Zarah de venir s'asseoir près de lui, puis prononce des paroles dans sa langue sacrée, que son frère traduit. Sa fille se penche vers moi.

— Dites à Zarah que les Esprits sont en colère parce qu'elle ne pratique pas. Il faut qu'elle honore Jésus-Christ ou Bouddha, elle peut choisir lequel des deux. Elle doit aussi se connecter à la fois à son cœur et à son esprit lorsqu'elle est en colère.

Nous voilà bien, Bouddha ou Jésus, je ne connais personne de plus athée que ma fille ! Je ris presque en l'imaginant déjà m'expliquer à quel point elle n'a aucune intention de se pencher devant des idoles. Je l'entends me dire : « Maman, tu sais, de nombreux chercheurs ont déjà démontré que nos croyances sont le fruit de notre cerveau. » À l'évidence, les Esprits tibétains, malgré leur finesse, ne connaissent rien aux adolescents occidentaux… Puis le chaman demande à Zarah de se retourner. Il soulève sa chemise et se penche vers son omoplate gauche. Il y pose sa bouche et aspire. Son frère lui tend une coupelle dans laquelle il crache ce qu'il a aspiré. Le chaman lève les yeux vers moi.

— Vous voulez voir ?

Je savais par des études anthropologiques que certains chamans procèdent de la sorte. Je me penche sur la coupelle et vois une espèce de moule noire entourée de bave blanche au fond. Je ne suis pas du tout étonnée qu'une telle chose sorte du dos de ma fille. Voir la réalité de cette pratique de mes propres yeux semble donner corps à la mienne. Je n'ai pas été initiée à aspirer la maladie des gens avec ma bouche mais ce que je fais avec les œufs n'est pas très différent. Puis je retourne m'asseoir et le chaman continue de chanter devant le corps de ma fille en lui demandant de se pencher pour recevoir sa bénédiction. Enfin, il se tourne vers moi avec la petite coupelle dans la main et me demande avec un sourire espiègle (malgré le fait qu'il travaille encore avec sa déité, et que ses yeux sont à demi fermés, j'ai le sentiment qu'il communique avec moi) :

— Voulez-vous le manger ?

— Euh, non merci, dis-je en riant.

J'entends : « Claire, si tu étais une vraie chamane, tu mangerais la colère de ta fille. – Bon tant pis je ne suis pas une vraie chamane… » Immédiatement après je le vois sourire et avaler la moule répugnante, la maladie de ma fille. Est-ce l'Esprit de la Montagne qui le possède ou son propre corps qui recycle la maladie de Zarah ? Son visage se plisse. La moule noire semble atteindre son estomac et fait un drôle de bruit. Puis son corps se tord et, quelques secondes après, une sorte d'énergie paisible entre dans la pièce. La noirceur enfermée dans le corps de ma fille a été transformée…

Le chaman se tourne vers sa fille et explique que nous devrons aller dans un monastère et que Zarah devra recevoir une bénédiction. Des prières spéciales devront être chantées pour elle, le plus rapidement possible. Ensuite, il m'invite à m'approcher et à baisser la tête. Il me donne une bénédiction à moi aussi et sa fille traduit de nouveau :

— Les Esprit disent qu'il faut continuer à faire le travail que vous faites, vous faites du très bon travail. Prie Bouddha et il te protégera pour toujours.

Au moment où il prononce ces paroles, il tend sa main gauche et enfile une grosse bague à son doigt. L'espace d'un instant, j'ai cru qu'il allait me la donner, mais il n'en fait rien. Mon cœur se serre. Il me touche la tête doucement avec sa main et, à côté de moi, Zarah baisse la tête et reçoit une dernière bénédiction. Je sors quelques instants pour reprendre mes esprits puis je viens m'agenouiller pour donner mes présents, d'abord à sa fille et à son frère en les remerciant pour leur traduction, puis à lui, Pau Nyima Dondhup. Il prend mes mains dans les siennes et retire la grosse bague qu'il a mise à son doigt. Il me la donne avec un sourire infiniment bon et espiègle à la fois. Il met sa main sur ma tête et je le salue. Mon cœur bat. Je suis contente comme une enfant qui rencontre le père Noël en personne. Je prends la bague et lui souris.

En fait, j'aurais aimé être seule avec le chaman. Il a dans son énergie une clarté, un manque de prétention, une humilité enveloppante. Être seule avec lui… ça, je savais que ce ne serait jamais le cas. Nous quittons la petite pièce dans laquelle l'autel est encore installé. Je jette un œil aux cartes postales coincées entre les cercles en cuivre et les trois tas de riz… Comme j'aimerais l'interviewer et lui poser des centaines de questions ! « Claire, fais confiance. » Je l'entends à l'intérieur de moi. Le moment n'est pas venu pour moi de connaître les secrets et les coutumes du chamanisme tibétain. Et puis, je me rassure. « Je vais revenir, je lui demanderai la prochaine fois. »

Zarah et moi quittons la maisonnette en silence. Nous marchons le long des petites maisons pour atteindre la sortie du camp. Une vieille dame souriante nous hèle.

— Venez voir dans mon magasin, personne ne s'arrête ici car je suis un peu à l'écart.

Elle vend des bijoux, des écharpes, des colliers.

— Maman, j'aimerais bien que tu m'achètes une bague en souvenir du chaman, me dit Zarah.

Je suis heureuse qu'elle veuille garder un souvenir. La grand-mère tibétaine se réjouit que nous prêtions attention à son magasin.

— Tu sais, maman, je fais beaucoup plus confiance au chamanisme qu'à Jésus. Au moins, ça, c'est du concret, et il aide vraiment les gens, le chaman.

Le visage de ma fille est en effet différent et quelque chose autour de ses yeux s'est allégé.

— Tu te sens comment ?

— Euh, différente… j'ai l'impression d'être plus légère…

— C'était comment, le traitement ?

— Ben, un peu bizarre, à un moment, je me suis demandé : « Mais qu'est-ce que je fais là ? »

Zarah, ma fille, me parle en français, ce qui est rare. Elle utilise cette langue lorsqu'elle veut me confier des secrets.

— Et puis, quand il a soulevé ma chemise, j'ai eu un peu peur, mais pas trop. Juste après, ça a fait un petit peu mal…

Mais je te préviens, je ne veux pas aller au monastère, quant à prier Jésus ou Bouddha, c'est hors de question.

— Tu sais, quand il a dit que les Esprits étaient en colère car tu ne priais pas, peut-être cela veut simplement dire que tu dois honorer des choses dans ta vie. Tu dois commencer à t'ouvrir au fait qu'il existe des choses plus grandes que toi, pas forcément des Dieux, mais ton art, par exemple, ta musique, ton dessin, ton chant. Ils te nourrissent, et tu vois bien qu'ils te donnent un très grand plaisir.

Zarah réfléchit un instant :

— Oui, je vois ce que tu veux dire, ça, je comprends… Mais je ne vais pas aller m'asseoir dans un monastère pour écouter des moines prier.

Je ris intérieurement. Bon, ma fille est passée à la moulinette, elle a retrouvé son âme. J'ai revu le chaman, reçu une bague. La pêche a été plutôt bonne. Et pas d'évocation de l'ordinateur stupidement mentionné en désespoir de cause… Je m'en tire plutôt bien. Quant à la faire s'asseoir devant des moines, n'en demandons pas trop, je me débrouillerai pour négocier une dérogation auprès des Esprits.

Quelques heures plus tard

— Je m'excuse de vous déranger, ma fille Zarah a été voir un chaman dans la communauté de Tashi Pakiel, et nous cherchons un moine qui pourrait faire les prières suivantes.

Je lui tends le bout de papier sur lequel le chaman a écrit le nom des prières. Le jeune moine descendu au son de notre cloche est visiblement préoccupé et manque d'attention. Le monastère dans la communauté où nous habitons borde un terrain de foot et tous les jeunes moines, durant la pause de l'après-midi, regardent le match qui s'y déroule… on voit sur leur visage de la joie mais aussi peut-être un peu de tristesse. Inaccessibilité de la vie normale…

— L'après-midi n'est pas l'heure des prières. Revenez demain matin, lorsque le grand lama sera là.

Avec encore trois jours à Katmandou, il nous reste du temps pour trouver un monastère et un moine…

Je ne suis pas fâchée de retrouver Katmandou : la folie apparente de la ville, le bruit des klaxons, l'intensité des rues, des magasins, la multitude des visages… Je suis mélancolique d'avoir quitté notre guide Tsering. Je sais que sa personne a été centrale dans notre expérience du Népal. Il nous a accueillis et accompagnés comme guide spirituel.

La ville de Katmandou se lève vers 5 h 30 du matin. À 6 heures, on voit déjà les gens engagés dans leurs activités journalières comme s'il était 8 ou 9 heures pour nous. Les enfants vont à l'école, joyeux, habillés de leurs petits uniformes. Les vaches aussi sont réveillées. Les klaxons commencent à se faire entendre. Les magasins lèvent les rideaux de fer de leurs vitrines et, au coin des rues, des femmes font chauffer une grosse marmite de thé népalais. Un thé au lait sucré moins exotique que le thé tibétain au beurre !

Depuis le début du voyage, je ne me suis pas véritablement connectée avec la culture hindoue. Durant nos premières visites dans les temples de Katmandou, j'ai fonctionné au rythme des enfants sans véritablement prêter attention aux Dieux hindous, ni même à leur représentation. Certes, j'ai été profondément touchée par la beauté des femmes népalaises et leurs vêtements colorés, mais c'est la piété bouddhiste qui m'a spirituellement atteinte jusqu'ici.

Par chance, deux jours avant de partir, Kalpana, une jeune Népalaise rencontrée par l'intermédiaire d'un ami commun, insiste pour m'emmener voir une cérémonie dédiée à Shiva dans le temple de Pashupatinath : le temple le plus sacré du Népal où les hindous enterrent leurs morts, au bord de la rivière sacrée… Après de longues heures de marche, je trouve enfin mon amie près du temple. Elle me fait entrer par-derrière et la nuit commence à tomber. La rivière sacrée, dramatiquement polluée, nous sépare de l'endroit où les familles brûlent le corps de leurs morts. De là où nous sommes, nous pouvons voir deux ou trois bûchers et distinguer les membres des familles en deuil. Kalpana m'explique qu'un des membres de la famille doit se couper les cheveux intégralement pour célébrer la mort de leur parent. J'avance avec mon amie hindoue dans la nuit et pourtant la pénombre me permet d'être seule. Par respect, je ne prends pas de photo, mais, tandis que j'avance, l'énergie du Feu se fait plus présente. La rivière sacrée m'en sépare. Le Feu… il n'est pas apparu de tout le voyage. Je le regarde brûler le corps du mort de l'autre côté de la rivière. Quelle relation ai-je avec cette âme pour que le Feu s'adresse soudain à moi ?

« Donne-moi ta bague, Claire, je te servirai en échange. » Je sursaute. Effectivement, je porte une bague, dédiée au Feu. Lorsque les Esprits ont caché mon passeport pour que je n'aille pas me faire initier au Mexique, je me suis acheté une bague à Paris. Je l'ai mise à mon annulaire gauche. Elle m'est précieuse car elle symbolise ma relation avec le Feu. Aucun chaman ne m'y a forcée, ni n'a défini quelles allaient être les règles de la confession. Je me souviens de m'être dit : « Les chamans vivants me laissent tomber. Je ne vais pas me laisser démoraliser. Si j'ai envie d'être gardienne du Feu, il faut marquer l'occasion. » Depuis je ne l'ai jamais retirée. Elle n'a rien d'extraordinaire, un joli anneau de cuivre. J'ai souvent été tentée de la remplacer par une autre plus jolie, mais quelque chose m'en empêchait. Maintenant le Feu me la demande, cette bague. « T'es pas folle, Claire, tu ne le connais pas, le Feu hindou, tu n'as aucune idée de quel Dieu se cache derrière cette demande, garde ta bague. » Je regarde la rivière couler, elle est polluée et grise mais elle me sourit. « Claire, tu peux me faire confiance, si tu donnes ta bague à Shiva, le grand destructeur et transformateur, je veillerai à te protéger. » Je lève les yeux vers le Feu et pense encore une fois à l'être qui vient de mourir et dont le corps brûle en face de moi. « Bon, alors, Claire, tu me la donnes, ta bague ? Je te promets que je te servirai. » Est-ce Shiva qui me parle ? Est-ce le Feu de chez moi, celui que je connais bien ? Non, je suis presque sûre qu'un Dieu hindou se cache derrière. Il fait noir, et il me serait facile de lancer ma bague sans que mon amie remarque mon geste. Si je jette ma bague dans le Feu, je prends un risque, mais l'énergie de la rivière est féminine, elle m'a dit qu'elle me protégerait… OK, je ne connais pas Shiva, mais… Je lance ma bague, celle qui a scellé ma relation avec le Feu depuis l'année dernière, et je souris intérieurement « T'es quand même un peu perchée, Claire, tu sais très bien que ce n'est pas anodin et en vérité tu n'as aucune idée de ce à quoi tu t'engages. » Mon amie ne s'aperçoit de rien et nous continuons vers la cérémonie.

Une foule de gens sont assis sur les marches du temple et trois prêtres hindous, habillés d'orange, forment le centre de la cérémonie. Elle est dédiée à Shiva, le grand destructeur et transformateur, clairement lié à l'énergie du Feu, mais aussi Dieu de la danse. Il fait maintenant nuit noire et les prêtres semblent ouvrir les Directions en portant des chandeliers avec au moins cinquante bougies dans leur main gauche. Une cloche et de l'encens dans la main droite, ils se tournent tous les trois ensemble au même moment. Je regarde, fascinée. Le

Feu a attendu tout mon voyage pour se manifester et là, il arrive d'une façon si intense… Les femmes de la foule sont, comme d'habitude, habillées de couleurs vives et les gens sont serrés les uns contre les autres. J'ai le sentiment que toute une partie du Népal s'offre à moi et que tout ce que j'ai observé depuis quinze jours sans l'intégrer pénètre mon corps. Je suis prise par le son des chants hindous, par l'énergie de la foule qui vénère Shiva. Je suis prise par le Feu, mon compagnon, qui apparaît sous une forme que je ne connais pas : Shiva. Je suis prise par la nuit, la beauté et la sacralité du lieu, par l'énergie totalement inclusive et naturelle du peuple népalais.

Je repense au chaman tibétain et comprends pourquoi il n'a pas essayé de s'approprier ma recherche. En fait, mes guides me laissaient libre. Si le chaman m'avait demandé d'être son élève, je ne serais pas là ce soir, dans les bras de Shiva. Est-ce cela mon destin ? Aucun guide et tous les Dieux qui se présentent à moi ? Oui, j'ai bien accepté un prénom péruvien sans réfléchir dans un parc parisien, et c'est bien sans réfléchir que ce soir j'ai donné ma bague à Shiva.

Lorsqu'on voyage, même pour une longue durée, les moments durant lesquels on peut ressentir un pays, comprendre, être pris par sa véritable essence sont très courts, quelques secondes, quelques minutes tout au plus. Je crois pouvoir compter sur les doigts de la main ceux où j'étais réellement présente au Népal. Je me souviens du premier soir où nous avons visité le temple bouddhiste, en levant la tête sur les drapeaux de prières tibétains, l'espace d'un instant, j'ai vu, ressenti, compris le Tibet. Cela n'a pas duré plus d'une seconde, mais j'ai su. Toute l'histoire, les montagnes, le vent, le froid, le bouddhisme, le chamanisme, l'invasion de la Chine, l'oppression, le Dalaï-Lama… tout était là, et une seconde plus tard le sentiment intime de « connaître » avait disparu.

Ce soir-là, l'instant de connexion avec la culture hindoue est prolongé par la musique et la foule, par mon geste insensé d'avoir offert ma bague à un Dieu que je ne connais pas. Bien que mon corps soit français et qu'en apparence je n'aie pas changé, je sais au plus profond de moi qu'à cet instant je rencontre Shiva, un des Dieux de la trilogie hindoue, tout comme le Tibet m'a touchée pour une demi-seconde à peine quinze jours plut tôt.

À la fin de la cérémonie, les prêtres distribuent des offrandes en forme de petites fleurs que nous allons jeter dans la rivière, celle-là même qui m'a promis que si je jetais ma bague, elle me protégerait…

Je suis touchée que Kalpana m'ait choisie pour partager cette soirée, et peut-être est-ce encore une fois le signe que j'ai été guidée.

— Merci d'être venue avec moi, Claire, me dit-elle, je sens que tu comprends mieux nos coutumes que certaines personnes du pays.

Moi, je n'ai pas de mots pour la remercier. Je repars en bus dans la nuit de Katmandou, et, sans pouvoir le définir, avec le sentiment que, une fois de plus, j'ai fait une rencontre.

Je suis nue. Shiva est au-dessus de moi. Il me dévore. Je suis maigre. Ce n'est pas sexuel. C'est presque agréable. Comme s'il détruisait en moi ce qui devait être détruit. Mais je sens que son énergie est trop forte. Oui, c'est cela. C'est Shiva. Il descend sur moi.

D'un coup je me réveille en sueur. C'était un rêve.

Je regarde ma main gauche. « Oui, Claire, tu m'as donné ta bague. »

Je me lève. Mes enfants dorment. Je vais chercher de l'eau et sors dans le couloir. J'ai besoin d'écrire, de tenir quelque chose de concret dans ma main. Mes cellules semblent en feu.

« Claire, je t'avais dit de faire attention, Shiva n'est pas n'importe qui. » Devant moi, je vois la lignée bouddhiste, je vois l'appel de Bouddha et la protection du chaman. Dans cette lignée, on m'a demandé de faire totalement confiance, de ne pas penser, seulement d'ouvrir mon cœur et de me mettre à la disposition énergétique de l'univers. Bouddha pour guide, et le chaman Pau Nyima Dhondup pour protecteur. J'ai une bague autour de mon cou, et un ruban rouge autour de mon bras. Shiva, c'est une autre paire de manches. Il s'est présenté à moi sans messager. Il ne s'est pas uniquement manifesté hier soir en demandant ma bague ou dans la danse et la cérémonie, voilà qu'il veut me dévorer en rêve. Je ris un peu. Je suis flattée d'une certaine façon. Mais il me faut aussi être sérieuse. On ne joue pas avec les Dieux.

Le lendemain, je me lève tôt pour retourner prier au temple bouddhiste. Je suis fatiguée d'avoir mal dormi. Une fois arrivée près du temple de Boudhanath, je retrouve avec plaisir l'énergie intériorisée des pèlerins bouddhistes. Malgré le fait que le jour soit déjà levé depuis presque une heure, le ciel a encore cette couleur rose des matins d'été. Il n'est que 6 heures mais les pèlerins sont déjà occupés à tourner autour du temple. Le temple n'a pas de toit mais forme une sorte d'enclos qui permet de venir se recueillir, prier ou chanter tout en étant protégé des gens qui choisissent de marcher. Le mur qui l'entoure est rempli de roues cylindriques sur lesquelles sont inscrits les mantras bouddhistes en sanskrit ancien. Les pèlerins tournent le cylindre de leur main gauche en tenant un chapelet dans la droite. À chaque tour, une prière monte vers l'univers et un peu de l'énergie karmique de la personne qui tourne le cylindre est clarifiée. Il en va de même pour chaque mantra prononcé.

La plate-forme sur laquelle on peut monter pour se rapprocher du haut de l'édifice possède une petite maison dans laquelle les pèlerins déposent leurs offrandes. Les moines assis en tailleur avec leurs livres de prières vendent de l'encens. J'en achète un paquet et me dirige vers la petite construction qui est dans l'axe direct des yeux de Bouddha. Le Feu n'a pas de flamme…

L'énergie du Feu hindou s'est adressée à moi à travers Shiva. Il m'a séduite. Mes cellules sont fatiguées. Et pourtant, en déposant mon encens dans les braises ce matin-là, la promesse de protection du chaman me revient à l'esprit, comme en filigrane : « Claire, je te protégerai », et il me semble alors que c'est l'essence de Bouddha même qui vient apaiser la foudre de Shiva qui a tenté de me dévorer durant la nuit.

Cette fois-ci tout apparaît dans un même instant. Bouddhisme, hindouisme, ces deux cultures évoluant sur un même territoire et cohabitant avec une telle harmonie tout en faisant émerger des aspects si différents de la nature humaine, énergie folle, exubérante, sexuée du Dieu Shiva, matérialisée par la danse, les couleurs du peuple népalais, puis, celle, amadouée, presque contrôlée, contenue, l'énergie de Bouddha matérialisée dans le peuple tibétain. Une énergie qui paraît beaucoup plus ancienne et spirituelle. Et pourtant Shiva[1] précède de loin Bouddha, qui n'est apparu qu'au IVe siècle avant Jésus-Christ. Shiva semble par essence un Dieu incarné, le Dieu de la danse, représenté avec des milliers de pénis dressés, le Dieu de la destruction et de la transformation, le Dieu du passage vers le matériel. Tandis que de Bouddha émane une énergie plus paisible et moins incarnée.

---

1. L'origine du Dieu Shiva remonterait à la période prévédique, au moins deux à trois millénaires avant notre ère.

Le chaman n'a pas menti.

La veille, lorsque j'ai visité ce même temple, j'ai cherché un moine bouddhiste pour réciter les prières prescrites par le chaman. Zarah ne voulait pas venir mais il était essentiel qu'elles soient récitées tout de même. Le jeune moine m'avait demandé de revenir le lendemain vers 9 heures, ajoutant que les prières duraient trois heures. Le monastère était ouvert au public et il suffisait de retirer ses chaussures pour y entrer. Les moines dansaient pieds nus en tenant des téléphones portables qui semblaient leur marquer le rythme.

Un autre jeune moine me fait asseoir en face de lui et de son collègue. Je pense à mes enfants que j'ai laissés dormir dans la chambre d'hôtel. Le jeune moine se met à chanter. J'ai devant moi une divinité bouddhiste toute faite d'or. Elle est énorme et n'a pas l'air commode. À peine les deux jeunes moines ont-ils commencé leur chant sanskrit que viennent se projeter devant mes yeux les aspects douloureux de ma relation avec ma fille Zarah. L'expérience n'est pas seulement visuelle, elle est aussi corporelle. Les parties de mon corps concernées par sa naissance (j'ai accouché de ma fille au forceps) deviennent brûlantes. Ensuite, des images de mes disputes avec son père, mes impatiences lorsqu'elle était petite, ma colère, mes moments de déconnexion voire de dissociation, dansent devant moi avant de disparaître dans la sacralité du son tandis que mon Feu intérieur s'apaise. La prière est-elle pour Zarah ou pour moi ? Je revois le chaman travailler et se pencher sur son corps pour retirer sa douleur... et les chants du jeune moine continuent de produire un effet hypnotique sur les cellules de mon corps. Quarante-cinq minutes plus tard, il s'arrête. La prière est plus courte que prévu !

— Voilà c'est fini, dit-il avec un sourire.

Je n'en suis pas fâchée. J'ai suivi les instructions du chaman. Mon esprit est en paix. Je suis profondément reconnaissante.

Dernier matin, Katmandou

La porte de l'hôtel vient de s'ouvrir. Le jour est déjà levé, mais la ruelle touristique pas encore totalement réveillée. Certains des stores des magasins sont encore baissés. C'est mon dernier matin à Katmandou et je me suis levée de bonne heure pour aller voir le Dieu Khrisna dont l'anniversaire est célébré dans la ville ce jour-là. Je fais l'erreur de télécharger mes mails sur mon portable ; en l'espace d'un instant je suis envahie, il n'en faut pas beaucoup, la souffrance d'une amie proche qui m'écrit une longue lettre.

Je réalise alors que le Népal a opéré comme une digue qui m'a protégée non seulement de la souffrance de mon amie, mais aussi peut-être de toute la réalité de mon métier de guérisseuse incluant la souffrance de tous mes patients. Ce matin-là, la digue est tombée.

En entamant ma promenade, je ne peux retenir mes larmes, elles coulent sans pouvoir s'arrêter. Je pleure peut-être aussi car le voyage a été une forme de rêve, un espace éloigné de la réalité, de la vie de tous les jours, un espace où je peux ne rien avoir à faire avec la souffrance d'autrui.

Dans les vieilles rues de Katmandou aux immeubles magnifiques, la douleur de mon amie rebondit sur les vieux bâtiments en bois dont la dégradation semble multiplier mes larmes. Je demande un signe. Arrivée au croisement de cinq petites rues, je m'arrête. La place grouille de monde. Un homme m'aborde, il parle bien anglais, son visage est doux. Nous nous asseyons. Il me propose un thé, mais il n'a pas d'argent pour me l'offrir. Je souris. Il commence à parler des

Dieux, Shiva, Krishna, Vishnou... Je l'écoute. Il y a dans sa relation aux déités une telle articulation, une telle douceur et sophistication. Cet homme ne possède rien, et son rapport au sacré est plus développé et pur que quatre-vingt-dix-neuf pour cent des Européens. Son métier : vendre des baumes du tigre. Ce matin-là, il n'a pas eu assez de sous pour en acheter chez un grossiste afin de les revendre avec profit. Rien dans sa façon de parler ne quémande. Malgré sa pauvreté, et peut-être même grâce à sa pauvreté, il semble en parfaite harmonie avec l'univers. Je sors trois à quatre cents roupies de ma poche et les lui tends pour acheter ses crèmes. Il me regarde, sourit. Des larmes coulent de ses yeux comme s'il souffrait réellement de devoir accepter. Je reste silencieuse et lui pose la main sur l'épaule. Je veux qu'il le reçoive comme ne venant pas de moi. Nous savons tous les deux que l'argent que je possède ne m'appartient pas. Je sais qu'il comprend et il sait que je comprends. Notre silence et nos relations mutuelles malgré nos cultures fondamentalement séparées semblent le mettre à l'aise et il sèche ses larmes. Il reste silencieux un moment, puis un sourire se dessine sur son visage.

— J'aimerais bien fumer, me dit-il en me regardant.

Nous éclatons de rire tous les deux, et je sors un autre billet pour qu'il puisse s'acheter du tabac. Il se lève :

— Bon, ma journée commence bien, vous m'avez beaucoup aidé, maintenant c'est mon tour de vous aider, je vais vous montrer la ville.

Avant de le suivre, je le regarde encore une fois... il est la manifestation de ce que j'ai ressenti des êtres humains dans cette partie du monde.

Il m'accompagne près des temples et garde mes chaussures pendant que je vais porter des offrandes aux Dieux hindous. Il se fait un devoir de me protéger, tout comme je l'ai protégé d'une journée de difficultés. Krishna, le Dieu de la musique, me fait acheter une flûte. J'essaie de souffler dedans sans succès. Nous rions. Il la prend et se met à jouer. Les sons montent et son regard exprime de la joie. Arrivé près du palais[1], il me pousse dans une petite maison qui jouxte l'entrée.

Au centre de la petite maison, un homme se tient près d'un foyer où un Feu va se préparer. Je ne sais pas s'il est prêtre ou propriétaire des lieux. Il s'affaire à préparer l'espace. Une petite souris se glisse dans un coin, puis un rat. Il m'accueille et me salue. Mon ami et moi nous asseyons un moment. Je regarde le foyer du Feu, il se met à parler : « Claire, le voyage est fini, tu dois rentrer maintenant. – Bien sûr que je dois rentrer, mon avion est dans deux heures. – Non, je ne parle pas seulement de ton avion, tu dois comprendre que le voyage est fini. La souffrance de ton amie t'appelle. Elle a besoin de toi. Beaucoup de gens ont besoin de toi. Cesse de rêver. Tu dois retourner là où tu habites et travailler. Le chaman te l'a dit, tu es guérisseuse et tu n'as pas le droit de refuser de rentrer. Le Népal t'a donné tout ce dont tu as besoin, tu n'auras qu'à l'intégrer, et moi aussi, tu m'as de nouveau rencontré à travers Shiva. Écoute-le, il va t'apprendre, t'enseigner et t'aidera à faire ton métier de gardienne du Feu. » Je suis calme. Le Népal me demande de rentrer chez moi et je n'ai pas le choix.

Je me lève et salue l'homme qui lui aussi semble gardien du Feu. Puis je me décidais à aller voir le palais. Il me reste encore un peu de temps. Mon ami persiste à m'accompagner mais le moment est passé. Malgré tout je ne sais pas comment lui dire au revoir et je profite de la foule

---

1. La vallée de Katmandou au cours des siècles a abrité plusieurs dynasties. Aujourd'hui, il reste trois grands centres qui sont des joyaux de l'architecture.

pour m'éclipser dans une ruelle étroite. Sur le moment, j'ai véritablement besoin d'espace et n'en éprouve pas de honte. Rétrospectivement, je le regrette un peu et aurais préféré lui dire au revoir de façon ouverte et non mesquine. Je longe la ruelle, j'ai envie d'un thé chaud. Au bout de la ruelle, un café. Je lève la tête. « Café Shiva ». Je souris intérieurement. Décidément, on ne lance pas sa bague sans conséquence.

Je reste un moment dans le café, j'ouvre mon journal pour écrire quelques lignes. Des fillettes regardent Tom et Jerry dans un vieux poste de télévision, leur père les surveillant du coin de l'œil tout en parlant à un ami adossé au comptoir. J'écris une lettre à Kalpana, note quelques phrases dans mon carnet de bord, puis je paie mon thé et sors en jetant un dernier coup d'œil aux fillettes.

La ruelle débouche sur la place bordée par au moins quatre palais. Il me reste moins d'une heure et le Feu semble vouloir être visité une nouvelle fois. Je retourne dans la petite maison.

À mon entrée, l'homme habillé de vert me sourit pour m'accueillir à nouveau. Ses yeux me dirigent vers un personnage lui-même tourné vers le Feu, c'est un prêtre hindou, habillé de rouge. Je comprends maintenant que l'homme en vert est un assistant. Il y a dans le respect qu'il lui porte une déférence qui est celle d'un élève, non d'un égal. Le prêtre me sourit aussi. Les quelques personnes assises autour du Feu viennent le saluer et demandent une bénédiction. Je fais de même. Il paraît clair que c'est pour cela que j'ai été appelée à revenir. Le prêtre met sa main dans la cendre et dessine un signe sur mon front. Puis je vais m'asseoir en tailleur sur le côté. Son visage est parfaitement dessiné et entouré d'un turban rouge. Son anglais impeccable. Il me demande d'où je suis et me souhaite la bienvenue. Je le regarde donner des bénédictions aux passants et aux personnes qui sont venues se recueillir autour du Feu. Il prépare des offrandes, du riz, du blé, des fleurs. Il règne une atmosphère paisible, contrastant avec l'effervescence de la rue qui n'est qu'à une centaine de mètres, où le festival se déroule. Il se lève et va bénir une statue de Shiva dans le coin. Il sort ensuite pour bénir les statues qui ornent l'édifice. Malgré ma curiosité, je ne le suis pas. Il me reste trente minutes avant de devoir courir jusqu'à l'hôtel. Mon Dieu, j'espère que les enfants auront fini de faire leur valise, je compte un peu juste, question temps. Le prêtre s'approche de nouveau du Feu et fait des incantations, il dessine avec du riz la lettre OM, premier son de l'univers. OM, c'est la voix de Dieu qui a lancé le premier son dans l'univers… la parole sacrée qui sert de symbole fondamental aux deux religions, hindoue et bouddhiste.

Vingt minutes avant de devoir courir à l'hôtel. Il y a un an presque jour pour jour, je devais partir recevoir l'initiation Huichol pour devenir gardienne du Feu. Et voilà que quelques heures avant de quitter le pays, j'atterris dans une cérémonie hindoue dédiée au Feu. Je vois la lettre OM. L'énergie dévoratrice de Shiva de la veille a disparu. Je ne peux rien dire ni articuler intérieurement. Il est trop tôt pour appréhender la signification de l'instant. La lettre OM me parle, elle semble dire : « Claire, c'est avec cette énergie-là que tu dois travailler, l'énergie de l'origine, le premier son, sers-toi du Feu, c'est lui qui te guidera. » Je repense à la mélancolie que j'ai ressentie en observant la fidélité du chaman tibétain aux rites ancestraux. J'observe la lettre OM et la laisse planer dans mon cœur ; je comprends alors que c'est dans cet espace de liberté que réside ma loyauté.

Ma lignée est justement de ne pas en avoir.

Alors que l'énergie de ce moment habite mon corps, mes yeux croisent ceux du prêtre hindou. Cet instant scelle-t-il le moment où j'ai donné ma bague à Shiva? Dans les yeux du prêtre, je comprends que Shiva n'est pas que dévorant et sauvage, il est aussi policé et pieux. Le prêtre semble comprendre.

Après avoir offert du riz au Feu, il me fait signe d'approcher et me donne une autre bénédiction. Suis-je en train de recevoir une initiation? En fait, cette matinée en elle-même est une initiation.

Le prêtre distribue aux quelques personnes venues assister à la cérémonie des beignets dans du papier journal et du thé chaud. Une femme vient avec son jeune fils, qui reçoit lui aussi une bénédiction. Il ne me reste que cinq minutes. Je prends congé de mes hôtes, salue le Feu et pars dans la foule. Une fois sortie de l'espace sacrée, je me mets à courir pour ne pas perdre de temps, puis me retourne une dernière fois, comme si j'allais pouvoir encore voir le Feu. L'homme en vert est sorti, il m'adresse un petit signe de la main et je distingue son sourire. Mon cœur se serre. Mon Dieu, que les gens sont beaux, ici.

Deux heures plus tard, notre avion décolle de Katmandou. Épuisée, je ferme les yeux quelques secondes. Mon fils se penche vers le hublot.

— Maman, maman, regarde, c'est le temple bouddhiste.

J'ai tout juste le temps de rouvrir les yeux et de me pencher à mon tour. La dernière chose que je vois sont les yeux gigantesques de Bouddha qui ornent le centre de l'édifice. Grâce à Émile, mon fils.

L'appareil contourne la ville et se dirige vers le nord de l'Inde. Très vite les nuages recouvrent la terre et le Népal disparaît à nos yeux. Mais pendant encore quelques minutes, au nord, les montagnes de l'Annapurna se dressent au-dessus des nuages. Avec le zoom, on peut distinguer le Machhapuchhré, la Montagne sacrée que personne n'a jamais escaladée puisque Shiva vit en son sommet.

Je m'endors jusqu'à Bombay.

Chapitre VII.

Le Chaman et la Mort

Ma patiente frappe à la porte.
— Oh, pardon, entrez…
Je l'installe sur le sofa où je m'étais assoupie. Je sors lui faire une tasse de thé pour reprendre mes esprits. C'est ma première séance depuis mon retour. Elle a demandé à me voir en urgence.
Je verse l'eau bouillante sur le sachet de thé. Elle aime bien la réglisse, enfin si je me souviens bien, me dis-je en tentant de me remémorer les détails de son histoire et de notre dernière séance. Avant les vacances, nous avions ramené son âme. Elle m'avait envoyé quelques e-mails qui semblaient confirmer que le travail avait été positif. Elle avait retrouvé une Direction. « Depuis que je vous ai vue, j'ai le sentiment de pouvoir me faire confiance, d'avoir le droit d'exister », m'avait-elle écrit. En sortant de ma cuisine et en marchant le long de ma maison pour regagner mon petit studio, j'ai juste le temps d'entendre : « Claire, laisse tomber la psy, travaille comme une chamane, écoute-nous ! » Je souris.
Elle est assise confortablement, les coussins autour d'elle. Elle semble à la fois paisible et un peu anxieuse. À côté de mon

divan, j'ai accroché un tantra bouddhiste et disposé les objets tibétains sacrés que j'ai achetés près du temple. Il y a aussi une branche, d'un arbre rencontré sur la crête longée avec Tsering le lendemain de ma visite chez le chaman, Nyima. Je mets ma ceinture rouge, je jette un coup d'œil intérieur aux quatre Directions en souriant en moi-même. Vont-elles venir m'assister, ou vont-elles bouder ? Je m'assois et écoute.

Elle parle un moment, me raconte les impressions et changements qu'elle a ressentis en elle depuis notre première séance. Elle se sent mieux. Sa relation avec sa mère s'est profondément adoucie.

— Je crois que votre idée de lui créer un autel dans mon jardin a été merveilleuse, Claire. Je pense que cela m'a permis de l'honorer, mais aussi de laisser l'aspect « araignée tentaculaire » de son personnage retourner à la Nature plutôt que de me dévorer. J'ai aussi recommencé à chercher du travail, c'est un peu comme si je retrouvais ma Direction. Mais la raison pour laquelle j'ai voulu vous voir est la suivante. De temps en temps, sans que je sache d'où ça vient, je suis prise d'une immense mélancolie, en fait, c'est plus que de la mélancolie, c'est une tristesse dévorante.

Je la laisse parler et discrètement tourne mes yeux vers Bouddha. Je vois la branche de l'arbre et sans cesser de l'écouter, je ressens tout mon système énergétique transporté au Népal. Je vois le riz que Nyima a fait chanter et bouger devant mes yeux. J'entends sa voix, je vois presque la plume bleue arrivée sur mon chemin naturellement se glisser dans mes cheveux. Je lui suggère de fermer les yeux et je m'ouvre totalement à son expérience, ouvrant mon chakra du cœur. Je la questionne encore, mais les informations qu'elle me donne n'ont pas d'intérêt particulier. Elles ne nous mènent nulle part, d'ailleurs je les ai oubliées à ce jour.

— Fermez les yeux, Isabelle, lui dis-je. Où se trouve la tristesse dont vous parlez ?

— Dans mon cœur, répond-elle immédiatement.

Sans hypothèse particulière, je lui demande :

— La douleur vient-elle de votre lignée maternelle ou bien paternelle ?

— Paternelle.

— OK, suivez-la, que voyez-vous ?

En lui parlant, j'ai les yeux ouverts. La tenture de Bouddha est immobile mais le soleil qui a maintenant envahi mon studio envoie un rayon au centre du mandala. Le temple bouddhiste me revient à l'esprit ainsi que la piété de tous ces gens qui marchaient en égrenant leur chapelet. Le rythme de leur marche semble pénétrer mon studio. Elle poursuit :

— Je vois une femme, elle est vêtue comme au XIXe siècle, elle pleure, elle sanglote.

— Voyez-vous autre chose ?

— Non, elle est seule.

— Demandez-lui ce qui lui est arrivé et pourquoi elle est triste. Oh, non, d'abord, dites-moi, est-ce que vous avez le sentiment que la mélancolie qui l'étreint est celle qui vous assaille et dont vous me parliez ?

— Oui, c'est exactement la même.

— OK, très bien, demandez-lui pourquoi elle pleure.

— Elle ne répond pas…

Flûte, que vais-je faire ? C'est toujours bien quand les images parlent, ça nous guide et en général on avance mieux. Bon, tant pis, agissons. Je jette un œil sur mes artefacts et c'est l'arbre sur la crête de l'Himalaya, non loin de la montagne de Shiva, qui s'offre. Je prends la branche et en un millième de seconde je me vois faire une longue révérence de remerciement sur le chemin de la montagne, puis je reviens.

— Isabelle, tenez ce bout de bois. Serrez-le bien dans vos mains et continuez de regarder la femme qui pleure. Elle pleure encore ?

— Oui, c'est pire.

— OK, c'est bon signe, elle doit avoir senti que nous sommes là et elle s'autorise à s'abandonner. Dites-lui que nous allons l'aider. Dites-le-lui tout bas, ou tout haut, comme vous voulez.

Je vois les lèvres d'Isabelle bouger doucement.

— Très bien. Maintenant, choisissez votre endroit préféré sur terre, près d'un arbre, dans une clairière, près de la mer, bref un endroit où vous faites totalement confiance à la Nature. (Je laisse passer un moment.) Ça y est ? Vous l'avez trouvé ? OK, maintenant prenez cette petite branche, c'est un cadeau d'un arbre qui pousse sur la crête des neuf collines, non loin de la chaîne de l'Annapurna où se trouve la montagne du Machhapuchhré, sacrée depuis des millénaires. Je veux que vous laissiez entrer l'énergie de cet arbre en vous, et petit à petit que vous vous transformiez en arbre vous-même. Laissez vos racines pousser et respirez. Remerciez l'arbre de son don.

Je me tais un moment. Je souris intérieurement. Se laisser guider par les Esprits, c'est presque comme faire du ski ou de la luge, ça glisse tout seul. Isabelle fait un signe de la tête après une minute ou deux, m'indiquant qu'elle a bien trouvé la capacité de se transformer en arbre.

— Ça y est ?

— Oui, me dit-elle en hochant la tête.

— Maintenant invitez la jeune femme qui pleure à venir se loger dans l'arbre, dans vous et dans l'arbre. Vous pouvez l'inviter avec vos yeux, ou, tout simplement, en lui parlant, expliquez-lui que l'arbre va la guérir.

Je laisse encore un instant passer. J'ai une totale confiance dans ma patiente et dans l'arbre.

— Ça y est, elle est entrée, dit-elle tout bas.

— OK, que fait-elle ?

— Elle a immédiatement cessé de pleurer, elle s'est assise sur une des branches et s'adosse à l'arbre.

— Bon, c'est parfait. Et qu'est-ce qu'il se passe pour vous lorsqu'elle s'arrête de pleurer ?

— Eh bien, ma douleur dans le cœur cesse immédiatement.

Parfait, nous sommes sur la bonne route, pensé-je, c'est clairement une âme perdue qui n'est pas partie vers la lumière. Je regarde Bouddha et doucement, sans rien dire à ma patiente, je la prends par les épaules et parle :

— Jeune femme, il est temps de partir, l'arbre va t'accompagner. Il restera avec toi pour toujours. Tu peux utiliser ses racines pour porter ta souffrance, il est centenaire, il t'aidera. Il faut maintenant laisser Isabelle. Isabelle ne doit plus supporter ta souffrance. L'arbre va t'aider à te connecter avec tes ancêtres et bientôt te permettra de partir vers la lumière. Isabelle, je veux maintenant que vous remerciiez cette jeune femme de ce qu'elle vous a appris et dites-lui au revoir.

Isabelle commence à pleurer… je sens qu'elle est prête à laisser la jeune femme porter sa propre douleur. Pour la première fois durant la séance, je sens le bout de tissu rouge du chaman que j'ai serré un peu trop fort autour de mon bras, et sa bague qui pend attachée à une chaîne en argent autour de mon cou.

— Il vous faut maintenant sortir de l'arbre, Isabelle, et revenir sur le sofa. Prenez votre temps, respirez bien fort…

Je laisse passer un moment. Une fois qu'elle a acquiescé de la tête pour m'indiquer qu'elle est revenue, je lui serre les épaules doucement et prononce :

Comment je suis devenue chamane

— Tout est en équilibre.

Je sors lui chercher un verre d'eau. Quand je reviens, je distingue cette lueur particulière dans ses yeux qui m'indique que quelque chose est effectivement revenu, ou, en l'occurrence, parti. Je lui souris et ferme les yeux. Un instant j'ai cru distinguer le sourire de Nyima, le chaman.

Nous ne parlons presque pas, il est important de ne pas rompre l'énergie du traitement. Ma patiente quitte mon petit studio. Je m'allonge un moment. Il ne fait aucun doute que j'ai ramené des êtres dans ma valise. Tous ont voulu m'aider : la montagne, l'arbre, le chaman. Je jette un œil sur les Directions qui, dans mon studio, ne sont marquées par aucun autel particulier. « Bon, ça va, vous n'êtes pas jalouses ? » Silence radio. Elles ne sont pas apparues dans le traitement. Je scanne mentalement les rubans qui honorent la Roue de mon jardin. Je souris. « Mince, c'est vrai, Claire, tu les as un peu délaissées. Regarde les rubans, ils tombent en lambeaux. – D'accord, d'accord, je vais m'occuper de vous ce week-end. »

En fait, la jalousie des Directions m'agace vaguement. J'étais prête à leur donner tout mon respect, mais je n'aime pas le sentiment qu'elles puissent me contrôler. À peine ai-je formulé ces pensées qu'une voix interne commente : « OK, Claire, comme tu voudras, mais ne compte pas sur nous. » Effectivement, j'ai été infidèle au Mexique dans la douceur de Bouddha et les bras de Shiva, et voilà que, moi, par nature plutôt loyale, je me découvre des aspects volages. Ils ne me déplaisent pas…

Je n'ai pas d'autres patients ce jour-là et je peux prendre le temps de me connecter avec l'énergie de Bouddha et de la montagne pour véritablement les remercier de leur présence. J'ai du mal à définir comment le chaman travaille, ni s'il est même vraiment présent mais je me sens bien. Je suis heureuse d'avoir enfin un être incarné, qui n'est ni un maître, ni n'a montré la moindre velléité de contrôler ma pratique et qui pourtant m'a offert son soutien inconditionnel. Le fait qu'il ait soigné ma fille est important aussi. Elle a retrouvé une lumière intérieure, ses colères constantes s'espacent. Le jour de notre arrivée, sans demander quoi que ce soit à quiconque, elle a dessiné un arbre magnifique sur le mur de sa chambre, avec des fleurs qui ressemblent un peu à celles d'un cerisier et de grandes racines qui vont profondément dans la terre. Voilà que Bouddha et Jésus ont négocié secrètement avec la Nature et que ma fille a, sans le nommer, répondu au sacré. Je me suis bien gardée de faire un commentaire.

Trois jours plus tard je partis à Londres pour quelques jours suivre une formation de EMDR[1] qui se déroulait dans une belle maison victorienne des quartiers chics de la capitale. À l'arrière de la cuisine, on avait accès à un jardin étonnant. Une sorte de mini-parc clos entouré d'un pâté de maisons. Un paradis caché au milieu d'une métropole. Durant les intervalles, je passai beaucoup de temps à me promener dans cet endroit un peu magique. L'après-midi du mercredi, je m'aperçus que le cristal de la bague que le chaman m'avait donnée était tombé. Perdu. Cette bague m'était précieuse, bien sûr, mais elle n'avait pas d'autre valeur que celle d'avoir appartenu à Nyima. C'était un cadeau. Elle était maintenant vide. Je revins sur mes pas dans le jardin plusieurs fois, mais le cristal étant vert, je savais que les chances de le retrouver étaient quasi nulles. J'étais un peu triste, mais je me souviens d'avoir fait l'effort de ne pas y attacher trop de signification. Je n'avais

---

1. Eyes Movement Desensitization and Reprocessing. Technique psychologique utilisée pour traiter les traumatismes.

jamais eu de véritables maîtres incarnés, alors peut-être que laisser partir sa bague faisait aussi partie de mon apprentissage.

Le jeudi soir, j'eus du mal à m'endormir. J'étais inquiète, j'avais chaud, j'avais peur, j'ignore de quoi… Le vendredi matin au réveil, je ne remis pas la bague autour de mon cou. Sans véritablement savoir pourquoi, je laissai le collier dans mon sac. C'était la première fois que je ne la portais pas depuis que Nyima me l'avait donnée, presque jour pour jour un mois auparavant.

Je rentrai à la maison le soir même.

Le lendemain, samedi

— Maman, j'ai une triste nouvelle à t'annoncer, me dit mon fils.

— Qu'est-ce qu'il y a ?

— Tu sais, la fille du chaman, Dolkar, je suis en lien sur Facebook avec elle.

— Ah, oui, et alors ?

— Ben, elle m'a envoyé un message… Le chaman est mort.

— Quoi ?

Je monte immédiatement dans ma chambre pour ne pas montrer ma réaction à mes enfants. Je suis sous le choc. Je ne peux le croire. Il avait l'air si profondément en bonne santé. Je me mets à pleurer.

En plus, je suis fatiguée et de mauvaise humeur, je me suis engagée à faire un Feu pour la communauté. C'est un de ces jours où je me dis : « J'en ai marre d'être guérisseuse et de passer tant de temps à m'occuper des autres, et gardienne du Feu par-dessus le marché. » Et voilà, le chaman est mort. Le mercredi matin, le cristal est tombé de ma bague, c'est le jour où il a été envoyé à l'hôpital. Un truc au foie. Les médecins n'ont pas pu le sauver. Il est mort dans la nuit du jeudi au vendredi, lorsque je n'arrivais pas à dormir. Puis je n'ai plus porté sa bague.

Mes premières pensées vont à sa jeune fille, mariée en Allemagne. Je sais qu'elle n'a pas de passeport pour retourner voir sa famille. C'est sa douleur à elle qui m'assaille. Je ne prends pas bien conscience de la signification de l'événement. Puis je pense à la communauté. Il était le dernier chaman tibétain dans le camp de réfugiés, et c'est cette perte-là qui prend le dessus. « Un être incarné pour me guider et me protéger, il n'aura pas fait long feu. »

La journée est longue, je pleure par moments, je pleure sur moi-même un peu. Je ris à travers mes larmes : « Flûte alors, pourquoi n'ai-je jamais le droit de travailler avec les vivants ? »

Tout de même, à force d'avaler la douleur des autres pendant cinquante ans, le foie en a pris un coup. Pas besoin d'aller chercher midi à quatorze heures. On a beau dire, avoir toutes les protections spirituelles du monde, le corps finit par lâcher. Je me demande si je cours vers le même destin… bon, soixante-douze ans, c'est jeune, il était si beau, si vivant.

Les jours et les semaines qui suivent, je le sens de temps en temps. Sa force vient dans la chaleur augmentée de mes mains. Le chapelet que sa femme m'avait vendu s'est chargé d'une énergie particulière. Au fil des jours, je le porte souvent et compte les perles lorsque je prie. Mon travail avec mes patients semble changer. Je suis parfois guidée à poser certaines questions qui semblent donner lieu chez le patient à des réflexions qui n'auraient peut-être pas émergé auparavant. Est-ce lié à Nyima ? Vient-il me visiter ? Je l'ignore.

La tradition tibétaine veut que juste après le décès, l'âme du mort erre sur terre pendant quarante-neuf jours, retournant voir ses proches, les lieux qu'il a aimés…

Cathy, une amie proche, m'annonce qu'un de ses Esprits gardiens l'a informée que le chaman m'ordonne d'écouter des chants bouddhistes. A-t-il vraiment pris soin de me prévenir et de me guider une dernière fois avant de mourir par l'intermédiaire de mon amie ? Force m'est de constater que cette fois-ci, tout n'est pas dans ma tête seulement. Le chaman semble vraiment avoir cherché à me contacter avant de mourir. « Vous avez beaucoup de chance, Claire, m'a écrit sa fille Tenzin dans sa douleur. Je suis sûre que mon père est resté en vie pour pouvoir vous soigner vous et votre famille. Après, il a eu le droit de partir. Vous avez beaucoup de chance. » J'ai pleuré lorsque j'ai reçu ce mail.

Les jours passent et Nyima continue d'apparaître. J'écris à mon ami Tsering en lui demandant :

« Je sens l'esprit du chaman souvent, mais après quarante-neuf jours, que va-t-il se passer ? Sera-t-il réincarné ? »

Sa réponse est univoque :

« Oui, Claire, après quarante-neuf jours, tu ne pourras plus le sentir car il sera réincarné, et le grand lama a dit qu'il se réincarnerait en être humain. »

C'est en recevant ce texte que je réalise que je vais vraiment le perdre. Je vais le perdre comme guide spirituel et dans moins de trois semaines mon guide portera des couches-culottes.

Que se passe-t-il exactement durant quarante-neuf jours ? Je suis tentée d'aller lire, de comprendre, d'étudier les rites funéraires tibétains. Je résiste et continue de suivre les ordres silencieux que j'ai reçus du chaman et de l'Esprit de la Montagne : « Fais confiance, ne questionne rien, Claire. » J'observe en moi le besoin de posséder son image et de maintenir le lien et pourtant le concept de réincarnation m'oblige à admettre que la vie n'est pas stagnante et qu'elle va continuer.

Je me demande quel impact cette conception de la réincarnation si rapide a sur les mécanismes psychologiques de deuil des Tibétains. Quarante-neuf jours, ma foi, ce n'est pas véritablement long pour les êtres vivants qui ont perdu un être cher. Je pense à ceux qui l'ont véritablement aimé, comme être incarné.

Et puis un soir, je comprends. La forme des arbustes qui m'entourent à ce moment-là est encore dessinée dans ma mémoire, comme une image qui ne disparaîtra jamais. Je vois ce moment entre la mort et la réincarnation, ce moment où la vie recommence et où la mort est vaincue. Il me semble ressentir l'espace d'un instant extrêmement court l'impossibilité de s'arrêter tant le mouvement de la vie est fort. Le moment ultime où l'attachement à un être doit être abandonné. Je souris intérieurement. « Claire, il a été guérisseur pendant cinquante ans, si mourir n'est pas une assurance de libération, quelle galère ! » Oui, moi aussi, lorsque je serai morte, j'aimerais une chose : « Qu'on me foute la paix. » Ne plus être guérisseuse…

Au moment même où je réalise que mon désir de protection peut ralentir la libération de son âme, quelque chose de mon besoin s'éteint immédiatement à l'intérieur de moi, comme une coupure, un retour au réel. A-t-il jamais existé autre chose que ma représentation de lui ?

Mon gentleman compagnon, très sensible aux énergies, pense autrement :

— Claire, c'est sûr qu'il t'a passé de son pouvoir. Tes traitements ont complètement changé depuis que tu es rentrée. Dès que tu poses tes mains sur moi pour me donner de l'énergie, tu ne te rends pas compte, c'est phénoménal.

Non, effectivement, je ne me rends pas compte. Oh, je sens bien que, assise devant mes patients, j'éprouve une sorte d'élargissement étrange. Parfois c'est une sorte de douleur physique. Je vois bien que mon corps est devenu le lieu de transformations qui se manifestent principalement au niveau du cœur et que je ne peux expliquer, mais j'hésite à vraiment faire le lien direct. Comme si accepter que le chaman ait pu me léguer une énergie particulière serait présomptueux.

Les semaines passaient, un soir, alors que je danse seule dans mon salon, j'entends une sorte d'appel. Non, ce n'est pas sonore, c'est différent. Ce n'est pas non plus un Esprit. Ce n'est pas énergétique, cela vient d'ailleurs, c'est totalement désincarné. Cela vient du vide. J'arrête mon iPod et je reste debout au milieu du salon. Le chaman parle, il vient de réapparaître, est-ce vraiment lui ? Non, il n'apparaît pas comme avant. C'est un appel sourd. Mais qui d'autre peut vouloir communiquer avec moi ? « Claire, tu dois t'arrêter et écouter, j'ai une dernière chose à t'apprendre, à te montrer. Je suis entre la mort et la vie. C'est un espace sans nom, un espace sans définition. Tu as souvent aidé des Esprits à passer vers la lumière, mais tu as encore des choses à apprendre. En vérité, tu ne sais rien de la mort, encore moins de l'espace entre la mort et la vie, avant la réincarnation. C'est là où je suis. J'y resterai quinze jours encore dans le temps terrien... »

J'ai cessé de danser. Alors que j'essaie d'arrêter autre chose en moi, pour écouter mieux, pour écouter le silence, l'image de la robe de Bell réapparaît. Bell la tante de Sophia dont je vais devoir brûler le récit (je ne le sais pas encore à ce moment-là). Maintenant tout est clair, c'est elle qui m'a préparée à être en mesure d'entendre le chaman de là où il est, entre la mort et la vie. Je reste encore longtemps sans bouger. Comment puis-je savoir que le chaman m'appelle du vide ?

L'image suivante est celle de l'Esprit de l'homéopathie. Bien sûr, c'est une évidence, seule la subtilité de l'homéopathie me permettra de comprendre cet espace entre la mort et la vie et c'est Sophia, homéopathe et énergéticienne, à qui je vais demander les remèdes pour me permettre d'entendre et de recevoir le dernier enseignement du chaman.

J'éprouve une grande paix et satisfaction en recevant ce message. Je n'invente rien : Nyima a interrompu ma danse.

Je pars me coucher. J'ai du mal à m'endormir. Dans ma tête, j'écris déjà une lettre à Sophia.

« Sophia, le chaman est revenu. Se pourrait-il qu'il ne soit jamais parti ? Non, il est revenu, mais de façon plus subtile. Ne me demande pas de décrire comment je le sais, j'en serais incapable. Je le sais, c'est tout. Il m'a parlé. J'ai besoin de tes remèdes pour l'entendre. »

Comme j'ai de nombreuses fois répondu à son appel, Sophia répond au mien sans tarder. Et deux jours plus tard, les remèdes sont prêts. J'ai deux semaines pour écouter le dernier enseignement du chaman. Je pars en France pour quelques jours.

Le premier matin, je prends Medorrhinum. Un remède pour ouvrir, dégager le chemin pour recevoir l'enseignement du chaman, écrit Sophia sur la notice. Cinq minutes à peine après l'avoir pris, j'éprouve un sentiment d'expansion comme si chaque cellule était élastique. « Fais de la place à l'intérieur de tes cellules, Claire », semble dire le remède. Contrairement à d'habitude, l'expérience n'est pas accompagnée d'image. Quelque chose de plus subtil commence même à se dessiner : un espace que je n'ai encore jamais appréhendé, un espace au-delà de l'Esprit, au-delà de l'archétype, au-delà du corps, et le plus étonnant, au-delà même de l'énergétique.

En réagissant de la sorte avec le premier remède, mon esprit répond-il à l'injonction de Sophia ? Suis-je en train d'imaginer que je visite le vide ? Comment le savoir ? La présence du chaman s'est atténuée, il semble m'avoir juste poussée à entamer le voyage puis s'être effacé. Il n'y a donc pas de maître que je dois écouter, non, je sais, sans pouvoir ni le démontrer, ni le décrire véritablement, que le message est hors du temps.

Je le note dans mon carnet de bord.

Au fil des heures, l'étirement de mes cellules donne l'impression d'une sorte d'éjection de l'esprit, comme si l'esprit, en l'occurrence le mien, était attaché à chaque cellule par un mécanisme similaire à un puzzle. J'ai le sentiment que le remède, en dilatant les pièces du puzzle, permet à l'esprit de se libérer. Peut-être qu'un processus similaire s'opère juste après la mort, pour libérer l'âme du corps ? L'esprit et l'âme sont-ils différents ? Dans mon cas, je reste vivante, mais autorisée à jouer avec cette danse. Et loin, très loin, dans un espace que je ne peux pas atteindre et qui n'apparaît pas de façon visuelle, se dessine le vide. Oui, le vide, ce qui a existé avant la création, l'avant, là où rien, pas même l'énergie, n'existe.

Allongée sur mon lit, je souris intérieurement. « Claire, t'es pas en train de t'inventer des salades ? Si ton chaman est bien là-bas dans le vide, comment aurait-il pu te parler ? S'il n'existe plus, il n'a plus de corps, il n'a plus d'esprit, il n'a plus rien d'où il pourrait t'appeler. » Ces questions me font sourire et je m'amuse à les laisser flotter, mais en fait, le vide a déjà suffisamment agi sur moi pour que je sache que le chaman n'est pas littéralement venu me chercher pour m'enseigner. C'est moi, transformée, qui suis en état de communiquer avec lui, là où il est, dans le vide.

Les deux premiers jours, la réalité m'apparaît à la fois plus grande, plus riche de par l'espace mystérieux qui la précède, mais aussi plus insignifiante. Et pourtant je m'amuse aussi, et je rigole doucement, comme si je doutais de mes perceptions. « Tout de même, ce n'est pas possible que trois granules d'homéopathie me permettent de vivre ce que les plus grands maîtres tibétains mettent une vie à comprendre. – Appréhender n'est pas vivre, Claire, ne t'enorgueillis pas. Appréhender ou voir le vide l'espace d'un instant ne veut pas dire que tu l'as intégré ou compris. Ce qu'il t'est donné de voir n'est qu'une infime particule. – OK, OK, j'ai compris... »

Les jours passent, et mon traitement homéopathique m'ordonne un jour sans remède. Force m'est de reconnaître que sans l'aide de l'homéopathie, je reviens à une vie plus normale. Les Esprits ont bien raison encore une fois, « appréhender n'est pas vivre ». Je ne connais rien de la véritable nature du vide.

Deuxième remède : Vacuum, « Pour t'aider à être dans le vide, l'espace entre la mort et la vie », a écrit Sophia. Je dois prendre un granule avant de dormir, en veillant bien à ne pas avoir bu ni mangé au moins une demi-heure auparavant.

Je m'allonge. De mon lit, je peux voir les étoiles et l'arbre qui s'élève vers le ciel. À peine deux minutes après que j'ai pris le remède, mon corps est secoué par une espèce de tornade, à la fois subtile et intense. Je ne tremble pas, mais la spirale qui souvent caractérise l'énergie de l'homéopathie semble avaler mon essence. Alors que le premier remède a élargi mes cellules, n'atteignant pas véritablement ma capacité à penser tout en m'offrant un sentiment d'expansion, ce remède-là est nettement plus physique et sans merci. Il me semble être prise dans l'énergie métallique de la création, comme un volcan qui, plutôt que de m'expédier dans les airs, m'attirerait vers le bas. Avec le premier remède, j'ai perçu le vide à partir du ciel de façon presque enveloppante, cette fois-ci le remède semble dire : « Tu veux du vide, je vais t'en donner, ma vieille, du vide. » Je ne suis plus fière.

Je vis une décomposition des cellules accompagnée du message suivant : « Claire, on ne peut pas comprendre le vide sans avoir compris la mort », et je vois tout mon corps se réduire en cendre. Bien sûr, l'image est métaphorique, mais l'énergie du processus ne l'est pas entièrement. Mon cœur se serre, je mets longtemps à m'endormir, je suis tentée d'allumer la lumière et d'écrire dans mon cahier mes impressions. Je n'en ai pas véritablement la force. La lourdeur de mon corps me permet à peine de me retourner dans mon lit. Le sommeil arrive enfin. Au matin, la dernière image de mon rêve : un cerisier.

5 heures du matin, le réveil sonne. N'était la discipline, je me serais évidemment recouchée, cherchant à éviter la lourdeur de mon cœur. « Bon, Claire, tu l'as cherché, qu'est-ce qui t'a pris de vouloir passer ces quinze jours avec le chaman, entre la mort et la vie ? Imaginais-tu que ça allait être une partie de plaisir ? » Je souris intérieurement. Oui, c'est vrai, j'ai toujours un enthousiasme excessif dès qu'il s'agit de voyage spirituel.

« Eh bien, la voilà, la réalité de ton voyage : le matin, la nuit, le froid, le cœur serré… Bon, un petit café, ça ne serait pas de refus, il faut que je coupe du petit bois pour faire démarrer le Feu, le temps se refroidit. » Mon cœur est encore lourd mais quelque chose dans les gestes simples, faire bouillir l'eau, sortir dans la cour pour chercher du bois, me rattache à la vie. Je sais que j'ai peur, je dois prendre ce remède pendant sept jours consécutifs. Ce n'est que le premier jour et j'ai déjà peur. Le chaman a-t-il peur, lui, là où il est ? J'ai envie de pleurer. Non, je n'ai vraiment pas envie d'écrire mon livre, d'ailleurs mon français est déplorable. J'ai peur. « Oh, flûte, il ne reste presque plus de bois blanc, comment vais-je faire démarrer le Feu ? Ah, si, juste là, si je prends des petits morceaux de chêne, ça devrait aller. » Le bois se trouve dans une grange adjacente à la maison. En sortant, je lève la tête et mes yeux tombent sur la ceinture d'Orion… La ceinture d'Orion est ma seule chance de trouver Sirius dans le ciel. Absente de nos cieux occidentaux durant tout l'été (où il est difficile de la trouver, à part très tôt le matin), Sirius revient à l'automne. Je l'ai attendue avec impatience, mon étoile. Elle est là. Depuis mon rêve il y a quelques années, j'attends toujours un signe qui ne vient pas. Quand je regarde Sirius, elle ne fait que briller, comme n'importe quelle étoile et reste muette.

La lourdeur que je ressens ce matin est de nouveau celle d'une roue de bicyclette qui serait coincée dans mon cœur. Parfois c'est agréable, lorsque je soigne mes patients ou les écoute, car je sais que la bicyclette travaille pour moi et qu'elle a à voir avec le chaman. Mais ce matin, elle est faite d'angoisse, d'appréhension avant le voyage que j'ai accepté d'entreprendre.

Puis, alors que je lève les yeux, une chose étrange se passe. À peine ai-je posé mes yeux sur l'étoile des Dogon que la lourdeur de la roue de bicyclette s'allège. Toutes mes cellules répondent à l'étoile. Mon cerveau est tenté de réagir, de penser, de mettre des mots : « Non, Claire, tu ne rêves pas », mais immédiatement le voile, pareil à celui qui s'est déposé au Népal, revient. « Arrête de penser, sois juste présente. » La lourdeur ne s'en va pas exactement, elle est juste modifiée énergétiquement par la lumière de Sirius. Il fait froid, j'ai une écharpe qui m'entoure les épaules, mais j'ai envie d'un café, je suis fatiguée.

« Si je suis choisie par les Esprits, je suis fatiguée d'être choisie et si je ne suis pas choisie, je suis fatiguée de ne pas être dans le réel. » J'ai envie de pleurer. Encore heureux que mon livre m'attende et que je me sois astreinte à envoyer à Marie-Liesse[1] ma bafouille dans quelques jours. Ça rend l'écriture réelle, sinon à quoi bon ? « Oui, franchement, qui aura envie de lire tes salades, Claire ? Tu crois vraiment que tu vas intéresser le lecteur en prétendant être aspergée de poussière d'étoile dans une basse-cour pleine de caca d'oie à 5 heures du matin ? »

Mes critiques intérieures amènent un sourire, en fait, en me moquant de mon expérience, je la projette dans un espace entre les mondes. Elle n'est ni réelle ni complètement irréelle puisqu'elle donne matière au rire. Je m'en extrais momentanément grâce à mon rire intérieur et oublie le froid et la nuit noire. Et pourtant, si je ne regarde pas où j'avance, je cours le risque véritable de marcher dans le caca d'oie, car l'expérience, pour moi, est bien réelle.

Je finis par m'atteler à mon livre, et l'écriture est bonne si la lourdeur de mes cellules, elle, ne s'allège pas vraiment. Je n'ai rien d'autre à faire qu'écrire, et peut-être qui sait, transmettre quelque chose.

Demain, je rentre en Angleterre.

Deux jours avant la réincarnation

Maintenant, il fait froid dans mon studio. J'ai allumé le petit chauffage électrique et me suis blottie sur le divan sur lequel je reçois mes patients. Je pense à Pau Nyima, où est-il

---

1. Il est difficile de véritablement décrire ce que Marie-Liesse est pour moi. Psychologue clinicienne, ayant travaillé avec Tobie Nathan, elle a été mon enseignante par le passé, mais depuis presque dix ans, c'est elle qui m'a offert l'espace où j'ai pu penser ma pratique de chamane et l'intégrer à celle de psychologue. Certes, elle n'est pas chamane (enfin, pas officiellement…) mais, pour moi, elle est beaucoup plus qu'une superviseuse, elle ne m'a jamais déçue, elle est une lumière dans ma nuit.

vraiment ? Je laisse flotter mon attention quand soudain…
quelque chose apparaît. Je reste blottie, mais mon attention
s'aiguise, c'est une vision.

    L'âme de Nyima apparaît comme un fil, un fil qui
s'étire depuis la nuit des temps. Le fil est animé d'un
courant énergétique. C'est invisible mais presque
palpable. Son esprit, tel qu'il s'est développé dans sa
vie incarnée – la personne que j'ai connue – apparaît
presque comme un halo coloré accroché au fil. Je vois
ainsi l'esprit de Nyima flotter devant mes yeux et perçois
à peine le fil de son âme. Puis, très délicatement, il me
semble que son esprit se détache du fil. L'image du
chaman habillé que je garde en mémoire s'envole alors
au vent, laissant à l'âme la liberté d'évoluer ou de se
réincarner. Je reste immobile, je respire à peine, je sais
que je suis en train de recevoir un message et moins je
bouge, plus grandes sont mes chances que la vision se
prolonge, quand bien même elle est trop complexe pour
que je la comprenne.

    Je tente cependant d'y donner sens : son esprit est
apparu presque comme une chemise qui pend à un fil
à linge. « L'âme, un fil à linge et l'esprit une chemise,
quelle drôle d'image »… Je souris. Puis continue de réfléchir. Lorsque le cerveau meurt, la pince à linge libérerait
la chemise et l'esprit errerait seul, il ne serait plus nourri
par l'âme. L'âme et l'esprit ne sont pas des synonymes
alors.

    Que signifie ma vision ? Suis-je témoin du moment où
l'âme de Nyima se sépare de son esprit ?

Je sens une larme couler le long de ma joue… Je sais que
c'est la dernière fois que Pau Nyima vient d'apparaître, juste
avant de partir. Et pourtant, malgré ces quelques larmes, je

ressens une paix similaire à celle qui m'a réveillée lorsque ma Grand-Mère est partie vers la lumière.

Puis, comme la brise ferait voler une feuille d'automne, l'image disparaît. Je regarde l'heure. Flûte, ma patiente va arriver. Je m'étire, mon corps est lourd. Une brève pensée me traverse, c'est vrai, sans savoir pourquoi, il m'arrive, lorsque je ramène l'esprit des gens dans leur corps, de prononcer les paroles suivantes : « Je ramène ton esprit pour qu'il se réaligne avec ton âme. » J'en ai utilisé la métaphore, sans penser que l'âme pouvait être un fil. Cette vision semble confirmer l'idée que durant la vie, l'esprit et l'âme fonctionnent en symbiose et peuvent s'enrichir mutuellement. Il est alors logique que si l'esprit de quelqu'un s'échappe de son corps, il perde non seulement son énergie vitale mais aussi sa connexion avec la ligne de son âme, sa destinée, son histoire ancestrale… Mais alors, si l'âme est un fil, c'est un fil de quoi ? Un fil d'énergie ou un fil de vide ?

Je me lève pour me préparer et je n'ai pas le temps de réfléchir plus. De toute façon, la vision a disparu. Deux jours, il reste deux jours…

Le jour J, 6 décembre 2013

— Je dors dans le studio ce soir, dis-je en regardant mon compagnon.

Comme notre relation est un peu tendue en ce moment, je vois dans ses yeux qu'il s'inquiète.

— Mais non, ne t'inquiète pas, c'est le dernier soir du chaman. Cette nuit, il se réincarne, je voudrais être là.

Il est soulagé :

— Je suis vieux, décharné, sans le sou, mais de là à préférer dormir avec un mort, tu pousses le bouchon un peu loin !

Nous rions ensemble.

Oui, c'est vrai, il a raison, qu'est-ce que je vais encore aller me cailler dans le studio… Mais il ne fait aucun doute pour moi qu'il faut que je prie. Je me suis engagée à être présente, j'ai accepté de recevoir un enseignement. Malgré mes transgressions minimes, mais non négligeables, le cidre, le dentifrice, le café[1], le thé, j'ai tout de même gardé le cap de l'homéopathie. J'ai compris la vision comme un dernier clin d'œil de Pau Nyima, donc je serai là pour son départ.

— Maman, tu viens me faire un câlin ? me demande Zarah à 10 heures du soir.

— OK, OK.

Je monte dans son lit avec la couverture chauffante. Hum… c'est bon, chaud, doux, comme il est tentant de s'endormir en la serrant dans mes bras. Ma fille est tendre, il faut en profiter. Je jette un œil sur l'heure. 23 heures, il est déjà 4 h 30 du matin à Katmandou. Le chaman est mort tôt le matin, il me reste une demi-heure…

— Bon, Zarah, ma chérie, je dois y aller…

— Oh, maman, reste encore un peu…

— Oh, j'aimerais bien, Zarah, mais le chaman va se réincarner dans une demi-heure.

Nous rions. Zarah prend ses yeux pétillants qui annoncent qu'elle va dire quelque chose d'intelligent tout en se moquant de moi.

— Maman, est-ce que tu te rends compte ? Tu es en train de casser un moment privilégié entre ta fille et toi, un moment de véritable qualité et de chaleur, pour quoi faire ? Suivre une vérité définie par des concepts inventés il y a deux mille ans

---

1. Certains homéopathes sont très stricts sur le régime à observer durant le traitement. Le dentifrice à la menthe et le café sont souvent à éviter.

par une religion à l'autre bout du monde… C'est exactement pour cela que je déteste les religions !

Je souris, la regarde. Une vague de bonheur et de satisfaction me pénètre en observant son intelligence et sa pensée autonome. Je ne peux que lui donner raison, ruiner un instant de bonheur pour un dogme ne fait pas partie de mes habitudes, et pourtant quelque chose me pousse.

— T'as raison, ma fille, mais j'y vais quand même.

Elle éclate de rire.

— Bon, c'est ça, maman, abandonne-moi pour un chaman mort !

J'installe mon lit dans le studio, me munissant de trois bouillottes et j'allume une bougie. Je reste plusieurs minutes, peut-être une demi-heure, je prie, je chante, « Om manipadmeum ». Je tiens le chapelet qui m'accompagne. Je suis poussée à le passer autour de mon cou. Il est nettement plus lourd que d'habitude. De quoi est-il fait ? Je ne bouge pas, la roue de bicyclette est revenue dans mon cœur, le chaman est-il en train de me léguer quelque chose ?

« Fais confiance, Claire. »

Je le porte tous les jours, ce chapelet, il n'est jamais aussi lourd. J'entends murmurer une sorte de « oui » dans ma tête comme si, malgré moi, j'acquiesçais à une demande. Je ne sais la définir. Elle est lourde. Ça a tout l'air d'un don. J'ai depuis longtemps appris qu'avec chaque don vient une obligation. « OK, maman, va passer ta nuit avec un mort, abandonne-moi », siffle Zarah à mon oreille. Je ne ris plus. Si elle savait qu'en l'abandonnant à son lit douillet je suis allée hériter d'une énergie qui vient, une fois de plus, sans mode d'emploi. J'entends Shiva rigoler. Cette fois-ci pas de rivière féminine pour me protéger. J'ai dit « oui ». Seule.

De la petite fenêtre on aperçoit le ciel. Il n'est qu'1 heure du matin et mon étoile est maintenant haut dans le ciel et facile à trouver. Je n'ai aucune envie de sortir de ma couette, la responsabilité du chapelet me suffit. « Claire, tu sais bien que tu n'as pas le choix, bouge tes fesses et sors saluer Sirius. » Je reste quelques minutes de plus dans la chaleur de mon lit, espérant secrètement que l'appel va s'estomper. Peine perdue. Je me recouvre de mon châle et sors dehors. Une fois Sirius repérée, je laisse sa lumière agir sur mon système. Ai-je laissé une porte s'ouvrir ? L'effet n'est pas concentré vers le cœur comme il l'a été en France, dans la basse-cour, il semble plutôt s'immiscer dans le reste du corps, en commençant par les bras.

J'en éprouve une sorte de réconfort, comme une confirmation. En effet, le cerveau peut toujours inventer un dialogue interne, mais les cellules, elles, n'inventent rien. L'énergie de Sirius sert-elle à sceller mon expérience avec le chaman mort ? Suis-je en train de vivre, en Angleterre, la neige de l'Himalaya apparue dans mon rêve ? Le poids du chapelet serait-il celui de la pierre que le chaman a mise dans mon cœur ? Nyima m'a-t-il choisie ?

Existe-t-il des réponses ? La seule certitude est le fait que je ne peux plus faire demi-tour. Les mois et les années à venir définiront la nature de mon engagement. Je jette un dernier coup d'œil à l'étoile qui scintille et me chatouille presque et pars me coucher. J'ai rempli mon devoir. La maison ne dort pas encore. Si, mais les gamins ont comme d'habitude laissé les lumières allumées dans la cuisine. « On voit bien que ce n'est pas eux qui paient la facture. » Je passe la main à travers la porte entrebâillée pour les éteindre, puis je retourne dormir avec le chaman mort.

Les jours qui suivent sont lourds et compliqués. La roue de bicyclette dans mon cœur est revenue, plus épaisse et pesante que jamais. La solitude du guérisseur me pèse : je suis isolée. Mon angoisse a à voir avec la forme de renoncement que tout chemin spirituel impose au réel. Je sais sans me l'avouer qu'il n'y a pas de réel compromis. Je suis sans guide mis à part un chapelet et une étoile.

Ce dimanche-là, il pleut, tout le monde est de mauvaise humeur dans la maison. Je m'occupe en regardant un DVD du Dalaï-Lama que j'ai acheté à Katmandou. Je suis enveloppée d'une grosse écharpe chaude et mange du chocolat et des biscuits. Mes yeux et mes oreilles entendent le Dalaï-Lama rire. Il se définit comme « ordinaire ». Un être humain ordinaire, le Dalaï-Lama ? Je souris, incrédule. Je l'observe mettre ses mains sur la tête de Tibétains qui le voient comme une divinité. Oui, il a raison, de la simplicité avec laquelle il s'adresse à eux émane une totale humilité. Une sorte d'humanité totalement épurée. En étant la réincarnation du premier Dalaï-Lama, il est la personne vivante la plus proche de l'essence de Bouddha et pourtant il se définit comme « un humain ordinaire ». Que veut-il dire ? Je l'observe sur un écran, il semble totalement vivant : la profondeur de sa spiritualité ne se confond aucunement avec son narcissisme. Il est un être entier avec un sentiment de soi accepté. Un personnage à la fois divin et humain portant une des charges spirituelles les plus complexes de la planète et sans autre ambition que d'être humain. Peut-être est-ce là le mystère de l'incarnation de Jésus. Cinquante-cinquante, le parfait équilibre.

Je ne pourrais expliquer avec des mots ce que la présence du Dalaï-Lama me fait comprendre. Moi qui me débats depuis des années pour savoir qui je suis : une psychologue, une femme, une chamane, une « élue » des Esprits. J'ai la réponse devant moi, là, je n'ai pas besoin de chercher à me définir. Juste incarner mon histoire et me mettre au boulot.

Ma logique reprend le dessus. « Bien sûr, Claire, le Dalaï-Lama a besoin de se sentir comme tout le monde pour justifier ou rééquilibrer le fait que son statut conféré par sa culture est tout à fait exceptionnel. Être humain pour appartenir au monde ordinaire puisque sa culture l'a divinisée. Et toi, Claire, tu as besoin du contraire. » En effet, comment donner sens à mes expériences étranges sans me penser à part ? Mais non, l'humilité si profonde du Dalaï-Lama semble offrir un autre message :

« Claire, Sirius, le chaman, les montagnes, les Esprits, tes visions, ne font pas de toi un être exceptionnel. Tu es, c'est tout. Ta destinée est claire, le chaman te l'a dit, tu n'as pas le choix. Tu dois servir et travailler, c'est simple. » Au moment même où mon cœur comprend le message du Dalaï-Lama, je lève les yeux et tombe sur son sourire espiègle. « Je suis très paresseux, vous savez, lorsque j'étais jeune j'étais doté d'un esprit assez affûté, et croyez-vous que je l'ai bien utilisé ? Pas du tout, j'étais paresseux et ma petite faiblesse, c'est d'aimer les montres… j'en ai beaucoup. » Et il sourit de plus belle. Je me demande si le Dalaï-Lama aime aussi le chocolat…

La vidéo se finit.

Je sais alors que mon voyage au Népal vient de s'achever. Cette nuit-là, je fais un rêve.

> La maison borde une sorte d'étang ou de petit lac. Ce n'est pas l'automne car les feuilles des arbres sont bien vertes, mais il ne fait pas non plus une chaleur remarquable, nous sommes peut-être en été, au pays de Galles. Les montagnes ne sont pas loin mais la maison est entourée de petits chemins et d'arbres qui révèlent un paysage créé par l'homme. S'y déroule un stage de développement personnel. Mais étrangement, il me semble en être la seule participante. Dans deux pièces

différentes mais adjacentes et qui communiquent grâce à une grande porte en arc méditent deux moines bouddhistes, traditionnellement habillés d'une tunique rouge et orange. Entre les jambes du premier se trouve un enfant mort.

Sans que la mort me fasse peur, je viens m'agenouiller près du premier moine dont la posture révèle un état de méditation intense, relié à Bouddha, peut-être est-il même au nirvana. Une fois assise auprès de lui, une énergie d'une pureté indescriptible m'envahit. C'est l'énergie de Bouddha, là dans mon rêve, accompagnée d'une immense paix et d'un sentiment de plénitude indescriptible. Le deuxième moine est moins clairement défini, mais l'expérience se répète de nouveau alors que je m'approche de lui. Une complétude totale balaie tout l'univers, et juste au moment de me réveiller, je réalise qu'il est enroulé dans la position du fœtus.

Le rêve s'arrête.

Un peu essoufflée et retournée, je m'assois droite, à moitié recouverte de mes draps. Sirius scintille juste au-dessus de ma fenêtre comme à l'habitude. Je viens d'être témoin d'un phénomène qui ne se reproduira peut-être jamais. Quelle partie de moi le Dalaï-Lama a-t-il touchée pour que l'énergie de Bouddha puisse m'atteindre, là dans la nuit?

J'ai du mal à me rendormir. Je ne veux rien perdre de cette expérience extraordinaire. Mon voyage au Népal apparaît devant mes yeux comme un livre dont les pages auraient été écrites dans une langue sacrée, inconnue de ma conscience. J'ai suivi le fil d'une histoire, le fil du Feu, tourné les pages, depuis le Dragon de la côte du Devon, Katmandou, la montagne sacrée, le chaman Pau Nyima, mes enfants, le jeune Tibétain Tsering, Shiva, la rivière sacrée, le Feu originel,

Om, l'homéopathie, la mort, la vie, la réincarnation, le fil de l'âme, le Dalaï-Lama… Et voilà, la bobine s'est déroulée, et le fil m'a menée à Bouddha. Une rencontre avec Bouddha ne peut se raconter.

Je finis par me rendormir.

Les jours qui suivirent furent emplis d'un sentiment de plénitude. Dès que je devenais silencieuse et droite, il me semblait pouvoir ressentir le fil de mon âme, le long de ma colonne vertébrale, et devant moi l'énergie de mon esprit, comme une chemise colorée qui flotterait au vent.

Était-il si important de savoir si j'étais chamane ou pas ? Ma façon de travailler avait changé, je faisais confiance à l'énergie qui m'animait lorsque j'étais en présence d'un patient. Oui, j'étais bien un pont entre les mondes. Parfois cela me nourrissait, probablement lorsque les humains pour lesquels j'intervenais provenaient de mondes qui m'étaient familiers, ou lorsque les aspects perdus de leur âme résonnaient avec des aspects de la mienne. Alors, agir comme messagère, diplomate, était une sorte d'aventure, de défi. Avec d'autres patients, je me sentais moins nourrie, et ma compassion et l'énergie de mon travail venaient moins naturellement. Mais peut-être étaient-elles alors plus pures, car motivées par aucun narcissisme. Dans ses moments-là, j'entendais Nyima murmurer à mon oreille : « Claire, tu n'as pas le choix, tu dois être guérisseuse », comme s'il me tapait doucement sur l'épaule pour me rappeler à l'ordre. Quand un chaman reçoit un tel message, est-ce une injonction énergétique ? Est-ce une façon de s'entendre dire : « Ton système énergétique tombera malade si tu ne rééquilibres pas celui des autres » ?

Chaque être humain doit trouver son équilibre entre son système énergétique et le monde. En observant les Népalais, il m'était apparu clairement que leur système fonctionnait pour une large part dans le mythique et l'énergétique, tandis que notre système, à nous autres Européens, est dominé par le mental et le matériel. Avais-je trouvé mon équilibre ? Mon métier faisait sens, et je le faisais bien. L'enthousiasme généreux de mon caractère avait formé une fresque un peu romantique, intelligente, parfois naïve, certes, mais aussi efficace. Je souriais, oui, c'est bien cela une fresque colorée et qui faisait sens. J'avais presque gagné le pari et même écrit un livre : vous voyez, il est possible d'être chamane et psy, j'ai créé une combinaison qui fonctionne !

Oui, comme profession ça marchait… mais dans la vie ?

Comment devenir une simple humaine, incarnée, « ordinaire » comme le Dalaï-Lama ? Était-il possible d'arrêter de voir ? D'arrêter que les Esprits m'assaillent ?

Assise devant le Feu ce soir-là, je repensais à cette question : « Peut-on arrêter de percevoir ? » Lorsque je suis en présence des personnes, je ne perçois aucune couleur ni même image particulière mais je pense pouvoir dire que je ressens une partie de leur énergie profondément liée à leur être, mais parfois échappée. Et les parties d'âme échappées des êtres sont toujours des forces énergétiques extrêmement émouvantes et subtiles. Elles peuvent être perdues, détachées, cachées, certaines d'entre elles veulent revenir et auront donc tendance à se coller à des chamans de passage comme moi qui ont la possibilité de les ramener à leur propriétaire.

En se collant à moi, les âmes me fournissent des informations (enfin ce qui me semble être des informations) sans mode d'emploi : que fait-on avec l'âme des gens ? Dans le contexte de mon travail, c'est pratiquement toujours le bon choix que de partager avec mes patients mes visions et de leur offrir la possibilité de ramener leur âme. Mais dans la vie de tous les jours, les âmes continuent de m'assaillir sans véritable guide pour m'aider à discerner ce qui relève de ma vision chamanique ou de mon désir personnel face à l'âme de mes amis. Car enfin, j'ai beau être une chamane, je suis aussi une femme humaine. Il est extrêmement difficile de résister à la force séductrice des âmes échappées du corps.

Premièrement, ce qui émane des âmes est souvent beaucoup plus beau que ce qui émane du comportement pas toujours charmant des humains. Deuxièmement, c'est une sorte de privilège que de pouvoir se connecter au-delà du comportement de la personne. Privilège qui donne naissance à une compassion beaucoup plus profonde, un flot d'amour inconditionnel et sans doute moins flatteur, une sorte de pouvoir sur l'autre. Comment véritablement savoir si je ne me nourris pas de ce pouvoir ? Troisièmement, comme les âmes des gens que je côtoie peuvent combler ou résonner avec des parties de moi qui sont perdues ou malheureuses, mais aussi peut-être des parties d'ombre, il est difficile de réaliser le moment où le phénomène de vision et celui de désir commencent à se mêler, il n'est pas toujours aisé d'avoir suffisamment de recul et d'humilité pour ne pas laisser mon pouvoir de vision me manipuler.

Oui, voilà ce qui se passe. En voyant les âmes des gens, je me crée un monde artificiel, je fais des interprétations erronées, j'affirme que les gens ont des capacités, qui en fait relèvent de leur âme et non pas de leur personne incarnée, comme si quelqu'un voyait des ailes aux chevaux et donc concluait que tous les chevaux peuvent voler. Avec certains de mes amis, l'erreur est tragique, car je finis par avoir des exigences et des attentes qui ne correspondent pas à la réalité, mais à l'interprétation que je me suis faite de la personne à partir de l'image de son âme à laquelle j'ai le privilège d'être connectée. (En effet, comment ne pas être agacée par quelqu'un qui refuse de voler si on lui voit des ailes ?) Quand la personne ne se comporte pas comme j'imagine qu'elle le devrait, j'utilise les informations que j'ai pêchées en tant que chamane pour lui dire ses quatre vérités. Inutile de dire que je ne me fais pas que des amis... En fait, ma frustration et parfois ma douleur viennent du fait que j'ai du mal à accepter que l'autre ne me voie pas aussi profondément que je le vois. Dans ma colère, il m'arrive d'abuser de mon pouvoir de chamane afin de reprendre le contrôle. Bien sûr, blesser l'autre n'est pas intentionnel, mais j'opère une sorte de viol énergétique tout de même.

Je venais de me fâcher avec un grand ami, et c'était exactement ce qu'il s'était passé. Réaliser, ce soir-là, que je pouvais violer énergétiquement un être humain me transperçait comme une épée. Je pleurais, j'avais peur, j'étais épuisée de ne plus connaître les règles de vie, épuisée de porter mes patients, ma famille, la communauté, épuisée d'éprouver le monde, épuisée de ne pouvoir dire non aux Esprits. Et comme le décrit si bien Mircea Eliade dans son livre sur le chamanisme, il me semblait assister à ma leçon ultime : le démembrement, la décomposition. Je n'étais pas démembrée en pleine forêt comme les chamans sibériens, mais le gouffre de ma propre vie personnelle et la réalisation de ma part d'ombre me faisaient éprouver le vide en moi comme une sorte d'initiation.

Je regardais le Feu brûler. Avec la même force qui d'habitude crée de la beauté, je m'étais transformée en sorcière. Je n'avais jamais cru au diable, et pourtant il me semblait là, dans le viol énergétique de l'autre. Dans mes entrailles. Au moment où cette pensée envahit mon cerveau, je vis le Feu me regarder d'un sourire narquois et le diable apparut en personne. « Eh bien, Claire, tu te réveilles enfin, tu en as mis du temps à me voir. Tu croyais vraiment que tu allais finir ton livre sans me donner la parole ? » Je sursautai. Ma colonne vertébrale fut saisie d'un froid intense. Non, le diable n'existe pas, pensai-je. « Mais enfin, Claire, reprit le diable, regarde la vérité en face, comment peux-tu te laisser séduire par n'importe quel Dieu et affirmer que je n'existe pas ? Tu vois bien que je suis partout. » Oui, c'est vrai, comment puis-je dire cela ? Je regardai le Feu, le diable l'avait pris. Il brûlait différemment.

Je levai la tête, une autre voix prit le dessus : « Claire, ne pleure pas, arrête de vouloir être parfaite. Oui, le diable est partout, mais il ne peut résister à l'équilibre. Si tu nous écoutes, nous, les Directions, tu vas comprendre que nous t'avons donné le secret pour trouver l'équilibre. Je suis la Direction de l'Ouest, écoute-moi. »

Vu où j'en étais je n'étais plus à ça près, elle avait peut-être raison. La Direction continua : « Regarde, avant de partir au Népal, le Dragon t'est apparu dans la Direction de l'Est, sur la côte du Devon, le serpent Ailé Quetzalcóatl. Puis, à ton retour, pour t'apprendre des choses de la mort, le chaman t'a appelée de la Direction du Nord. Tu as accepté l'enseignement et tu es même allée jusqu'à être témoin de sa réincarnation. Enfin, pour t'apprendre à être humaine, le Dalaï-Lama t'a descendue dans la Direction du Sud, du corps, celle où le Christ s'est incarné. Oui, tu souffres, Claire, c'est normal. Tu n'as pas de racines ni de terre parce que ton âme est échappée, mais tu n'es pas seule, Shiva et Bouddha sont tes alliés, ils t'ont poussée vers moi, la Direction de l'Ouest, Direction de la guérison, de la féminité et de l'instinct. Je vais t'aider à ramener ton âme et finir ton tour de Roue. » Elle fit une pause. « Combien de patientes as-tu soignées ? Combien de fois m'as-tu appelée, moi, pour doucement, avec amour, ramener l'âme de tes patientes, leur âme blessée à l'intérieur de leur corps ? Voilà, c'est ton tour, Claire. »

Mes larmes coulaient et il me semblait voir une sorte de princesse rouge me parler. Je fermai les yeux mais elle ne disparut pas. Je regardai autour de moi, l'espace m'était à la fois étranger et familier. Je me sentais un peu timide, mais calme. Elle était grande et belle. Son cabinet, si je puis dire, plutôt son domaine, était dans le fond d'une grande vallée. Au loin, je pouvais distinguer une forêt, et juste en bordure, une rivière qui coulait. L'herbe était douce, presque aussi douce que de la mousse. J'étais chez elle, mais pour une fois c'était moi la patiente. Elle m'ordonna de m'allonger et tout comme je l'avais fait si souvent avec mes patientes, elle recouvrit mon corps d'un drap blanc. J'étais nue. Il faisait chaud. Sous le drap je l'entendais préparer la cérémonie. Je souriais comme si c'était elle qui imitait les gestes que j'avais pratiqués durant toutes ces années. En fait, je savais que c'était moi qui avais imité les siens. Je l'entendais préparer l'autel, trois canettes de Coca-Cola, trois bougies, trois tortillas, trois œufs durs et le ruban rouge... J'avais l'étrange sentiment que toute l'énergie que j'avais donnée à mes patients et patientes m'était rendue dans les gestes de la Direction de l'Ouest. « Claire, arrête de penser, ouvre ton cœur, ton corps », me dit-elle comme si elle lisait dans mes pensées. Je m'exécutai. Elle prit mes pieds et je l'entendis prononcer une prière dans un langage sacré. Je n'en comprenais pas le sens, mais je voyais pourtant défiler devant moi tous les instants où mon âme de petite fille s'était échappée, enfant, adolescente, jeune femme, mère... La Direction remercia aussi ses alliés, les autres Dieux qu'elle avait invités pour aider à ramener mon âme. Elle joua de sa flûte, puis secoua le hochet au-dessus de mon corps. Ses gestes m'étaient si familiers... Enfin, elle prit fermement mes pieds et jeta le parfum délicieux. Elle souffla trois fois et cria : « Claire chimioula, Claire Marie France[1], reviens, Claire Marie France, reviens ! » Au moment où elle souffla sur la plante de mes pieds, je vis le premier arbre du désert et le kapokier du Mexique tressaillir légèrement et j'eus le sentiment que le rocher du lac Baïkal hochait la tête, celui à l'appel duquel je n'avais su répondre. « Eh bien, elle en aura mis du temps à rentrer chez elle, celle-là ! » semblait-il dire. Je sentis le drap bouger alors qu'un immense sourire se dessinait sur mon visage « Mais, Claire, enfin, les rochers ne hochent pas la tête. » Puis, le visage de tous les hommes que je n'avais pas su aimer eut le temps d'apparaître devant mes yeux. Je sentis mon cœur se serrer et fus tentée un instant de plonger dans la mélancolie de tant d'amours ratées. Mais les chants de la Direction m'interrompirent et me plongèrent dans la joie de la cérémonie. Enfin elle projeta un dernier jet de parfum en haut de ma nuque, elle souffla de nouveau « Claire, reviens, Chimioula, idi souda » et je sentis quelque chose rentrer. Était-ce mon âme ? La Direction me tapa le haut de la tête et au même moment, je sursautai. Une bûche en équilibre s'était cassée dans le Feu, provoquant un bruit qui me fit ouvrir les yeux et me donna conscience de mon corps.

J'étais revenue.

Je restai un moment immobile, reprenant conscience de mon corps et de l'instant présent. Le Feu était presque éteint maintenant.

Comme le bois était humide ce soir-là, j'avais placé des bûches autour du Feu afin qu'elles sèchent. Elles étaient prêtes à brûler maintenant. J'en plaçai une dans les braises. L'espace d'un instant je crus distinguer le scintillement de Sirius dans

---

1. Mes trois prénoms.

l'étincelle qu'elle créa en s'enflammant. Mais non, Sirius était dans le ciel, et moi dans mon corps, sur terre. Étais-je vraiment revenue ? Je restai pensive. Puis je tendis la main vers une autre bûche : « Tiens, le Feu, celle-là, elle est pour moi, je la mets au centre. »

Il me sourit.

Quelques semaines plus tard, revoilà les Esprits.

« Bon, Clairette, redonne-nous la parole, on veut le mot de la fin. Nous t'avons bien aidée, non ? On a encore deux trois choses à ajouter. »

Je reste pensive un instant. « C'est vrai que sans eux... OK, d'accord, d'accord, je monte. »

Le lendemain matin, tout le monde sort de la maison. Je branche mon casque, me recouvre de ma couverture chinoise... et le tambour commence.

> Immédiatement je me trouve devant un de mes chênes préférés. Mon ami péruvien m'embrasse, il est un peu triste, comme si c'était le dernier voyage, ou qu'il ne réapparaîtrait plus dans cette fonction. Il m'habille comme d'habitude de mon costume blanc, ma ceinture rouge et mon turban. Puis, Nyima me passe le miroir tibétain autour du cou. Ça commence à faire lourd, mais bon, je suis habituée. Ensuite, venant de l'Est, un manteau sibérien arrive. Je me sens obligée de l'enfiler, là mon cœur se serre, je n'ai aucune envie de ce manteau, la robe mexicaine m'allait bien, il est lourd, c'est inimaginable... Mais j'obéis sans distinguer le visage du chaman sibérien qui me le passe. « Et puis, non, j'en ai marre, la robe blanche mexicaine, ça va bien, le miroir tibétain aussi, Nyima est mon allié et je lui dois allégeance, mais un fantôme sibérien qui m'impose un gros manteau, là, non, il y a des limites. » Je retire

le manteau d'un geste agacé, et le laisse tomber par terre... Le tambour continue et je souris intérieurement. « C'est bien Claire, tu t'émancipes. »

Puis, je me tourne vers l'arbre et essaie d'entrer dans ses racines... « Flûte, il ne me laisse pas entrer... » Bon, je vais me promener sur la côte, mon ami Timotheus m'a dit qu'une baleine ou un dauphin viendrait me donner des informations à propos de mon livre alors peut-être que c'est là que mon voyage doit commencer... Je marche le long de la côte et me dirige vers la mer... Mais, c'est clair, aujourd'hui, je n'ai pas le droit d'entrer dans le monde des Esprits. Une voix sourde s'adresse à moi. « Claire, si tu refuses le manteau sibérien, tu refuses ta destinée et tu ne peux plus avancer, tu es coincée. » Je souris avec une touche d'ironie. « Oui, ils ont raison, et d'autant plus que me balader dans ce quartier bourré de maisons chics, c'est pas trop mon truc. Je dois finir mon livre, je ne suis pas venue pour traîner. Bon, bon, j'ai compris, je vais l'enfiler, ce sacré manteau... »

Je remonte la côte et retourne près de l'arbre. Je décide tout de même de l'alléger un peu. Je coupe les fils qui tiennent des casseroles, des timbales, du fer, tous les artefacts attachés à un manteau de chaman sibérien. Je me demande un moment : « Dis donc, Claire, t'es sûre que tu ne l'inventes pas, ce manteau sibérien, et qu'il y a bien des casseroles attachées au manteau dans les peuplades sibériennes ? » Je souris et prends note mentalement d'aller vérifier les descriptions de Mircea Eliade. Puis, l'image d'une chamane sibérienne apparaît plus clairement. « Ah, si c'est une femme qui me le donne, alors je le veux bien, ce manteau. » Voilà, je l'ai enfilé et je me tourne vers l'arbre, et cette fois-ci j'ai le droit d'entrer.

Mais contrairement à d'habitude, je ne descends pas sous terre, ni ne monte à proprement parler dans les branches de l'arbre. Il me semble stagner un moment, puis quelque chose de nouveau prend forme... je ne voyage pas « dans l'arbre », je « deviens arbre », je suis un chêne. Une grande tristesse m'étreint le cœur : « Ah, c'est donc ça, être un arbre. » On ne peut pas bouger, pris entre les maisons d'une banlieue prétentieuse, sans parole, rien... « Non, Claire, tu ne comprends pas, tu parles d'une tristesse humaine, écoute ton cœur. » Je cherche à voir, mais je ne vois rien, ce voyage chamanique n'est pas comme d'habitude. D'ordinaire, je suis une petite chamane et les Esprits se présentent à moi. Oh, pas n'importe quels Esprits tout de même, j'ai un peu de bouteille, Ogotemmeli, Moïse, le kapokier, mais ce sont eux qui parlent, moi qui observe et je ramène des images aux humains. Humaine autorisée à voyager dans le monde mythique, j'obéis aux ordres... Aujourd'hui c'est différent, je n'avance pas, je ne vais nulle part, les Esprits ne se montrent pas. Où sont-ils ? La tristesse dans mon cœur n'est pas une tristesse d'humain... je dois l'écouter différemment... Je reste immobile un long moment, le tambour continue de battre, j'écoute... Je vois la mer devant moi et je sens la terre, non pas comme d'habitude, je sens la terre comme une planète. À travers mes racines je suis devenue consciente de la totalité de la planète Terre et comment elle s'inscrit dans tout l'univers. Les branches, elles, sont en relation directe avec le monde mythique. Mais puisque je suis devenue arbre, je n'ai plus besoin d'image pour comprendre le monde mythique, j'existe par et dans le monde mythique. Je le comprends et le ressens avec ma conscience d'arbre, oui, c'est cela, je découvre une autre forme de conscience. Mon apparence physique, mes racines, mes branches sont celles d'un chêne, et c'est cela qui fait de moi le pont entre les mondes. L'arbre mythique, l'arbre de la vie. Je sens toutes mes cellules. J'entends une voix : « Tu vois, Claire, c'est cela être chamane aussi, les racines dans la terre et la tête dans le ciel. »

Enfin je comprends que je suis chamane parce que je suis arbre, « être chamane », c'est exactement cela, c'est comme être un arbre. Oh, certes, le chaman peut bien essayer d'échapper à sa différence en gesticulant, en battant du tambour, en chantant, en soufflant, en parlant, en nettoyant les corps, en ramenant les âmes, il y en a même qui vont jusqu'à écrire des livres... Mais, jamais il ne peut échapper au fait qu'en étant « arbre », il possède une conscience qu'il ne peut partager que dans la forêt. Ainsi, la solitude de l'arbre qui n'a que ses feuilles pour faire le pont entre le monde des Esprits et celui de la matière est la même que celle du chaman qui possède une conscience muette qu'il ne peut partager avec les humains. Tout comme l'arbre devant lequel les humains passent et repassent, irrespectueux de sa conscience, le chaman doit apprendre à vivre sans être vu, avec la solitude que lui confère cet incroyable privilège : entendre la conscience des arbres, une conscience qui ne peut s'exprimer avec le langage des humains... En me prêtant son Esprit, le chêne m'a appris que j'étais un des leurs. Et j'ai alors compris dans sa beauté que je n'avais pas d'autre pays, je n'en avais jamais eu d'autres.

Mais comment décrire aux humains ce que veut dire être un chêne ? Ça fait des siècles qu'on dit aux Occidentaux que les arbres ont une conscience, pourquoi ne le croient-ils pas ? Non, ce voyage chamanique-là, je ne pouvais l'écrire. Comment ramener cette conscience si fine, si subtile, si respectueuse, faite à la fois de la matière et de l'esprit mais qui n'inclut pas le mental ? » J'ai compris alors : « Les livres sont faits de papier, ils détiennent la conscience de l'humanité.

Le kapokier ou le chêne sont des berceaux sur lesquels la conscience humaine, plus jeune que celle des arbres, peut s'inscrire et se raconter. » Je pleurai devant tant de beauté...

Le tambour ralentit, c'est la fin du voyage. Oh, non, je ne veux pas quitter l'arbre ! Pourtant je sais que je n'ai pas le choix... Mon ami péruvien apparaît. Il me retire mon manteau sibérien, mon miroir tibétain et même mes habits mexicains. Que suis-je sans mes vêtements chamaniques ? Vais-je perdre ma conscience subtile ? J'entends une petite voix : « Ah oui, c'est vrai, Clairette, sans tes vêtements chamaniques, tu n'es rien qu'une petite fille. »

Et la voilà qui apparaît, la petite fille, elle a à peu près 6 ou 7 ans, insouciante, elle est toute nue, au bord de la mer. Elle n'a pas l'air malheureuse... elle danse.

Elle est seule.

Il n'y a aucun arbre aux alentours.

Le tambour se tait.

ÉPILOGUE

Mars 2014

Quelques semaines après que la Direction de l'Ouest m'eut ramené mon âme, je réalisai que je n'avais pas totalement retrouvé mon équilibre. Mon métier m'usait encore d'une façon que j'avais du mal à définir. Enfin, j'avais parlé, raconté mon histoire comme on me l'avait demandé. Malgré cela, je n'étais pas arrivée au bout du voyage. Je savais que si mon système n'apprenait pas à se reposer, ou bien à dire non aux Esprits, j'allais mourir de fatigue. Métaphoriquement, bien sûr…

J'avais l'intuition que c'était dans la méditation que se trouvait le secret. Je m'étais ainsi inscrite à une retraite zen silencieuse au pays de Galles, là où Bouddha m'était apparu en rêve.

J'avais pris ma petite voiture pour me rendre dans les montagnes, espérant secrètement que les moines tibétains viendraient de nouveau m'y visiter…

Hilary, la femme qui dispensait l'enseignement, était discrète et d'une grande sagesse. Il se dégageait d'elle une certaine douceur, mais elle gardait le visage fermé, respectant le vœu de silence. Pourtant, lorsqu'elle enseignait, une fois par jour, où lorsqu'elle nous recevait dans le petit parloir, son visage s'illuminait d'un sourire dont il émanait une infinie compassion mêlée d'une joie pure et parfois presque taquine. Pour moi, cela ne faisait aucun doute que ce sourire était le fil qui la reliait à Bouddha en passant par les maîtres incarnés qui l'avaient formée.

Les premiers jours, la discipline monastique et l'énergie du silence étaient un cadre extérieur dans lequel le corps finit par se calmer naturellement, presque sans effort. L'enseignement zen nous offrait tous les matins un nouveau concept, une nouvelle forme et je l'enfourchais sans a priori, avec confiance et enchantement, comme une sorcière son balai. Hop, je m'envolais dans le monde mythique des images et des Esprits. « Pour une débutante, tu t'en sors plutôt pas mal, Claire. »

Durant mes premiers entretiens, je racontais mes efforts à Hilary et je voyais alors son sourire qui avec compassion et patience me disait :

« Claire, nous ne sommes pas dans une retraite chamanique dédiée aux ancêtres ici, redescendez dans votre corps, continuez d'observer vos pensées... »

Les jours passaient... de 5 heures du matin à 10 heures du soir... assise devant le mur... J'observais, je respirais doucement, j'étais dans mon corps... puis... je finis par comprendre... Nous utilisions les mêmes mots, « observer », « explorer », mais ils ne venaient pas des mêmes mondes. Observer et explorer pour un psychologue, cela veut dire créer du lien, faire des hypothèses, éveiller son esprit, en un mot, travailler au niveau mental et raconter une nouvelle histoire... Observer et explorer pour un chaman, cela veut dire suivre le fil énergétique, écouter les Esprits, entrer et se promener dans le monde imaginaire et mythique. Mais observer et explorer

Épilogue

pour un bouddhiste zen a un tout autre sens… Dans la tradition zen, toute forme retourne au vide, quand on observe, on calme son corps, on épouse le silence. On laisse couler ses pensées comme une rivière qui mène au vide. Oui, c'est cela observer ses pensées. L'esprit devient comme un miroir, aussi subtil et léger qu'une corde d'instrument qui s'accorde à une vibration universelle. Et de là découle… dans le silence…

De là découle… dans le silence…

« De là découle rien du tout ! » En milieu de semaine, je craquai. Miroir ou pas miroir, zen, tibétain, je n'y comprenais plus rien. Quand allais-je pouvoir me reposer ?

« Bon, Claire, si tu voulais te reposer… le Club Med, c'est bien aussi tu sais… » J'arrivai tout juste à m'arracher un sourire. C'est vrai, personne ne m'avait obligée à aller m'astreindre à une telle discipline, et quelle prétention de ma part que de penser apprendre à méditer zen en sept jours.

Le lendemain, je laissai tomber : plus de corps droit, plus d'esprit alerte, plus de discipline. Je pris une chaise pour méditer, m'appuyant discrètement à son dos et fermant les yeux dès que j'étais fatiguée… J'abandonnai toute tentative de suivre les concepts zen, ou même d'essayer d'atteindre quoi que ce soit… le miroir, le silence… rien, je laissai juste les heures s'écouler… en m'amusant à distinguer des formes dans l'irrégularité du plâtre du mur… Néfertiti, des lions, des tigres…

La journée passa. J'étais épuisée, mon corps me faisait mal. Mais je m'en moquais… J'étais en colère… contre moi-même, contre la vie… J'observais ma colère… Je la laissais couler…

C'est vers le soir, alors que le soleil était couché et que les bougies éclairaient maintenant la salle de prière, après une journée d'abandon, que quelque chose se transforma… imperceptible au premier abord, incompréhensible. Ce n'était plus moi qui percevais. Il existait autre chose dans le silence, le corps totalement calme, l'esprit alerte mais sans désir. Alors dans ce silence, quelque chose de plus grand, de plus indéterminable… comment le définir… non, cela ne relevait pas de la matière. Non, ce n'était pas le mental non plus. Ce n'était pas l'imaginaire ni le mythique… Ce n'était même pas l'énergétique car les Esprits eux aussi avaient disparu. Différent de tout ce que j'avais perçu jusque-là. C'était au-delà… le silence, le calme… et le vide…

Me reposer ? Rien de plus simple. Je n'avais qu'à me taire et ne pas bouger.

Durant la pause du lendemain matin, je m'assis dans le divan confortable près du Feu. La porte de la cuisine était ouverte car le soleil printanier avait réchauffé la matinée. Je tenais dans ma main droite une tasse de thé, sans lait, juste une petite cuiller de miel qui faisait ressortir le goût à la fois amer et doux de l'Earl Grey. J'étais silencieuse, bien sûr. Ce qu'il m'avait semblé avoir compris la veille m'avait remplie d'une paix immense et profonde. J'avais le sentiment d'avoir découvert un autre monde, ou un autre espace. Plus de larmes, plus de désespoir. Dans le vide, les Esprits n'ont plus lieu d'être… le repos y est absolument total.

Je repris une gorgée de thé, la plus délicieuse et paisible que j'aie jamais avalée de ma vie. Je laissai couler sa chaleur le long de ma gorge tandis que le reflet du soleil qui tapait sur la vitre occupait mon regard. Je sentais mes lèvres s'illuminer d'un sourire discret. Je ne pouvais distinguer le reflet dans mes propres yeux, mais peut-être qu'il était aussi relié au fil de Bouddha. À ce moment, je ressentis une infinie compassion pour toutes mes années vécues sans savoir… le vide…

Puis, presque imperceptible mais indéniable, il me sembla entendre un son, comme un très léger battement… sourd

Épilogue

mais enveloppant… Je m'y laissai baigner pendant un instant, c'était comme une berceuse… Et je compris… Dans le vide qui est contenu dans toute forme… si on ne parle plus… si on se tait… si on calme son corps et ses pensées… dans ce silence… alors… on peut entendre battre le cœur de l'univers.

Remerciements

Je remercie Jacques Follorou, ami et passeur qui contribua à permettre la publication de ce livre.

Je remercie Sophie Kucoyanis, mon éditrice, pour son humour, son esprit affûté et son adaptabilité, pour la gentillesse avec laquelle elle répond toujours à mes e-mails « perchés ». Grâce à ses grandes qualités, les Esprits m'ont donné leur aval immédiat pour accepter avec confiance son offre de faire circuler leur histoire dans le monde des livres. À travers la subtilité de ses corrections, toujours discrètes et respectueuses, j'ai pu saisir sa connaissance profonde du français, et à travers cet échange, Sophie m'a reconnectée avec la beauté d'une langue que j'avais presque perdue. Je lui en suis infiniment reconnaissante.

Je remercie Nolwenn Gobrait, équithérapeute, ma première correctrice qui, pendant des semaines, a dû se transformer en pierre, en rivière, en montagne. Afin d'être fidèle à l'Esprit de mon livre, toutes les nuits, elle devait prendre une nouvelle forme différente et entrer dans un élément, l'Eau, le Feu, la Terre, le Vent...

Je remercie encore Marie-Liesse Perrotin, psychologue clinicienne, qui fut un véritable guide. C'est sa vivacité, la finesse de son intelligence, sa véritable nature de penseuse, sans omettre son humour décapant qui ont donné un berceau à ma pensée depuis de longues années. Je la remercie pour les longues heures qu'elle a passées gracieusement (en partie dans le RER B) à lire, relire, critiquer, commenter, inspirer ces pages. Son cœur, son enthousiasme et la confiance qu'elle a toujours gardée en mon chemin ont été irremplaçables. Ce livre n'existerait pas sans elle.

Je remercie Dinah Jenkins, psychologue clinicienne (Angleterre), chef de service. En prenant le risque de me permettre de pratiquer le chamanisme à l'hôpital, elle a contribué au développement de ma pratique.

Je remercie Tobie Nathan pour la forme de sa pensée. J'ai toujours été consciente de l'influence qu'elle avait exercée sur moi, mais je n'ai compris que récemment, à quel point elle avait contribué à me fabriquer, pas seulement comme penseuse, mais comme être énergétique et donc spirituel. (Si je le rencontre un jour en personne, je lui expliquerai la signification de cette phrase.)

Je remercie Eloxochitl, guérisseuse, chamane mexicaine, pour avoir partagé son savoir et m'avoir initiée dans la médecine de ses ancêtres. Je remercie le courage qu'il lui a fallu pour prendre la décision de faire passer sa lignée d'un continent à l'autre.

Je remercie David Wiley pour son travail avec le Feu.

Je remercie l'Esprit d'Arthème Fayard qui est apparu à plusieurs reprises durant ces pages mais qu'un œil affûté et sobre a suggéré de garder secret.

Je remercie mon ami péruvien pour la fidélité avec laquelle il m'a accompagnée dans tous mes voyages chamaniques.

Je remercie mes amis Catherine Savage pour ses visions, Becks Halkes et Jain Richtie pour leur amour inconditionnel, Stéphanie Robert pour ses commentaires créatifs et respectueux, et Susie King pour son exceptionnelle habileté à voyager dans les mondes homéopathiques. Je remercie Chloé, elle saura pourquoi. Je remercie Ale pour sa présence, lointaine mais importante.

Je remercie ma famille. Mon frère Germain pour son soutien financier lors de mes études et plus récemment pour la première

Remerciements

vague de corrections, ma sœur Laure pour sa présence inconditionnelle, mon grand petit frère Nawid, juste parce qu'il existe. Enfin, je remercie mes parents, Jacqueline Crubellier-Sarem et Jean-Joie Simoneau, pour m'avoir faite suffisamment perchée pour entendre les Esprits. Ce livre n'existerait pas si j'étais « normale ». Et Tareq, mon beau-père, pour m'avoir aidée à chercher un titre.

Je remercie Nick pour son amour et les nombreux repas qu'il a cuisinés pour mes enfants, Zarah et Émile, durant toutes les heures que j'ai passées cachée dans mon studio à écrire.

Enfin il va sans dire que je remercie tous les Esprits. L'Esprit du Feu, l'Esprit des arbres, particulièrement celui de certains chênes, celui du premier arbre, du kapokier à Tepoztlan. Je remercie l'Esprit de la mer, l'Esprit de la Cornouailles, l'Esprit des landes, l'Esprit des Directions, l'Esprit de la médecine aztèque, l'Esprit du lac Baïkal, l'Esprit de Grand-Mère le Feu au centre de la Terre et l'Esprit des ancêtres incas.

Enfin je remercie Pau Nyima Dondhup infiniment et je dédie ce livre à sa mémoire.

www.psychologuechamane.com

TABLE

Prologue 9
Chapitre I : L'appel de l'arbre 17
Chapitre II : La roue dans l'hôpital 71
Chapitre III : Le feu ne se laisse pas écrire 99
Chapitre IV : Chamane ou psychologue ? 135
Chapitre V : Le départ de bell 161
Parenthèse 171
Chapitre VI : La montagne sacrée 173
Chapitre VII : Le chaman et la mort 217
Épilogue 255
Remerciements 261

Composition réalisée par Belle Page

69-3357-9/01
Dépôt légal : janvier 2016
Imprimé en Espagne par Industria Gráfica Cayfosa